Pulverfass China

Petra Häring-Kuan
Yu-Chien Kuan

Pulverfass China

Der Gigant auf dem Weg ins 21. Jahrhundert

Scherz

www.fischerverlage.de

Erschienen bei Scherz, einem Verlag der
S. Fischer Verlag GmbH, Frankfurt am Main

© S. Fischer Verlag GmbH, Frankfurt am Main 2011
Satz: Dörlemann Satz, Lemförde
Druck und Bindung: Bercker Graphischer Betrieb, Kevelaer
Printed in Germany

ISBN 978-3-502-15194-4

Inhalt

Vorwort

Kürzlich reisten deutsche Freunde von uns zum ersten Mal nach China. Sie waren tief beeindruckt. So hatten sie sich das Land nicht vorgestellt. Die Medien hatten ihnen ein Bild von Menschenrechtsverletzungen, Umweltkatastrophen und Unterdrückung der Meinungs- und Redefreiheit vermittelt. Dass sie sich überhaupt zu einem Urlaub in China entschlossen hatten, ging mehr oder minder auf unseren Einfluss zurück. Wir hatten sie mit einer alten chinesischen Redensart überzeugen können: Einmal sehen ist besser als hundertmal hören.

Unsere Freunde erlebten liebenswürdige Menschen, moderne Städte und malerische Landschaften. Um Verbindung mit der Welt zu halten, hatten sie ihre Laptops mitgebracht, und sie wunderten sich nicht schlecht, dass jedes bessere Hotel schnellen Internetzugang bot, was in China inzwischen eine Selbstverständlichkeit ist. In Beijing, das sich nach dem ungestümen Wirtschaftswachstum zu einer futuristisch anmutenden Metropole entwickelt hat, trafen sie selbstbewusste junge Leute, die sich mit ihnen lieber über Währungsspekulationen und Aktienkurse unterhielten als über politische Konzepte und Systeme. Sie fanden schroffe Gebirge und liebliche Ebenen. Sie wanderten durch Reisfelder, die in vollem, goldgelbem Korn standen, und trafen Bauern, die angesichts der bevorstehenden reichen Ernte zufrieden lächelten. Sie besuchten die tiefgrünen, einsamen Teeplantagen von Hangzhou, wohnten im Delta des mächtigen Yangzi-Flusses in einer historischen Kanalstadt, die behutsam und geschmackvoll renoviert und modernisiert worden war. Zum krönenden Abschluss besuchten sie Shanghai, das seinem früheren Ruf als Paris des Ostens heute wieder alle Ehre macht. Dort sprachen sie mit Ärzten, Kaufleuten, Künstlern und engagierten Mittlern zwischen Ost und West, Deutschen wie Chinesen. Viel zu schnell verging die Zeit, und als sie ihre Heimreise antraten, waren sie erfüllt von unvergesslichen Eindrücken und dem dringenden Wunsch, möglichst bald wiederzukommen.

Haben sie einen nur oberflächlichen oder gar falschen Eindruck von Land und Leuten gewonnen? Ganz und gar nicht. Sie haben einige der vielen schönen und sympathischen Seiten des Landes kennengelernt und Orte besucht, die man sich im Urlaub gern ansieht, weil sie jeden Kunst- und Kulturbeflissenen interessieren. Natürlich gibt es, wie in allen anderen Ländern, auch die problematischen und unschönen Seiten, die jedoch nicht unbedingt an den Reiserouten ausländischer Urlauber liegen und von denen man oft erst in langen Gesprächen mit der einheimischen Bevölkerung erfährt.

China hat die Ausmaße eines Kontinents, und schon aufgrund seiner Größe ist das Land reich an Facetten, Kontrasten und Widersprüchen. Da gibt es die atemberaubend schönen Landschaften, aber eben auch solche, die durch Menschenhand zerstört wurden. Es gibt ehemalige Kollektivbauern, die heute selbständig sind und ihren Wohlstand genießen, während andere daran verzweifeln, von gierigen Funktionären um Boden und Existenz betrogen worden zu sein. Manch ehemaliger Fabrikarbeiter und heutiger Privatunternehmer strotzt nur so vor Selbstbewusstsein, während seine früheren Arbeitskollegen darüber nachgrübeln, wie sie sich und ihre Familien nach Schließung der Fabriken durchbringen. Für manche ist der jährliche Urlaub im Ausland eine Selbstverständlichkeit geworden, andere scheitern schon an der Beantragung eines Reisepasses und werden so an ihrer Ausreise gehindert. Und während sich die Menschen im Westen vor dem Wirtschaftsgiganten China fürchten, denken viele Chinesen darüber nach, wie sie sich und ihr Geld am besten ins Ausland bringen können, weil sie um die Stabilität und damit um die Zukunft ihres Landes bangen. In China gibt es nicht nur eine Wahrheit, auch nicht zwei, es gibt viele Wahrheiten, so wie es phantastische Erfolge, aber eben auch schier unlösbare Probleme gibt.

Nach mehr als drei Jahrzehnten Reform- und Öffnungspolitik und einem beispiellosen Wirtschaftsboom genießen viele Millionen Chinesen heute einen Lebensstandard, den sie noch zu Beginn der 1990er Jahre nie für möglich gehalten hätten. Zugleich fühlen sich viele Menschen als Verlierer der Reformen und radikalen Umwälzungen. Eine leidenschaftliche Debatte über das Wohl und Wehe des Landes bewegt zurzeit die Gemüter, und sie wird vor allem im Internet, dem vermeintlich anonymen Medium, mit ungewohnter Offenheit geführt.

Was denken die Chinesen über ihr Land? Wie schätzen sie ihre gegenwärtige Situation und ihre Zukunft ein? In fast 200 Interviews haben wir Menschen verschiedener Altersgruppen und aus den verschiedensten Gesellschaftsschichten und Berufsgruppen befragt, in Stadt und Land, im Süden wie im Norden, im Osten wie im Westen.

China ist ein Land mit einer 5000-jährigen Geschichte, dessen Philosophie schon vor 2500 Jahren ihre Blütezeit erlebte und das auf eine ähnlich lange Zeit autoritärer Zentralherrschaft zurückblickt. Zudem ist es ein Vielvölkerstaat mit tiefreligiösen Minderheiten. Die kulturelle Vielfalt seiner Bewohner spiegelt sich in ihren unterschiedlichen Denkweisen wider. Viele Menschen sind aufnahmebereit, flexibel und offen für Neuerungen, andere jedoch noch tief gefangen in alten Traditionen, unfähig, das gewohnte System zu verlassen und sich davon zu befreien. Vor hundert Jahren, nach der Revolution von 1911, versuchte Sun Yatsen eine Republik nach westlichem Vorbild aufzubauen. Er scheiterte. Mao Zedong brach 1949 mit den traditionellen Strukturen und ersetzte diese durch marxistische Theorien, um zum Schluss doch nur ähnlich totalitär wie die alten chinesischen Kaiser zu herrschen. Leninismus, Stalinismus und die Diktatur des Proletariats sind dem Land nicht gut bekommen. Nach über hundert Jahren der Revolutionen und Umbrüche, der Höhen und Tiefen finden immer mehr Chinesen Zeit, über ihre Gesellschaft nachzudenken, und viele von jenen, die wie ich die Revolution von 1949 erlebt und manches geopfert haben, erkennen trotz aller wirtschaftlichen Erfolge und vielfältigen Fortschritte, dass das Land krank ist. Mit Kummer und Tränen äußern wir unsere Kritik, denn wir möchten, dass sich China in Ruhe entwickeln kann, ohne blutige Revolutionen, Aufruhr und Krieg. Andererseits wissen wir, dass das Land ohne politischen Wandel in eine gefährliche Sackgasse gerät. Schon 1979 haben die damaligen politischen Führer Deng Xiaoping und Chen

Yun die Korruption innerhalb der Funktionärsschicht als Gefahr für die Zukunft des Landes erkannt und sie dennoch nicht bannen können. Im Gegenteil: Sie hat inzwischen derart beunruhigende Ausmaße angenommen, dass sie von den meisten Chinesen als das größte soziale Übel empfunden wird, das ihr Vertrauen in Partei und Staat untergräbt.

Das Schreiben dieses Buches war für meine Frau Petra Häring-Kuan und mich eine teilweise sehr schmerzhafte Angelegenheit. Vielleicht verhilft der provokante Titel »Pulverfass China« dem Buch ja auch in China zu Aufmerksamkeit. Wir würden uns wünschen, dass es die Regierenden erreicht und sie dazu bewegt, die Sache des Volkes zu ihrer eigenen zu machen. Von dem alten Philosophen Guanzi (725–645 v. Chr.) ist der Ausspruch überliefert: »Eine Gesellschaft blüht und gedeiht, wenn die Regierenden an das Volk denken.«

China ist mein Mutterland. Ich bin stolz auf dieses Land, und weil es mir so sehr am Herzen liegt, sorge ich mich. Es muss sich auf seine Potentiale besinnen, muss einen eigenen Weg finden, der Tradition und Moderne, chinesische Kultur und westliches Gedankengut harmonisch vereint. Ein Einparteiensystem kann nicht das angestrebte Ideal der Zukunft sein, aber ein Mehrparteiensystem wird sich kurzfristig kaum durchsetzen lassen. Dennoch bin ich überzeugt, dass die Chinesen ihr Land aus eigener Kraft heilen können, wenn sie den Ratschlag der alten Philosophen befolgen: »Das Alte studieren, um Neues zu schaffen.« Die Fehler der Vergangenheit müssen ans Licht geholt und in aller Offenheit diskutiert und kritisiert werden, um einen neuen Weg in die Zukunft zu finden.

Yu-Chien Kuan

Was die Chinesen über China denken

In nur dreißig Jahren gelang den Chinesen, wozu andere Völker mehrere Hundert Jahre benötigten: die Umwandlung von einem bitterarmen, heruntergewirtschafteten Entwicklungsland in eine führende Wirtschaftsnation. Das Leben der Chinesen hat sich dadurch dramatisch verändert. Aus dunklen, trostlosen Städten sind glitzernde Metropolen geworden, miteinander verbunden durch ein modernes Autobahn- und Hightech-Schienennetz. Viele Chinesen benutzen das Flugzeug heute mit einer Selbstverständlichkeit, als würden sie an der nächsten Straßenecke in einen Bus einsteigen. Kaum zu glauben, dass noch in den 1980er Jahren Fahrräder das Straßenbild beherrschten und die wichtigsten Lebensmittel rationiert waren.

Man hat sich an die vielen Superlative, die das Land ständig zu vermelden hat, gewöhnt: Seit mehr als drei Jahrzehnten erfreut es sich beneidenswert hoher Wachstumsraten des Bruttoinlandsprodukts von durchschnittlich acht bis zehn Prozent, die aufgrund des niedrigen Entwicklungsstandes des Binnenlandes noch einige Jahre anhalten dürften. Im zweiten Quartal des Jahres 2010 verwies China seinen Nachbarn Japan im Ranking der Volkswirtschaften vom zweiten auf den dritten Platz. Wenn diese Entwicklung unverändert anhält, wird China spätestens im Jahre 2030 die führenden USA überholen, ein Schicksal, das Deutschland bereits im Jahre 2009 ereilte. Heute sind nicht mehr die Deutschen, sondern die Chinesen Exportweltmeister. China ist neben den USA noch immer beliebtestes Zielland für Direktinvestitionen aus dem Ausland. Weltweit besitzt das Land zudem die höchsten Devisenreserven. Als die westlichen Industrienationen infolge der globalen Finanzkrise in eine Schockstarre gerieten, konnte China mit einem gigantischen Konjunkturprogramm nicht nur die eigene Wirtschaft stimulieren, sondern Exportnationen wie Deutschland weiterhin einen Absatzmarkt sichern.

Die Reformpolitik der letzten Jahrzehnte ist eine einmalige Erfolgsgeschichte, die in einem derart rasanten Tempo verlief, dass für viele Chinesen die Welt auf dem Kopf zu stehen scheint. Aber müss-

ten sie angesichts dieser atemberaubenden Entwicklung nicht hoch-
zufrieden sein? In der Tat treten die politischen Repräsentanten des Landes heute
mit gestärktem Selbstbewusstsein auf. Die Kommunistische Partei
Chinas, die diesen Höhenflug mit ihrer Reform- und Öffnungspolitik möglich machte, beansprucht den Erfolg für sich. Dennoch steht
sie vor gewaltigen Herausforderungen, deren Ausgang noch völlig offen ist. Als sie 1949 die Herrschaft über das heruntergewirtschaftete
und durch Kriege erschütterte Land übernahm, tat sie dies mit brei-
ter Unterstützung der Bevölkerung. Eine fehlgeleitete Politik führte
jedoch zu dramatischen Rückschlägen. Nach Mao Zedongs Tod
konnte Deng Xiaoping im Jahre 1978 das Ruder herumreißen und
durch seine auf Wirtschaft und Öffnung ausgerichtete Politik den
sensationellen Aufschwung einleiten. Dennoch leidet die Partei unter
einem gewaltigen Vertrauensverlust. Selbst unter den eigenen Mitgliedern herrscht größte Skepsis, ob sie die richtigen Lösungen für die
brennenden Probleme finden kann.

China ist ein Land der Widersprüche, und diese treten immer
deutlicher zutage. Nie zuvor in den vergangenen sechs Jahrzehnten
ist im Land so kontrovers und auch so offen über die politische Situation diskutiert worden. Während für die einen noch immer ungebro-
chene Aufbruchstimmung herrscht, schrillen für die anderen längst
die Alarmglocken.

Kürzlich saßen wir in größerer Runde beim Essen und diskutierten über die aktuelle Situation im Land. Außer uns Autoren waren
alle zehn Personen am Tisch Mitglieder der Kommunistischen Partei.
Zwei Stunden lang berichteten sie von üblen Geschichten aus der
jüngeren und älteren Vergangenheit, schimpften und kritisierten, bis
wir schließlich feststellten:»Ihr seid mit allem unzufrieden. Also hat
die Kommunistische Partei in den letzten Jahren nichts Nennenswer-
tes geleistet?« Daraufhin stockte das Gespräch. Das sei nun wirklich
übertrieben, meinte einer aus dem Kreis. Natürlich gebe es genug,
womit man durchaus zufrieden sei.»Zum Beispiel?«, fragten wir daraufhin. Eine schwierige Frage, wie sich schnell herausstellte, denn

nicht jedem fiel sofort etwas ein. Erst nach einigem Nachdenken zählten sie die technischen Fortschritte auf, Computer beispielsweise, mit denen man sofort ins Internet käme und Informationen aus der ganzen Welt herunterladen könne. Darüber hinaus ermöglichten die modernen Verkehrsmittel und -wege, Auto- und Eisenbahnen, eine ganz neue und bequeme Art von Mobilität. Immer mehr positive Punkte fielen ihnen ein, aber sie sprudelten längst nicht so schnell hervor wie zuvor die beklagenswerten. Eine typische Situation, wie wir sie in fast allen unseren Gesprächen erlebten. Sie lässt erkennen, mit welchen inneren Widersprüchen viele Menschen in China leben. Einerseits hat sich ihre gesamte Lebenssituation verbessert, und sie verfügen heute über vielfältige Möglichkeiten der Lebensplanung und -gestaltung, der Kommunikation und Mobilität. Andererseits wirft die tägliche Realität drängende Fragen auf nach Recht und Unrecht, Sinn und Wahrheit.

Ein hochrangiger Militärkommandant, befragt nach der Situation im Land und gewöhnt an kurze Befehle, wusste eine knappe Lagebeschreibung zu geben: *Waiyuan neifang!*, rief er. »Außen rund und innen viereckig.« Von außen betrachtet wirkt China harmonisch unter seiner Regierung. Von innen gesehen passt nichts zusammen.

Was bewegt die Menschen heute in China, was beunruhigt sie, womit sind sie unzufrieden, was bedrückt sie, und nicht zuletzt: Worauf sind sie stolz? Wir wollten es wissen und stellten deshalb zwei Fragen: Womit seid ihr zufrieden? Womit unzufrieden? Oft präzisierten wir unsere Frage und sprachen den Mangel an Freiheit, Demokratie und Menschenrechten an. Ist es das, was euch fehlt?

Man kann Interviews vor laufendem Aufnahmegerät oder vor der Kamera führen. Wir entschlossen uns, unsere Interviews – wann immer möglich – mit der Lieblingsbeschäftigung der Chinesen zu verbinden: einem ausgiebigen Essen. Dieser Umstand brachte es mit sich, dass sich nach manchem Gläschen Schnaps die Zungen lösten und die Befragten zu einer umfassenden Generalkritik ausholten, die wir nur ungern unterbrachen. So kamen viele Leute immer wieder auf dieselben Themen zu sprechen, was zu inhaltlichen Wiederholungen in den Interviews führte. Man möge uns vergeben, dass wir diese Wiederholungen nicht gestrichen haben. Sie verstärken unserer Meinung nach den Eindruck, wie sehr die Probleme den Menschen auf der Seele liegen.

Zudem sicherten wir den Befragten Anonymität zu. Ein altgedienter bekannter Parteiveteran wurde daraufhin recht gesprächig und meinte spontan: »In die heutige Kommunistische Partei wäre ich nie eingetreten. Wir haben damals mit unserer Revolution von 1949 die alte Klassengesellschaft zerschlagen, die Unterschiede zwischen Arm und Reich aufgehoben, Korruption und Prostitution aus unserer Gesellschaft verbannt. Doch inzwischen tauchen die alten Übel überall wieder auf, und es sind neue Klassen entstanden. Die Kinder und Enkel der herrschenden Parteifunktionäre sind die Profiteure unseres ungeheuren Wirtschaftsbooms. Sie bilden den neuen Geldadel. Die Reichen von heute sind noch wesentlich reicher als jene von damals, nur anders als früher bringen die meisten von ihnen heute ihr Kapital ins Ausland, weil sie selbst nämlich kein Vertrauen in die Entwicklung unseres Landes haben.«

Häufig lösten die Gespräche bei uns Autoren große Betroffenheit aus, nämlich immer dann, wenn die Situation im Lande in den düstersten Farben geschildert wurde, so dass man den Eindruck gewinnen konnte, China sei ein Pulverfass. Aber stimmt das? Ist China wirklich ein Pulverfass, oder war die Kritik unserer oftmals sehr aufgebrachten Gesprächspartner übertrieben? Nein, sie war nicht übertrieben. Viel Unrecht ist geschehen und geschieht täglich weiter, nachzulesen im Internet, aber durchaus auch in den chinesischen Tageszeitungen oder zu verfolgen in kritischen Beiträgen der staatlichen und Hongkonger Fernsehsender. Und dennoch: Trotz aller berechtigten Klagen ist im Land Enormes geleistet worden. Niemals zuvor in den vergangenen sechzig Jahren hat es so viel individuelle Freiheit gegeben. Auch sind gewaltige Schritte in Richtung Aufbau rechtsstaatlicher Institutionen gemacht worden. Aus eigener Anschauung können wir den heutigen Lebensstandard mit dem vor 1949 und dem in den 1970er Jahren vergleichen. Erzählen wir den jungen Leuten heute, dass es sogar noch Anfang der 1980er Jahre oft ein unlösbares Problem war, telefonieren zu wollen, treffen wir auf skeptisches Staunen, das jedoch nicht lange anhält. Die Jugend mag sich nicht mit solchen Vergleichen abspeisen lassen, und Geduld zählt nicht zu ihren Tugenden. Sie verlangt mehr.

»Wir Jungen sehen die Welt heute anders als ihr Älteren«, sagte uns eine 25-jährige Managementassistentin in Shanghai. »Die Generation der in den 1980ern und 90ern Geborenen hat keinen Vergleich zu früheren Zeiten. Was man uns über Hunger und Not erzählt, klingt für uns wie ein Märchen. Wir sind in der Zeit des Wirtschaftswachstums aufgewachsen. Für uns ist es eine Selbstverständlichkeit, dass sich der Lebensstandard ständig verbessert. Dafür hat die Regierung zu sorgen. Das ist ihre Aufgabe. Dazu ist sie verpflichtet, und deshalb besteht auch gar kein Anlass, immer wieder zu betonen, wie viel besser es uns heute geht. Nicht die Vergangenheit soll unser Maßstab sein, sondern die Gegenwart und Zukunft. Außerdem stimmt es auch gar nicht, dass sich alles verbessert hat. Schaut man nämlich genauer hin, ist es in vielen Bereichen schlechter geworden, z. B. was das Ungleichgewicht zwischen Reichtum und Armut betrifft. Solche Unterschiede sind im Grunde genommen unnormal und zeugen von Verantwortungslosigkeit und Unfähigkeit der Regierung. Es sollte die Pflicht der politischen Führer sein, etwas für jene zu tun, die sich nicht aus eigener Kraft entwickeln können. Die Regierung muss ihnen Möglichkeiten, Arbeit und soziale Sicherheit bieten.«

Wie also steht es um die Situation im Land? Die Meinungen darüber gehen weit auseinander. Ein bekannter Professor der Beijinger Qinghua-Universität sieht China in der Tat als eine Art Pulverfass. Er stellte kürzlich fest: »In Wirklichkeit steht es viel schlimmer um unser Land, als die meisten ahnen. Unsere Gesellschaft ist todkrank und ohne jede Hoffnung auf Genesung. Sie steht vor dem Zusammenbruch.«

Was macht China krank? Eine Umfrage brachte es an den Tag und deckt sich mit den Ergebnissen unserer eigenen Recherchen. Im November 2009 verteilte das *Volksforum*, eine Zeitschrift, die der *Volks-*

zeitung angehört, an 8000 Personen in hundert Universitäten und Instituten eine Liste, auf der die größten vermuteten Probleme der nächsten zehn Jahre aufgeführt waren, von denen die Befragten mehrere ankreuzen konnten.

Über achtzig Prozent der Befragten nannten die ausufernde Korruption in der Funktionärsschicht und den damit einhergehenden dramatischen Autoritätsverlust der Parteiführung als größtes Problem in ihrem Land. Sie gingen sogar davon aus, dass sich die Korruption in den nächsten zehn Jahren noch verschlimmern werde.

Ebenfalls über achtzig Prozent beunruhigte die wachsende Kluft zwischen Arm und Reich und die daraus resultierende Angst vor Aufständen und Übergriffen.

Über sechzig Prozent nannten die Konflikte mit Parteifunktionären in lokalen Verwaltungseinheiten als gefährlichen Herd von Empörung und Aufruhr. Durch gierige und skrupellose Kader geschehe so viel Unrecht, dass sich die Bürger heute fragten, wem die Partei eigentlich diene. Dem Volke, wie sie es immer propagiere, sicherlich nicht. Das Vertrauen in die Kommunistische Partei ist tief gestört. Man glaubt ihren Vertretern nicht mehr.

Ebenfalls über sechzig Prozent machten sich Sorgen über zu hohe Immobilienpreise, die den Wohnungserwerb für Menschen mit niedrigen Einkommen unmöglich mache. Die Reichen setzten mangels anderer Spekulationsmöglichkeiten mit dem Kauf von Wohnungen auf Preissteigerungen und trieben damit die Preise in die Höhe.

Über sechzig Prozent beklagten den dramatischen Verfall von Werten und Moral. Wo bleibe der Mensch, wenn das Geld der Maßstab aller Dinge sei? Die alten Werte der konfuzianisch geprägten Gesellschaft würden nicht weitergegeben. Sie seien längst zerstört. Die hehren revolutionären marxistisch-leninistischen Werte, die die Väter der Revolution propagierten, als sie antraten, um eine gerechte, harmonische Gesellschaft aufzubauen, entpuppten sich als leere Worthülsen, hinter denen sich Egoismus und Machtkämpfe versteckten. Heute könne man niemandem mehr trauen. Zu viel Falsches würde als Wahrheit weitergegeben. Es gebe keine Tugenden mehr.

16

Für über fünfzig Prozent kommen die politischen Reformen viel zu zögerlich voran. Die Menschen sind enttäuscht, dass ihre Erwartungen einer schrittweisen Demokratisierung nicht erfüllt wurden. Ebenso viele Befragte sorgten sich um die Umweltverschmutzung und -zerstörung.

Über vierzig Prozent klagten jeweils über die schlechte Versorgung der älteren Menschen und über die Arbeitslosigkeit unter jungen Universitätsabgängern.

Auf dieser Liste nicht erwähnt war das Problem der Arbeitslosigkeit in den ländlichen Gebieten, die nach Schätzungen von Experten bei einer Quote von über zwanzig Prozent liegt und für reichlich sozialen Sprengstoff sorgt. 230 Millionen Wanderarbeiter bedrohen die Stabilität des Arbeitsmarktes, sollte das Wirtschaftswachstum unter acht Prozent fallen.

Die Wirtschaftsreformen haben in kurzer Zeit mehrere Hundert Millionen Menschen von der Armut befreit – ein beispielloser Vorgang. Doch noch immer leben über hundert Millionen unterhalb der Armutsgrenze. Bei diesen Menschen finden die neuen Linken, die eine Rückkehr zu den Gedanken Mao Zedongs propagieren, Gehör. Sie empören sich über die Ungerechtigkeiten in der Gesellschaft, über die ungleiche Eigentumsverteilung, und sie sehnen sich nach den vergangenen Zeiten zurück, als alle gleich arm waren. Ginge es nach ihnen, würden Klassenkampf und Mao-Zedong-Ideen wiederaufleben.

Angesichts dieser Widersprüche und Konflikte im Land haben viele Chinesen Angst vor politischer Instabilität, vor Unruhen und Chaos. Gerade die Älteren, die Ende der 1960er Jahre die Kulturrevolution erlebt haben, wissen, was es bedeutet, wenn Rechtlosigkeit und Anarchie herrschen.

Ist China also wirklich ein Pulverfass? In gewisser Weise schon, denn Zündstoff ist reichlich vorhanden, und es wird sich in den nächsten Jahren zeigen, ob sich die Probleme des Landes nachhaltig entschärfen lassen. Pessimistisch sind wir nicht, auch wenn viele Fakten dieser Einstellung widersprechen mögen. Es sind die Menschen, die uns nach den vielen Interviews zu der Überzeugung haben kommen lassen, dass man einen Weg aus den Problemen finden wird. Chinas Entwicklung ist nie geradlinig verlaufen. Immer wieder hat es Umwege, Rückschritte und Korrekturen gegeben. Allein die vergangenen sechzig Jahre sind voll davon. Doch in ihrer langen Geschichte haben die Chinesen niemals den Glauben an ihre Nation verloren und eine einmalige Kontinuität, Hartnäckigkeit und Opferbereitschaft bewiesen. Und sie werden es auch diesmal schaffen. Unsere Hoffnung liegt bei den vielen selbstbewussten und gutausgebildeten jungen Leuten. Sie haben die Kraft und den Willen, die Probleme des Landes anzupacken.

Ein Blick zurück

Der »Marsch der Freiwilligen«

»Steht auf, die ihr keine Sklaven mehr sein wollt, und lasst uns mit unserem Fleisch und Blut unsere neue Große Mauer bauen. Das Volk der Chinesen ist in größter Bedrängnis ...«, dichtete Tian Han, einer der berühmtesten chinesischen Dramatiker, nachdem die Japaner 1931 Nordostchina besetzt hatten. Er nannte sein Gedicht »Marsch der Freiwilligen«. Der Komponist Nie Er vertonte es 1935, und der Film »Söhne und Töchter in Zeiten des Sturms«, der die japanische Invasion in Nordostchina thematisierte, machte es berühmt. Der »Marsch der Freiwilligen« wurde eines der meistgesungenen Lieder der antijapanischen Widerstandsbewegung.

Tian Han wurde 1898 als Sohn reicher Bauern in Hunan geboren. Er studierte in China und in Japan. 1932 trat er in die Kommunistische Partei ein. Wie viele andere Mitglieder der damals jungen geistigen Elite hoffte er, dass die neue kommunistische Bewegung das Land von Fremdbesatzung, Armut und Unterdrückung befreien würde. So war der »Marsch der Freiwilligen« nicht nur als Aufruf zum antijapanischen Widerstand zu verstehen. Er war zugleich Ausdruck eines verzweifelten Aufbegehrens gegen hundert Jahre erlittene Demütigungen und Erniedrigungen, er war der Aufruf zum Kampf um die Rückgewinnung nationaler Eigenständigkeit.

Noch Mitte des 18. Jahrhunderts war China das mächtigste und fortschrittlichste Land auf Erden gewesen. Keine hundert Jahre später erlebte es einen beispiellosen Niedergang, der es zu einem der ärmsten Länder seiner Zeit machte. Verschiedene Ursachen hatten zu diesem Niedergang geführt. Da sind zunächst die Opiumkriege zu nennen. 1842 war es den Briten dank überlegener Waffentechnik gelungen, China zur Öffnung seiner Märkte für britische Waren zu zwingen. Da es den Briten hauptsächlich um das Opium ging, das sie in ihren indischen Gebieten anbauen ließen und ungehindert in China einführen wollten, um damit den Einkauf des begehrten chinesischen Tees zu finanzieren, gingen die kriegerischen Auseinandersetzungen als »Opiumkriege« in die Geschichte ein. Es ist der beispiellose Versuch, ein Volk drogenabhängig zu machen. Den Briten folgten Franzosen, Russen, Deutsche und viele andere westliche Nationen, die alle im ausgehenden Zeitalter des Kolonialismus einen Teil des chinesischen Territoriums ergattern wollten. Ihre »Rechte« auf chinesischem Boden sicherten sie sich durch Verträge, in denen die Chinesen immer das Nachsehen hatten, die aber durch Androhung weiterer militärischer Gewalt durchgesetzt werden konnten. Deshalb nannte man sie »Ungleiche Verträge«. Wann immer sich die Chinesen gegen die Begehrlichkeiten der Fremden wehrten und zu keinen weiteren Zugeständnissen bereit waren, wandten die Fremden ihre bewährte Kanonenbootpolitik und den Einsatz ihrer überlegenen Waffentechnik an. Ihre offensichtliche Unterlegenheit und technologische Rückständigkeit empfanden die Chinesen als nationale Schmach. Dies umso mehr, als ihr traditionelles Selbstverständnis China immer als Mittelpunkt der zivilisierten Welt gesehen hatte.

Ungemach kam aber nicht nur von außen, auch im Inneren des Landes gärte es. China war 1644 von mandschurischen Reitervölkern erobert worden, die als »Qing-Dynastie« das Reich der Mitte regierten. Der Widerstand gegen die Fremdherrscher war besonders im Süden des Landes nie ganz aufgegeben worden. Von dort gelang es um 1850 einer fanatischen christlichen Sekte, einen gewaltigen Aufstand gegen die verhassten Mandschu-Herrscher anzuführen, der als mächtige Taiping-Erhebung weite Teile Chinas erfasste. Er brachte nicht nur das regierende Qing-Kaiserhaus ins Wanken. Er bedrohte auch die gesamte konfuzianische Sozialordnung, denn die Taiping-Anführer vertraten die vom Christentum abgeleitete Idee von der Gleichheit aller Menschen. Erst nach vierzehn Jahren und nicht zuletzt dank ausländischer militärischer Unterstützung gelang es dem Kaiserhaus, den Aufstand niederzuschlagen. Zurück blieben verwüstete und entvölkerte Landstriche. Etwa 25 Millionen Opfer waren zu beklagen.

Als Briten und Franzosen mit ihren Flotten die Öffnung Chinas erzwangen und sich zugleich der Taiping-Aufstand von Süden her gen Norden ausbreitete, brachen die Deiche am Unterlauf des Gelben Flusses. Seit Menschengedenken sorgen die großen Flüsse Chinas immer wieder für gewaltige Überschwemmungen. Nur durch gemeinsame Anstrengungen gelang es, die Ströme mittels aufwendiger Deichbauten in ihrem Verlauf zu bändigen und sie gleichzeitig durch komplizierte Be- und Entwässerungsanlagen zu nutzen. Dies führte zu einem starken Gemeinsinn, der sich prägend auf die Kultur und Geschichte der Chinesen auswirkte. Nahte, wie so häufig in der chinesischen Geschichte, das Ende einer Dynastie durch Misswirtschaft, Korruption und Dekadenz, ging dies häufig einher mit der Vernachlässigung der gemeinsamen wasserbautechnischen Maßnahmen. Die Deiche am Unterlauf des Gelben Flusses brachen, weil sich die Qing-Herrschaft bereits im Niedergang befand. Zwanzig Jahre lang bewegte sich dieser zweitlängste von Chinas Strömen frei über die chinesische Tiefebene und verwüstete Ackerland und Ernten. Dabei verlegte er seine Mündung um 300 Kilometer. Auf deutsche Verhältnisse übertragen würde dies etwa einer Verlagerung des Mündungsgebietes der Elbe von der Nord- an die Ostsee nahe der polnischen Grenze entsprechen, mit allen Konsequenzen für Stadt und Land, Mensch und Tier, die dies nach sich ziehen würde.

Gegen Ende des 19. Jahrhunderts war China endgültig zum Spielball der ausländischen Mächte geworden. Die Aufteilung ihres Landes in Kolonien schien für viele Chinesen nur noch eine Frage der Zeit, denn die Fremden hatten ihre Einflusszonen bereits abgesteckt, die Abtretung und Verpachtung von Gebieten erzwungen sowie Konzessionen und Niederlassungen eingerichtet. China war der weltweit aussichtsreichste Absatzmarkt für Industrieprodukte. Darüber hinaus bot das Land auch beste Investitionsmöglichkeiten für ausländisches Kapital. Die Errichtung von Eisenbahnlinien, Bergwerken und Industriebetrieben interessierten Engländer, Russen, Deutsche und Franzosen gleichermaßen.

Im Jahre 1900 erschütterte eine weitere Volkserhebung das Land: der Aufstand der Boxer, der sich sowohl gegen das Qing-Kaiserhaus als auch gegen die ausländischen Eindringlinge richtete und der zur Belagerung des europäischen Gesandtschaftsviertels in Beijing führte.

Zur Strafe unternahmen europäische Interventionstruppen Rachefeldzüge, die eine breite Spur der Verwüstung hinterließen. 1911 trat der Yangzi, der längste Fluss Chinas, über seine Ufer und verursachte riesige Überschwemmungen. Noch im selben Jahr erfasste eine Militärrevolte große Teile des Landes, die zum Sturz des Kaiserhauses führte. Doch die – nach westlichen Vorbildern – neu ausgerufene Republik sollte nicht den modernen, zivil geführten Staat hervorbringen, der seinen Gründern ursprünglich vorgeschwebt hatte. Stattdessen versuchte ein mächtiger Militärführer, sich mit japanischer Unterstützung zum neuen Kaiser ausrufen zu lassen. Die angestrebte Gründung einer eigenen Dynastie scheiterte jedoch am massiven Protest aus dem In- und Ausland und ging über in einen Kampf rivalisierender Militärführer und mächtiger Provinzmachthaber um die Vorherrschaft und Aufteilung des Landes. Je nach Interessenlage und um ihre Einflusszonen nicht zu verlieren, griffen die ausländischen Mächte in die Kämpfe ein und unterstützten die rivalisierenden Lager. Inflation, Korruption und Bandenwesen verschlimmerten das Chaos.

Inzwischen war ein neuer Kontrahent aufgetaucht, der neben Briten, Franzosen, Russen, Deutschen und anderen westlichen Mächten mit militärischer Stärke seine Begehrlichkeiten durchzusetzen wusste: Japan. Ähnlich den Europäern wollten sich auch die Japaner in dem rohstoffreichen China Gebiete sichern. Richtig zum Zuge kamen sie jedoch erst durch den Ersten Weltkrieg, der die Kräfte der europäischen Staaten an ihren eigenen Kontinent band und ihre Stellung in China entsprechend schwächte. 1931 erfolgte die eingangs erwähnte japanische Besetzung Nordchinas. Von dort aus setzten die Japaner ab 1937 ihren Eroberungsfeldzug Richtung Süden fort. Um sie aufzuhalten, ließ der damalige Oberkommandierende der Streitkräfte der Nationalen Volkspartei, Chiang Kaishek, im Juni 1938 ohne Rücksicht auf die Bevölkerung die Deiche des Gelben Flusses sprengen und löste damit eine gewaltige Überschwemmung aus. An die 900 000 Menschen fanden den Tod, über zwölf Millionen wurden obdachlos. Aufhalten ließen sich die Japaner dadurch aber nicht.

Noch sieben weitere Jahre kämpften sie auf chinesischem Boden, bis die amerikanischen Atombomben auf Hiroshima und Nagasaki sie zur Kapitulation zwangen. Die Freude in China über den Abzug der Japaner währte nicht lange. Denn nun begann der blutige Bürgerkrieg zwischen Nationalisten und Kommunisten. Auch in diesem Krieg mischten ausländische Mächte mit, allen voran die USA, Russland, Großbritannien und Frankreich. Als sich schließlich am 1. Oktober 1949 riesige Menschenmassen auf dem Platz des Himmlischen Friedens im Zentrum Beijings drängten, war der Bürgerkrieg weitgehend überstanden, nur im Süden wurde noch gekämpft. Die westlichen Militärs verließen das Land. China hatte sich befreit. Nach hundert Jahren gewann es seine Würde und Souveränität zurück. Begeisterung wogte durch die Menschenmassen, als Mao Zedong (1893–1976) mit einem einzigen Satz die Gründung der Volksrepublik China verkündete. Hoffnung und Zuversicht erfüllte die jubelnden Menschen, insbesondere die junge Generation, die gebildeten Söhne und Töchter aus wohlsituierten Familien, die sich der kommunistischen Bewegung schon im Untergrund angeschlossen hatten oder mit ihr sympathisierten. Sie vertrauten auf die Umsetzung ihrer revolutionären Ideale. Sie vertrauten Mao, der zum Symbol ihrer Hoffnungen wurde. Mit ihm sollte ein neues Zeitalter beginnen, eine gerechte Gesellschaft, ein blühendes China aufgebaut werden.

Ein passendes Lied war bereits zur provisorischen Nationalhymne erklärt worden: »Steht auf, die ihr keine Sklaven mehr sein wollt …«, das Lied aus dem antijapanischen Widerstand, »Der Marsch der Freiwilligen«. Nie Er, der Komponist, lebte zu jener Zeit schon nicht mehr. Anders Tian Han, der Dichter. Neben seiner Arbeit als Dramatiker übernahm er unter der neuen Regierung verschiedene Ämter im Kulturbereich.

Zeitzeugen berichten von der großen Begeisterung und Aufopfe-
rungsbereitschaft, die bei den meisten Chinesen zu Beginn der 1950er
Jahre herrschten. Sogar in der Verfassung war das gemeinsame Ziel
fest verankert, nämlich auf friedlichem Wege Ausbeutung und Elend
abzuschaffen und eine blühende und glückliche sozialistische Gesellschaft aufzubauen. Aus dem Ausland kehrten junge Chinesen zurück,
die dort studiert und oft schon in guten Positionen gearbeitet hatten.
Aus England, aus den USA kamen sie, aber auch aus den südostasia-
tischen Ländern, Söhne und Töchter von Auslandschinesen. Darunter vor allem jene aus Indonesien, die dort Pogrome gegen die chinesische Minderheit erlebt hatten. In dem Land ihrer Vorfahren
glaubten sie ihre Wurzeln zu finden. All diese jungen Menschen gingen mit Elan an den Aufbau einer starken Nation.

Doch nur wenige Jahre sollten vergehen, bis deutlich wurde, dass
es innerhalb der Parteiführung unterschiedliche Meinungen und Einschätzungen zum politischen Kurs gab. Dies führte im Laufe der Zeit
zu erbitterten Richtungs- und Machtkämpfen. Im Wesentlichen ran-
gen zwei Linien um die Durchsetzung ihrer Politik, die eine repräsen-
tiert durch Mao Zedong, der mit Klassenkampf, permanenter Revolution und Indoktrination einen neuen sozialistischen Menschen
schaffen wollte. Seiner Ansicht nach war eine kommunistische Gesellschaftsordnung nur mit den revolutionären Massen durchzusetzen,
in denen sich jeder Einzelne selbstlos dem Gemeinschaftsinteresse
unterordnete. Die andere Linie, vertreten durch die Pragmatiker, betrachtete die Revolution als abgeschlossen und wollte den wirtschaftlichen Aufbau des Landes mittels materieller Anreize zügig voran-
treiben.

Wegen des Bevölkerungsreichtums bot es sich an, ideologische,
politische und wirtschaftliche Ziele mittels Mobilisierung der breiten
Massen durchzusetzen. Damit begann die Zeit der Massenbewegungen und politischen Kampagnen. An die achtzig landesweite Massenbewegungen wurden bis 1978 gezählt, unzählbar dagegen sind die

kleineren Kampagnen auf lokaler Ebene. Zunächst einmal sollten die Massenbewegungen die Herrschaft der Kommunistischen Partei konsolidieren, indem sie alte Herrschaftsstrukturen zerstörten und starke gesellschaftliche Gruppen entmachteten. Sie dienten aber auch der Durchsetzung notwendiger Reformen wie der Einführung des neuen Ehe- und Familiengesetzes, das rechtliche Gleichstellung vorsah und Polygamie, Konkubinat und Zwangsverheiratung verbot. Auch galt es, neue Hygienevorschriften und eine medizinische Grundversorgung der Bevölkerung einzuführen sowie Maßnahmen zur Alphabetisierung zu ergreifen. Etwa achtzig Prozent der Bevölkerung waren 1949 Analphabeten. Zugleich erfolgte auf diesem Wege die Indoktrination der Massen und deren ideologische Umerziehung und Bevormundung. Um Kontrolle über sie zu gewinnen, wurden zwei neue Systeme geschaffen, die das Leben jedes Einzelnen weitgehend einschränkte. Durch ein neues Meldesystem, *hukou*, band man die Menschen an ihren registrierten Haushalt und machte die individuelle Wohnortwahl nahezu unmöglich. Mit der Einführung von Arbeitseinheiten, *danwei*, ordnete man die Menschen bestimmten Einheiten zu, Staatsbetrieben, Wohnvierteln oder Behörden, und ersetzte damit das traditionelle Verantwortungssystem der Großfamilie, denn die *danwei* leistete jede Art von sozialer Fürsorge, übte jedoch auch eine umfassende Kontrolle aus und unterband damit beispielsweise die Freiheit der Arbeitsplatzwahl. Die Bindung der Menschen an Gruppen und Einheiten war allerdings keine Erfindung der Kommunisten, sondern alte chinesische Sitte.

Der Parteivorsitzende und Staatspräsident Mao Zedong verfolgte mit den Massenkampagnen vor allem ein Ziel: die Ausschaltung seiner politischen Gegner. Sie waren seine entscheidende Waffe im Kampf um die Macht.

Kennzeichnend für die meisten Kampagnen war, dass sie häufig mit grausamer Willkür und brutaler Gewalt einhergingen. Für die Opfer bedeuteten die politischen Kampagnen Verhaftung, Bestrafung, Verbannung und möglicherweise den Tod.

Zu den größten Massenbewegungen gehörte die weitreichende

Bodenreform zwischen 1950 und 1952, die die traditionellen Macht-strukturen auf dem Land vernichtete. Reiche Bauern und Groß-grundbesitzer wurden enteignet und das Land – mehr als vierzig Prozent der gesamten Agrarfläche – an landlose Bauern und Land-arbeiter verteilt. Allerdings hatten die Bauern nicht lange Freude an dem neuen Bodenbesitz, denn schon wenige Jahre später begannen die Kollektivierungskampagnen und die Schaffung von Volkskom-munen.

Die Durchsetzung der Bodenreform war vielerorts geprägt von Hass und Gewalt. Millionen Menschen kamen ums Leben. Denen, die überlebten, hing bis in die folgende Generation der Makel des Klassenfeindes und der »schlechten Abstammung« an. Denn anders als erwartet schuf der Klassenkampf neue Klassen, deren Zugehörig-keit vererbt wurde. Die Kinder von ehemaligen Großgrundbesitzern, reichen Bauern, Konterrevolutionären und Rechtsabweichlern tru-gen schwer an dem Erbe ihrer Eltern.

Zwei zeitgleiche Kampagnen zielten auf die straffe Kontrolle über die Städte ab, indem sie die alten städtischen Strukturen zerstörten. Die »Drei-Anti-Bewegung« säuberte die Stadtverwaltungen von an-geblich korrupten und verschwenderischen Staatsdienern. Die »Fünf-Anti-Bewegung« traf das städtische Bürger- und Unternehmertum und führte zur Verstaatlichung privater Unternehmen.

Ab 1955 richtete sich die »Bewegung zur Liquidierung der Kon-terrevolutionäre« gegen Führungsgruppen in Politik und Kultur. Nach zwei Jahren konnte das Amt für öffentliche Sicherheit die Überführung von 100 000 sogenannten Konterrevolutionären ver-melden. Gleichzeitig erfolgte eine Kampagne gegen diejenigen Schriftsteller und Künstler, die eine zu große Bevormundung durch die Partei beklagt hatten. Mao Zedong haderte zeitlebens mit den In-tellektuellen, die traditionell aus den oberen Schichten der Gesell-schaft stammten. Er misstraute ihnen und verdächtigte sie als Gegner des Marxismus.

1956 initiierte Mao die »Hundert-Blumen-Bewegung«, die zur Kritik am Arbeitsstil der Partei und den staatlichen Institutionen aufrief. Als sich die Kritik an der Partei zu einer Kritik am kommunistischen System ausweitete und manch einer das Machtmonopol der Kommunistischen Partei anprangerte, rief Mao die »Anti-Rechts-Kampagne« ins Leben, die die vermeintlichen Gegner von Partei und Sozialismus entlarven sollte. Per Quote wurde festgelegt, wie viele »Rechtsabweichler« in jeder Arbeitseinheit aufzuspüren waren. Über eine halbe Million Intellektuelle wurden der Konterrevolution bezichtigt und verloren ihre Studien- und Arbeitsplätze. Man schickte sie zu Arbeitseinsätzen in Landwirtschaft und Industrie, verbannte sie in entlegene Gebiete oder steckte sie in Arbeits- und Umerziehungslager oder ins Gefängnis. Für manche endete der Albtraum erst nach zwanzig Jahren, viele überlebten ihn nicht. Die »Anti-Rechts-Kampagne« gilt unter allen politischen Bewegungen als die mit den weitestreichenden Folgen. Denn sie traf nicht nur eine halbe Million Intellektuelle und mit ihnen ganze Familien in mehreren Generationen. Vielmehr begriffen die damals etwa fünf Millionen chinesischen Intellektuellen, dass es gefährlich war, die eigene Meinung zu äußern. Die Kampagne stopfte ihnen den Mund. Sie war ein entscheidender Schritt auf Chinas Weg in den Totalitarismus. Von jenem Zeitpunkt an war die vorherige relative Meinungsfreiheit beendet.

Ein heute 81-jähriger Ingenieur aus Tianjin erinnert sich an jene Tage: »Der Parteisekretär forderte uns auf, unsere Meinung zur aktuellen politischen Linie aufzuschreiben und sie anschließend vorzutragen. Einer solchen Aufforderung konnte man sich nicht widersetzen. Jeder musste sich äußern, ob er wollte oder nicht. Manchmal passierte es, dass bis zum Dienstschluss nicht alle Kollegen dran gewesen waren. Dann setzten wir die Sitzung am nächsten Morgen fort. Es war dann immer gut, wenn man morgens noch schnell die *Volkszeitung* las. Denn oft änderte sich über Nacht etwas an der offiziellen politischen Linie. Einmal geriet ich fast in Panik. Ich hatte etwas auf meinen Zettel geschrieben, kam aber vor Dienstschluss nicht mehr an die Reihe, zu sprechen. In jener Nacht erfolgte tatsächlich eine Änderung in der offiziellen Sichtweise, und was auf dem Zettel in meinem Büro stand, galt nicht mehr. Ich sollte morgens als Erster drankommen. Kaum im Büro, zerriss ich den alten Zettel, würgte ihn hastig herunter und beschrieb einen neuen mit Zitaten aus der aktuellen *Volkszeitung*. Einen Zettel achtlos in den Papierkorb zu werfen konnte gefährliche Konsequenzen haben. Überall gab es Feinde und Aufpasser, die sich um solche Hinterlassenschaften kümmerten. Ich rettete an jenem Morgen meine Haut, weil ich genau im Trend lag, während die sieben Kollegen, die am Vortag gesprochen hatten, um ihr Schicksal bangten, denn die von ihnen bekundete Meinung galt inzwischen als verdächtig. Wer in jener Zeit ehrlich seine Meinung sagte, konnte ganz schnell zum Konterrevolutionär und Rechtsabweichler abgestempelt werden und für lange Jahre, vielleicht sogar auf ewig, in der Verbannung verschwinden. Wir wussten alle: Wer die Wahrheit sagt, ist dran. Seit damals bin ich vorsichtig. Bis heute halte ich lieber meinen Mund. Ehrlich bin ich nur zu meinen engsten Verwandten.«

1958 rief Mao wegen mangelnder Erfolge in Landwirtschaft und Industrie zum »Großen Sprung nach vorn« auf. Mit seiner Politik der »Drei roten Banner« wollte er mittels Mobilisierung und revolutionärer Ideologisierung der Massen China innerhalb weniger Jahre zu einer industriellen Großmacht machen. Damit setzte er sich vehement gegen seine Gegner innerhalb der Partei durch, die eine gemäßigte Linie bevorzugten. Es folgten eine umfassende Kollektivierung und die Bildung von Volkskommunen. Da sich Industrie und Landwirtschaft im selben Tempo entwickeln sollten, wurden die Bauern dazu angehalten, sich nebenbei in der Eisen- und Stahlproduktion zu betätigen und ihre metallenen Arbeits- und Haushaltsgerätschaften in selbstgebauten Brennöfen einzuschmelzen. Es wurden utopische Zielvorgaben gemacht, die jedoch an den realen Bedingungen scheiterten. Die Kampagne führte zur größten von Menschen verursachten Hungersnot Chinas. Daraufhin formierte sich innerhalb der Kommunistischen Partei Widerstand gegen Mao. Der damalige Verteidigungsminister, Peng Dehuai, seit 1928 aktives Parteimitglied und Maos Mitstreiter aus der Zeit des Langen Marsches, machte sich zum Sprecher der Kritiker. Die Pragmatiker konnten sich zunächst mit ihrer Linie des schrittweisen ökonomischen Aufbaus durchsetzen. Mao behielt zwar den Parteivorsitz, das Amt des Staatspräsidenten musste er jedoch an seinen wichtigsten Gegner, Liu Shaoqi, abgeben: Für Mao war das ein ungeheurer Gesichtsverlust, deswegen ließ die persönliche Abrechnung auch nicht lange auf sich warten. Schon einen Monat später wurde der Verteidigungsminister durch einen Vertrauten Maos ersetzt. Mit einer innerparteilichen Säuberungsaktion und weiteren Kampagnen versuchte er den Klassenkampf erneut zu beleben, bis er 1966 die beispiellose »Große proletarische Kulturrevolution« entfachte, die den düsteren Höhepunkt der Kampagnenpolitik bildete. Für diesen Machtkampf, mit dem Mao seine Gegner in Staatsapparat und Partei endgültig ausschalten wollte, fanatisierte er die Jugend und rief sie dazu auf, die »vier Alten« zu zerstören – die alte Kultur, die alten Sitten, Gebräuche und Denkweisen. Wenn das Alte nicht zerstört würde, lautete seine Logik, ließe sich nichts Neues aufbauen. Allein schon die Zerstörung des Alten bedeute Kritik und Revolution, denn im Prozess des Zerstörens stecke der Neubeginn. Millionen junger Menschen, meist zwischen zwölf und fünfundzwanzig Jahre alt, schlossen sich zu »Roten Garden« zusammen, um Mao in seinem Kampf zu unterstützen.

Der Kampf gegen die »vier Alten« wurde von manchen Rotgardisten mit brutaler Gewalt geführt. Jegliche Rechtsstaatlichkeit war außer Kraft gesetzt.

Zu den ersten Opfern der Kulturrevolution zählte Tian Han, der Schöpfer des »Marsch der Freiwilligen«. Er hatte in einem Theaterstück verschlüsselt Kritik an der Parteipolitik geübt. 1966 wurde er verhaftet und der Konterrevolution bezichtigt. Zwei Jahre später starb er im Gefängnis. Tian Han war nicht das einzige prominente Opfer. Auch der ehemalige Verteidigungsminister Peng Dehuai, der sich 1959 zum Sprecher von Maos Kritikern gemacht hatte, wurde 1966 verhaftet, misshandelt und schließlich in Einzelhaft gesperrt, wo er 1974 starb. Ähnlich erging es Maos wichtigstem politischen Gegner: Staatspräsident Liu Shaoqi kam 1969 nach zweijähriger Haft im Gefängnis zu Tode. Viele alte Weggefährten und Kriegskameraden Maos, also Kommunisten der ersten Stunde und Mitbegründer der Volksrepublik China, ebenso bekannte Künstler, Gelehrte und verdiente Persönlichkeiten kamen in jenen Tagen ums Leben.

Nachdem Tian Han, der Schöpfer des »Marsch der Freiwilligen« zum Konterrevolutionär erklärt worden war, konnte die Hymne nicht länger gesungen werden. Als eine Art Ersatz wurde ein anderes Lied populär, ein Loblied auf den Vorsitzenden Mao. Der Text stammte von einem Bauern aus der Provinz Shaanxi: »Der Osten ist rot, die Sonne geht auf, China hat Mao Zedong hervorgebracht. Er plant des Volkes Glück. Hurra! Er ist des Volkes großer Retter ...«

Eine Ärztin aus Lanzhou erinnert sich: »Ich war zwölf Jahre alt, als die Kulturrevolution begann. Die Schulen wurden geschlossen. Statt zum Unterricht gingen wir Schüler als stolze Rotgardisten zu den Massenkampfversammlungen, bei denen Konterrevolutionäre fertiggemacht wurden. In Dreiergruppen zerrte man sie auf die Bühne, die Oberkörper nach unten gebeugt und die gefesselten Hände am Rücken nach oben gestreckt. ›Flugzeug‹ nannte man diese Haltung. Die revolutionären Volksmassen hörten sich an, was man den Übeltätern vorwarf, und brüllten sie schließlich nieder. Wir Schüler schrien immer mit. Wir kamen uns sehr wichtig vor. Eines Tages sagte meine Freundin: ›Heute ist mein Vater dran.‹ Ich verstand nicht recht. Ich kannte ihren Vater gut, denn ich hatte sie oft zu Hause besucht. Er war ein aufrechter, freundlicher Mann, der immer ein nettes Wort für mich übrighatte. Was sollte der mit den Konterrevolutionären zu tun haben, die hier den Massen vorgeführt wurden? ›Er ist doch Wissenschaftler, ein stinkender Intellektueller‹, klärte mich meine Freundin auf. Damit war alles klar. Schon mehrere stinkende Intellektuelle hatten die Tage zuvor dran glauben müssen. Trotzdem gefiel mir die Vorstellung nicht, ihren Vater hilflos in Flugzeug-Haltung auf der Bühne stehen zu sehen und die Stimme gegen ihn zu erheben. ›Was machen wir, wenn alle anfangen zu schreien?‹, wollte ich wissen. ›Dann strecken wir einfach nur die Fäuste hoch‹, sagte sie, ›aber schreien nicht mit.‹ So geschah es. Die Massen schrien ihren Vater nieder, und wir hoben wortlos unsere Fäuste. Ich sah, dass sie lautlos

weinte. Ein paar Tage später ging es zur nächsten Massenkampfver-
sammlung. Die ersten drei Konterrevolutionäre wurden auf die Bühne
gezerrt und niedergebrüllt. Dann kam die nächste Gruppe. Mir stockte
der Atem. Unter den dreien entdeckte ich meine Mutter. Im ersten
Moment dachte ich, dass es sich um einen Irrtum handeln müsse.
Meine Mutter, dieses hochangesehene Parteimitglied, ein Vorbild für
alle revolutionären Frauen, was machte sie dort auf der Bühne wie ein
Häuflein Unglück und jämmerlich schwankend, als würde sie jeden
Moment umfallen? Dann hörte ich es: Man habe sie als gefährliche
Konterrevolutionärin entlarvt, die mit falscher Zunge der Partei und
dem Vorsitzenden Mao Zedong schade. Fassungslos verfolgte ich die
Vorwürfe, wohl wissend, dass all dies nur Lügen sein konnten, und
als die Massen anfingen zu schreien, flüchtete ich und irrte stundenlang durch die Straßen. Ich wollte keine Rotgardistin mehr sein und
auch keine Massenkampfversammlungen mehr besuchen. Ich wollte,
dass dies alles sofort aufhörte. Und doch war dieser Tag nur der Beginn einer düsteren Jugend.«

Ein Verleger aus Shanghai erinnert sich:»Ich war neunzehn, als
die Kulturrevolution begann. Es gehörte zum Alltag, dass die Rotgardisten die Wohnungen plünderten, Bücher und Kunstgegenstände
verbrannten, Menschen schlugen und manche auch töteten. Auch
zu uns kamen sie. Meine Mutter war Direktorin einer Schule, also
eine reaktionäre, akademische Autorität, die das sogenannte kapitalistische Bildungssystem vertrat. Alle reaktionären, akademischen
Autoritäten wurden angegriffen. Das war eben so. Für die meisten Intellektuellen war die Zeit der Kulturrevolution die Hölle. Für uns Jugendliche war sie leichter zu ertragen. Wir gewöhnten uns an die tägliche Gewalt. Ich erinnere mich, dass mir mein bester Freund eines
Tages sagte, sein Vater habe am Vortag Selbstmord begangen, weil
man ihn zum Konterrevolutionär erklärt hatte. Ich nahm die Infor-
mation fast gelassen hin, denn in jenen Tagen gab es in meiner Umgebung viele Selbstmorde. Heute bekomme ich eine Gänsehaut,
wenn ich an meine damalige Teilnahmslosigkeit denke.«

Ein Wissenschaftler aus Chengdu erinnert sich:»Ich hatte mich häufig mit einer Gruppe Gleichgesinnter getroffen und kritisch ausgetauscht. Einer von uns kam 1966, zu Beginn der Kulturrevolution, ins Gefängnis. Es war klar, dass man versuchte, die Namen der anderen Gruppenmitglieder aus ihm herauszubekommen, und für mich lautete die alles entscheidende Frage, ob er dichthalten würde. Sollte er mich verraten, käme ich ebenfalls sofort ins Gefängnis. Die Angst war oft unerträglich. Am meisten bangte ich um meinen fünfjährigen Sohn. Was sollte aus ihm werden, wenn sie mich abholten? Niemand würde sich um den Kleinen kümmern, denn meine Frau war in eine ferne Stadt verbannt worden und unerreichbar für mich. Damals verwahrlosten viele Kinder von sogenannten Klassenfeinden.«

Im September 1976 starb Mao Zedong. Im Oktober wurden Jiang Qing, seine Witwe, und drei ihrer Vertrauten verhaftet. Sie wurden als »Viererbande« bezeichnet, und man gab ihnen die Schuld an der extremen Politik der vergangenen Jahre und an den Verbrechen der Kulturrevolution. Jiang Qing hatte zu jener Zeit die Roten Garden befehligt. Was mancher dachte, aber niemand aussprach, dass nämlich der eigentliche Schuldige Mao Zedong war, machte Jiang Qing während des anschließenden Gerichtsprozesses klar, als sie sagte: »Ich war wie ein Hund und habe jeden gebissen, den ich beißen sollte.«

Mit der Ausschaltung der radikalmaoistischen Kräfte ging eins der dunkelsten Kapitel der chinesischen Geschichte zu Ende. Viele Menschen waren traumatisiert, ungezählt die Opfer, die im Laufe von fast dreißig Jahren Kampagnenpolitik zu Tode gekommen waren. Für viele Chinesen kam das Jahr 1976 einer zweiten Befreiung gleich. Mit der Verhaftung der »Viererbande« war die Voraussetzung für politische Veränderungen geschaffen. Schon bald sollte mit Deng Xiaoping ein Vertreter der Reformkräfte an die Macht kommen, der die Abkehr von Maos Politik der permanenten Revolution und des Klassenkampfes einleitete.

Tian Han, der Dichter, wurde 1979 posthum rehabilitiert und sein »Marsch der Freiwilligen« 1982 vom Nationalen Volkskongress zur offiziellen Nationalhymne erklärt.

Ob schwarz, ob weiß, Hauptsache die Katze fängt Mäuse

Die altchinesische Lehre von Yin und Yang besagt, dass sich in der höchsten Vollendung des Yang immer auch ein Teil des Yin befindet und in der höchsten Vollendung des Yin ein Teil des Yang. Mit der Kulturrevolution erreichte das Land zwar einen Tiefpunkt seiner Geschichte, doch wurde dadurch erst der spätere Höhenflug ermöglicht, der China innerhalb von dreißig Jahren zu einer Weltmacht aufsteigen ließ.

Bereits Anfang der 1970er Jahre leitete der damalige, zu den gemäßigten Kräften zählende Ministerpräsident Zhou Enlai die vorsichtige Öffnung des Landes und eine Annäherung an das westliche Ausland ein. 1971 erfolgte der Beitritt zur UNO. Noch im selben Jahr nahm China einen Sitz im Weltsicherheitsrat ein. Im Februar 1972 besuchte der amerikanische Präsident Richard Nixon China, im Oktober desselben Jahres erfolgte die Aufnahme diplomatischer Beziehungen zwischen der Bundesrepublik Deutschland und China.

Ministerpräsident Zhou Enlai war bereits todkrank, als er im Januar 1975 die Modernisierung von Landwirtschaft, Industrie, Wissenschaft und Technik sowie der Landesverteidigung forderte. Ein entsprechendes Programm war nach Gründung der Volksrepublik von den moderaten Kräften erarbeitet und Mitte der 1960er Jahre vom Nationalen Volkskongress befürwortet worden, jedoch an der 1966 beginnenden Kulturrevolution in seiner Umsetzung gescheitert. Zhou Enlai griff es nun erneut auf. Unter dem Begriff der »Vier Modernisierungen« sollte es die künftige Politik bestimmen. Der ebenfalls todkranke Mao hielt noch einmal mit der Weisung dagegen, eine Kampagne zum »Studium der Diktatur des Proletariats« durchzuführen. Dem erneuten erbitterten Ringen zwischen moderaten und radikalen Kräften setzte Zhou Enlais Tod im darauffolgenden Jahr ein Ende. Er machte die Hoffnung der Reformkräfte zunichte, denn nun gewannen ihre Gegner erneut die Oberhand, wenn auch nur für kurze Zeit. Zum Nachfolger Mao Zedongs wurde Hua Guofeng ernannt, der in der Kulturrevolution aufgestiegen war.

Zwar reichte seine Macht dazu aus, die Gruppe um Maos Witwe zu verhaften, das Charisma einer Führungspersönlichkeit fehlte ihm jedoch. Niemand traute ihm zu, das Land aus seinem desolaten Zustand herauszuführen. Dafür kam nur einer in Frage: Deng Xiaoping (1904–1997).

Der Sohn eines Landbesitzers aus Sichuan hatte zu jenen Studenten gehört, die in den 1920er Jahren scharenweise zum Studium nach Japan, in die USA und nach Europa strömten, um sich mit modernem Wissen vertraut zu machen. Deng Xiaoping ging als Werkstudent nach Frankreich, wo er mehr als fünf Jahre blieb und das harte Leben als Fabrikarbeiter kennenlernte. Schon in Frankreich schloss er sich der kommunistischen Bewegung an. Zurück in China, nahm er am Aufbau von kommunistischen Guerillaeinheiten und am legendären Langen Marsch teil. Seit 1952 gehörte er dem höchsten Regierungskreis in Beijing an, aus dem er jedoch als Anhänger einer wirtschaftsorientierten Politik zweimal vertrieben wurde.

1977 kehrte er in die Machtzentrale zurück. Anders als Hua Guofeng war Deng Xiaoping von der Kulturrevolution gezeichnet. Die Roten Garden hatten seinen ältesten Sohn unter Hausarrest gestellt. Er entfloh durch einen Sprung aus dem Fenster und überlebte querschnittsgelähmt. Trotz dieser persönlichen Tragödie lehnte Deng eine öffentliche Abrechnung mit Mao Zedong und dessen schweren Fehlern ab, um den Führungsanspruch der Kommunistischen Partei nicht zu gefährden.

Fast dreißig Jahre kommunistischer Herrschaft waren seit 1949 verstrichen. Die erhoffte blühende und glückliche sozialistische Gesellschaft lag noch immer in weiter Ferne. Zwar hatte das Land in seiner industriellen Entwicklung einige Erfolge verzeichnen können – es war inzwischen Atommacht und hatte einen eigenen Satelliten in den Kosmos geschossen, doch hatte sich das Leben der Bevölkerung kaum verbessert. Nach wie vor herrschten in der Stadt wie auf dem Land Rückständigkeit und Armut. Die Versorgung der Bevölkerung geriet durch Dürren und rückständige Anbaumethoden in Gefahr und konnte in den Jahren 1977/78 nur durch die Einfuhr von Getreide aus dem Ausland sichergestellt werden. Innerhalb von fünfundzwanzig Jahren war die Bevölkerung von 563 Millionen (1950) auf 917 Millionen (1975) gewachsen, bei stagnierenden Ernteerträgen. Noch zu Beginn der 1950er Jahre hatte die Parteiführung das Bevölkerungswachstum gefördert, denn in einer hohen Bevölkerungszahl sah man nicht nur ein Zeichen nationaler Stärke, sondern auch viele zusätzliche Arbeitskräfte, die Impulsgeber für die Steigerung der industriellen und landwirtschaftlichen Produktion sein würden. Abtreibungen und Verhütungsmittel wurden deshalb verboten. Der Wirtschaftswissenschaftler und Präsident der Beijing-Universität, Ma Yinchu, warnte wiederholt vor einer Bevölkerungsexplosion. Er sah sie als Hindernis einer gesunden wirtschaftlichen Entwicklung und forderte deshalb eine geregelte Familienplanung. Zur Strafe wurde er seines Amtes enthoben. Erst nach dem fatalen Ausgang von Maos Massenkampagne »Großer Sprung nach vorn« und der anschließenden dreijährigen Hungerkatastrophe begann die Partei 1962, das Programm einer konsequenten Geburtenplanung durchzusetzen.

In der Bevölkerung schwankte die Stimmung zwischen Resignation, Apathie, Ungeduld und Wut. Schon in der ersten Hälfte des Jahres 1976 war es in vielen Städten des Landes zu Demonstrationen gegen die Weiterführung der Klassenkampfpolitik und zu blutigen Zusammenstößen mit den Sicherheitskräften gekommen.

Da waren beispielsweise die Millionen städtischen Jugendlichen, die Mao zur Umerziehung aufs Land geschickt hatte und deren Eltern noch immer auf die Rückkehr ihrer inzwischen erwachsenen Kinder warteten. Während der Kulturrevolution hatten sie als Rotgardisten in Maos Sinne ihre Arbeit geleistet und seine Gegner vernichtet. Als ihre Gewalt jedoch zu eskalieren drohte und sie nicht mehr zu kontrollieren waren, setzte Mao das Militär ein und verbannte sie aus den Städten. Etwa fünfzehn Millionen Jungen und Mädchen wurden in oft ferne Grenzregionen geschickt, wo sie von den Bauern lernen sollten. Manche waren den Härten des dortigen Lebens nicht gewachsen gewesen und gestorben. Die anderen harrten seit zehn Jahren aus. Viele waren krank von den ungewohnt harten Lebensbedingungen, der schweren Arbeit und vor Heimweh. Sie wollten zurück in die Städte, was ihnen aufgrund des Meldesystems verwehrt war.

Auch das Problem der getrennten Ehepaare sorgte für Unruhe. Es war üblich gewesen, vor allem junge Ehepartner in unterschiedlichen, oft weit voneinander entfernten Städten arbeiten zu lassen, damit sie sich besser auf den Aufbau einer sozialistischen Gesellschaft konzentrierten. Meist blieben ihnen pro Jahr nur zwei Wochen, um sich zu sehen. Niemand durfte unerlaubt seinen Wohnsitz wechseln. Deng Xiaoping wusste, dass es zu seinen dringlichsten Aufgaben gehörte, die Familien wieder zusammenzuführen. Außerdem mussten die etwa einhunderttausend zu Unrecht verurteilten sogenannten Rechtsabweichler und Konterrevolutionäre rehabilitiert werden, von denen viele schon zwanzig Jahre lang in der Verbannung lebten.

Staatsbetriebe, Städte und ganze Landesteile drohten nach dem Chaos der zehn Jahre während Kulturrevolution der Kontrolle der zentralen Führung zu entgleiten. Industrie und Landwirtschaft produzierten auf niedrigstem Niveau. In Staatsbetrieben und Behörden herrschten wegen personeller Überfrachtung Ineffizienz und Langeweile. Aufgrund des Bevölkerungsdrucks mussten Arbeitsplätze doppelt und dreifach besetzt werden. Privates Unternehmertum, das den Arbeitsmarkt hätte entspannen können, existierte nicht mehr. In den Fabriken wollten die Arbeiter nicht länger nach dem Prinzip »gleicher Lohn für alle«, sondern nach Leistung bezahlt werden. Ähnlich dachten die Bauern, die noch immer achtzig Prozent der Bevölkerung ausmachten. Sie begannen sich aus der Kollektivwirtschaft zu lösen, um zur kleinen privaten Landwirtschaft zurückzukehren, die ihnen wenigstens die Versorgung ihrer eigenen Familie sicherte.

1978 setzte sich Deng Xiaoping mit seinem Reformkurs gegen die parteiinternen Gegner durch. Bis 1982 verdrängte er Maos Nachfolger Hua Guofeng aus allen Ämtern und besetzte die entscheidenden Positionen mit seinen eigenen Gefolgsleuten. Dabei trat er die höchsten Ämter nicht selbst an, sondern gab diese an jüngere Vertraute. Er behielt jedoch den Vorsitz über den Militärausschuss, dem die Armee unterstand.

Mit der Durchsetzung von Dengs Reformkurs fiel der Startschuss zum chinesischen Wirtschaftswunder. Noch heute wird er gern mit seinem Ausspruch zitiert, dass es keine Rolle spiele, ob eine Katze weiß oder schwarz sei, Hauptsache sie fange Mäuse. Utopische Ideen, die der Volkswirtschaft mehr schadeten als nutzten, sollten nicht länger gelten. Deng wollte sich lieber an konkreten Ergebnissen messen lassen. Hierzu griff er – wie zuvor Zhou Enlai – das Konzept der »Vier Modernisierungen« auf. Die wirtschaftliche Entwicklung und damit die Steigerung der ökonomischen Leistungsfähigkeit wurde zur wichtigsten Aufgabe erklärt. Dies sollte mit Hilfe marktwirtschaftlicher Elemente geschehen, die es einzuführen galt. Deng wusste, dass dies eine teilweise Abkehr von der Planwirtschaft bedeutete. Doch nahm er das gern in Kauf, denn er war davon überzeugt, dass nur die Entwicklung der Wirtschaft China voranbringen könne. Die radikalen Linken bezeichneten sein Modernisierungsprogramm als revisionistisch und straften seine Pläne mit dem Vorwurf ab, nicht den Aufbau einer sozialistischen Gesellschaft zu verfolgen, sondern die Restauration des Kapitalismus.

Die Wirtschaftsreformen unter Deng Xiaoping

Wohin die Reformen führen würden, wusste 1978 niemand. »Über Steine tastend einen Fluss überqueren« – dieser Ausspruch Deng Xiaopings wurde zum geflügelten Wort. Nur in kleinen, tastenden Schritten konnte es vorwärtsgehen. Radikale Maßnahmen wie eine plötzliche Abschaffung der Planwirtschaft erschienen zu riskant. Es gab keinen Plan, keine Strategie und erst recht keine Vorbilder, aber es gab die Bereitschaft zu experimentieren, Fehlentwicklungen zu korrigieren und aus Erfolgen zu lernen. Nicht Theorie, sondern Pragmatismus zählte.

Deng setzte auf materielle Anreize und auf Verantwortlichkeitssysteme. Arbeit sollte sich wieder lohnen.

Willst du Getreide essen, geh zu Ziyang, willst du Reis essen, geh zu Wan Li
(Yao chi liang, zhao Ziyang, yao chi mi, zhao Wan Li)

Zunächst galt es, die Lebensumstände der Mehrheit der Bevölkerung, nämlich die der Bauern, zu verbessern. Mit der Kollektivierung hatten sie ihre Eigenständigkeit verloren. Sie arbeiteten in Produktionsgruppen zu Einheitslöhnen. Längst war klar, dass sich auf diese Weise dringend notwendige Produktionssteigerungen nicht erreichen ließen.

In den Provinzen Sichuan und Anhui ergriffen Bauern die Initiative und kehrten mittels inoffizieller Pilotprojekte zur Eigenbewirtschaftung zurück. Der Boden wurde unter den Familien aufgeteilt, die ihn nun selbständig bewirtschafteten. Sie verpflichteten sich vertraglich, einen bestimmten Anteil ihrer Ernte zu festgelegten niedrigen Preisen an den Staat abzuliefern, durften aber die überschüssigen Erträge zu höheren Preisen auf Märkten verkaufen und den Gewinn für sich behalten. Der Erfolg war phänomenal. Nachdem sie wie früher in Eigeninitiative wirtschaften konnten, erzielten die Bauern in kürzester Zeit beeindruckende Produktionssteigerungen. Die Nachricht von dem erfolgreichen Experiment verbreitete sich mit folgendem Spruch durchs ganze Land: »Willst du Getreide essen, geh zu Ziyang, willst du Reis essen, geh zu Wan Li.« Die verantwortlichen Parteisekretäre, die die Initiativen der Bauern toleriert und unterstützt hatten, waren Ziyang (der spätere Generalsekretär der Partei) für die Provinz Sichuan, wo Getreide, und Wan Li (späterer Landwirtschaftsminister) für die Provinz Anhui, wo Reis angebaut wurde.

Das Beispiel der Bauern von Sichuan und Anhui machte sofort Schule. Bis 1983 wurden 98 Prozent des Ackerlandes zur Eigenbewirtschaftung an die Bauern übergeben. Volkskommunen und Produktionsbrigaden wurden aufgelöst und die alten ländlichen Strukturen von Dörfern und Gemeinden wiederhergestellt. Der Ackerboden blieb als Kollektiveigentum der ländlichen Bevölkerung im Besitz der Gemeinden; die Bauern erhielten jedoch nur das Nutzungsrecht. Dieses Nutzungsrecht kann vererbt, erworben, verkauft und verpachtet werden.

Die Rückkehr zur Eigenbewirtschaftung bedeutete das Ende des früheren chronischen Mangels an frischem Obst und Gemüse, an Fleisch und Fisch, denn nun konnte jeder Bauer selbst entscheiden, ob er mit dem Anbau von Getreide sein Geld verdienen wollte oder lieber mit dem einträglicheren Geschäft des Gemüse- und Obstanbaus, der Vieh- oder Fischzucht. Kein Kader konnte ihm wie in früheren Zeiten vorschreiben, was er zu tun hatte. Manche Bauern wandten sich ganz von der Landwirtschaft ab und machten sich mit eigenen Unternehmen selbständig, weil privates Kleinunternehmertum in Handel, Handwerk und Dienstleistungen wieder zugelassen wurde, anfangs noch mit zahlenmäßig begrenzter Belegschaft, doch auch diese Beschränkung fiel bald.

Überall auf dem Land entstanden wieder Bauernmärkte, auf denen die Erzeuger ihre Waren selbst verkaufen konnten. Auch in den Städten schossen die Märkte wie Pilze aus dem Boden. Hatten die staatlichen Versorgungsorganisationen früher ganze Lkw-Ladungen von Chinakohl und anderem Gemüse an den Straßenecken lieblos aufgehäuft und vom Fleck weg verkauft, brachten die Bauern ihre Produkte nun selbst in die Städte und verkauften sie – appetitlich anzusehen – direkt an die Städter. Viele Konsumenten waren an das immer reichhaltigere Angebot gar nicht mehr gewöhnt. Da wurden plötzlich Obst- und Gemüsesorten von den Bauern produziert und angeboten, die viele junge Leute noch nie gesehen und gegessen hatten.

Anders als in den staatlichen Läden, in denen feste Preise galten, waren sie auf den Bauernmärkten frei verhandelbar und lagen zum Vorteil der Bauern höher. Erst Ende der 1980er Jahre fiel die Preisbindung auch für Verkäufe in den staatlichen Geschäften.

Das neu zugelassene Kleinunternehmertum ermöglichte vielfältige Spezialisierungen. Stände, kleine Läden und Garküchen entstanden, in Werkstätten wurden Gerätschaften aller Art hergestellt, Tischler fertigten Möbel an, Maurer bauten neue Bauernhäuser, fliegende Händler boten Waren aus anderen Provinzen an, Reparaturwerkstätten und Nähereien entstanden – wer Phantasie hatte, konnte sich eine goldene Nase verdienen, denn die Nachfrage nach Konsumgütern und Dienstleistungen war infolge jahrelanger Mangel- und Planwirtschaft unbegrenzt. Davon profitierten vor allem die ländlichen Betriebe, die zu den Volkskommunen und Brigaden gehörten. Hatten sie früher ausschließlich für die Landwirtschaft produzieren müssen, hob man jetzt die staatlichen Vorgaben auf, so dass sie ähnlich den Bauern hinsichtlich ihrer Warenproduktion und Vermarktung frei entscheiden durften. Also wurde nicht mehr – wie so oft in der Vergangenheit – am Bedarf vorbei produziert, sondern man orientierte sich an den Konsumbedürfnissen der bäuerlichen Bevölkerung und stellte Dinge wie Reiskocher, Ventilatoren, Gardinen oder Plastikgerätschaften für sie her. Oder es wurde für den beginnenden Bauboom produziert. Bauern, die schnell zu Geld gekommen waren, weil sie in stadtnahen Gebieten lebten und die Städter mit frischen Lebensmitteln versorgten, wollten nicht mehr in ihren armseligen Häusern, sondern in mehrstöckigen Gebäuden wohnen.

Ähnlich wie in den ländlichen Gebieten setzten die Reformer auch in der städtischen Industrie auf das vertraglich geregelte Verantwortungssystem. Die leitenden Manager übernahmen die Verantwortung für ihre Betriebe. Sie allein entschieden über Produktion und Vermarktung. Der Staat nahm ihnen vertraglich vereinbarte Mengen zu festgelegten niedrigen Preisen ab. Was über das Plansoll hinaus produziert wurde, konnte auf den Märkten und den neu entstandenen Verkaufszentren zu höheren Preisen verkauft werden. Gewinne mussten nicht mehr an den Staat abgeführt, sondern nur noch versteuert werden und standen den Betrieben zur freien Verfügung. Dafür sollten die erwirtschafteten Verluste aber auch selber getragen werden. Mit staatlichen Ausgleichszahlungen sollte niemand mehr rechnen dürfen.

Die Öffnung nach außen

Ein wichtiges Anliegen war die außenwirtschaftliche Öffnung des Landes und die Normalisierung der Beziehungen zu den führenden Industrienationen. Ein Handelsvertrag mit der Europäischen Wirtschaftsgemeinschaft konnte noch 1978 geschlossen werden, ebenso ein Friedens- und Freundschaftsvertrag mit Japan. Deng reiste im selben Jahr nach Japan und in die aufstrebenden ASEAN-Staaten Thailand, Malaysia und Singapur. Seit Anfang 1979 bestanden wieder diplomatische Beziehungen mit den USA. So konnte Deng einer Einladung nach Washington folgen. Seine Reisen ließen ihn nur allzu deutlich die Rückständigkeit Chinas erkennen und bestärkten ihn in seiner Überzeugung, dass sich das Land weiter öffnen müsse, um Anschluss an die westlichen Industrieländer zu erlangen. Es galt, ausländische Direktinvestitionen ins Land zu locken und mit ihnen modernes Know-how. Hierzu wurde ein Gesetz verabschiedet, das Staatsbetrieben erlaubte, mit ausländischen Firmen Gemeinschaftsunternehmen, Joint Ventures, zum Aufbau exportorientierter Industrien zu gründen. Eigens zu diesem Zweck entstanden zunächst vier

Sonderwirtschaftszonen in den südlichen Küstenprovinzen Guangdong und Fujian, in denen Ausländer und Chinesen gemeinsam mit den neuen Möglichkeiten experimentieren konnten. Vor Rückschlägen und einem Scheitern hatten die Reformer keine Angst. Erwiesen sich die Experimente in den Sonderwirtschaftszonen als nicht vorteilhaft, konnte man sie schnell wieder beenden, ohne dem Land großen Schaden zugefügt zu haben. Brachten sie jedoch den erhofften Erfolg, ließ sich das neue System im ganzen Land anwenden.

Auch im Bildungs- und Forschungsbereich wurden mehrere Offensiven gestartet. Sie hatten einen verstärkten Austausch von Studenten und Forschern zum Ziel. Landesweit zog man die besten Studenten zusammen, um sie als Stipendiaten ins Ausland zu schicken, wo sie Natur- und Ingenieurswissenschaften, Betriebswirtschaft und seltener auch Geisteswissenschaften studieren sollten. Im Gegenzug kamen ausländische Studenten an chinesische Universitäten. Über den offiziellen Studentenaustausch hinaus wurden die Ausreisebeschränkungen für Studenten allmählich gelockert, so dass seitdem mehrere Hunderttausend zumeist junge Menschen mit Stipendien oder auf eigene Kosten zum Studium ins Ausland gehen konnten, hauptsächlich in die USA, nach Japan, Kanada, Australien, Deutschland, Großbritannien und Frankreich. Ebenso wurden Wissenschaftler zu Aufbaustudien oder Forschungsaufenthalten an ausländische Universitäten geschickt.

Mit der Lockerung der Einreisebeschränkungen blühte ab Beginn der 1980er Jahre das Tourismusgeschäft auf. Ausländische Medienvertreter strömten ins Land, und in der westlichen Welt brach ein wahres China-Fieber aus.

Die Reformen beschränkten sich nicht nur auf Landwirtschaft, Industrie, Wissenschaft und Technik, sondern erfassten auch staatliche Institutionen wie Justiz und Polizei. Zwischen den chinesischen und entsprechenden deutschen, amerikanischen und Behörden anderer westlicher Staaten kam es zu vielfältigem Erfahrungsaustausch und verschiedenen Formen der Zusammenarbeit. Chinesische Beamte aus allen erdenklichen Bereichen strömten ins Ausland und lernten von ihren Fachkollegen in den hochentwickelten Ländern. Der Nachhol-bedarf war riesig, denn in den vorangegangenen dreißig Jahren waren allzu oft politische Gesinnung und Parteitreue über Fachwissen und Kompetenz gestellt worden. Dadurch war ein eklatanter Mangel an Fachleuten entstanden, beispielsweise in der Rechtspflege, die während der maoistischen Willkürherrschaft fast völlig zum Erliegen gekommen war. Als im Zuge der Reformpolitik ein neues Rechtssystem geschaffen werden sollte, musste juristisches Personal erst mühsam herangebildet werden.

Die ersten Schritte, vor allem hinsichtlich der außenwirtschaftlichen Öffnung, zeigten schnell Erfolg, so dass zusätzlich zu den vier Sonderwirtschaftszonen bereits 1984 vierzehn weitere Küstenstädte für ausländische Investitionen geöffnet wurden. Angesichts des Ansturms ausländischen Kapitals reichten auch diese bald nicht mehr aus, und weitere Sonderwirtschaftszonen wurden geöffnet. Heute können ausländische Firmen nahezu überall in China investieren und mit einigen Ausnahmen auch hundertprozentige Tochterfirmen gründen. Ausländer dürfen in China auch eigene Firmen gründen, so wie Chinesen im Ausland als selbständige Unternehmer tätig sind.

Seit 1979 erlebte China einen Wirtschaftsboom mit jährlichen Zuwachsraten von durchschnittlich neun Prozent, der das Land zur dynamischsten Wirtschaftszone der Welt machte. Für diesen Erfolg stand Deng Xiaoping.

Der Kampf um politische Reformen

1978 erfolgte eine Verfassungsänderung, die den Bürgern das Recht auf freie Meinungsäußerung, freie Aussprache, große Debatten und das Anschlagen von Wandzeitungen garantierte. Der Aufbruch in eine neue Zeit schien sich abzuzeichnen, was Hoffnungen weckte, dass neben den angekündigten »Vier Modernisierungen« mehr individuelle Freiheiten gewährt würden. Einige Bürger Beijings nahmen die Verfassungsänderung wörtlich und klebten selbstverfasste Wandzeitungen an eine über hundert Meter lange Mauer in der Innenstadt, was anfangs noch als Unterstützung für Deng Xiaopings angestrebten Reformkurs gedacht war. Sie forderten wirtschaftliche Reformen und kritisierten die politischen Verfehlungen der vergangenen Jahre. Während sich die durch politische Kampagnen leidgeprüften Intellektuellen zunächst zurückhielten, preschten vor allem Vertreter der »verlorenen Generation« vor. Mit dem Begriff der »verlorenen Generation« bezeichnete man ehemalige Rotgardisten und Jugendliche, die während der Kulturrevolution infolge geschlossener Schulen und Universitäten und anschließender Landverschickung keine fundierte Ausbildung erhalten hatten und deshalb oft nur als Arbeiter in den Fabriken untergebracht werden konnten. Viele stammten aus Familien der geistigen Elite. Umso verbitterter waren sie, als sie wegen ihrer großen Wissenslücken den Sprung in eine akademische Ausbildung nicht mehr schafften. Sie klagten in den Wandzeitungen über das erlittene Unrecht, forderten Wiedergutmachung, rechneten mit Kulturrevolution und Viererbande ab, äußerten aber auch vorsichtige Kritik an Mao Zedong. Da es anfangs schien, als würden die reformorientierten Politiker, allen voran Deng Xiaoping, die öffentlichen Meinungsäußerungen billigen, wuchs die Bewegung rasch und fand Nachahmung in den großen Städten des Landes. Innerhalb kürzester Zeit wurden Forderungen nach einer Demokratisierung des politischen und gesellschaftlichen Systems und einer unabhängigen Justiz laut. Entsprechend nannte man die Anschlagflächen »Mauer der Demokratie«. Auch die Kommunistische Partei geriet zunehmend in die

Kritik. Oppositionelle Zeitschriften erschienen und kursierten im Untergrund. Als der ehemalige Rotgardist und führende Wandzeitungsautor Wei Jingsheng die Einführung der Demokratie als fünfte Modernisierung forderte, reagierte Deng Xiaoping mit der Veröffentlichung der »Vier Grundprinzipien«: dem Festhalten am sozialistischen Weg, an der Diktatur des Proletariats, an der Führung durch die Kommunistische Partei und am Marxismus-Leninismus und den Mao-Zedong-Ideen. Für Deng bestand kein Zweifel an der Vorherrschaft der Kommunistischen Partei. Die »Vier Grundprinzipien« sah er als Grundlage seiner Politik. Sie sollten der Garant sein für eine zügige Durchsetzung seiner Reform- und Öffnungspolitik. Zugleich waren sie als Beruhigung gedacht für jene Parteiführer, die den Reformen grundsätzlich kritisch gegenüberstanden. Die Rufe nach Demokratie hatten Dengs Gegner aufgeschreckt und einmal mehr darin bestärkt, dass er den falschen politischen Weg verfolgte.

Ende März setzte Deng Xiaoping der Bewegung um die »Mauer der Demokratie«, inzwischen auch »Beijinger Frühling« genannt, ein abruptes Ende. Die Wortführer wurden verhaftet und zu langjährigen Gefängnisstrafen verurteilt. Wei Jingsheng, mit fünfzehn Jahren Freiheitsentzug bestraft, erlangte als Symbolfigur des »Beijinger Frühlings« traurige Berühmtheit. Die in der Verfassung garantierten Rechte auf Protestdemonstrationen, Streiks, auf freie Meinungsäußerung, freie Aussprache, große Debatten und das Anschlagen von Wandzeitungen wurden gestrichen.

Um das Vertrauen in den Sozialismus und in die Sache des Kommunismus zu stärken, eröffnete die Partei 1983 den »Kampf gegen die geistige Verschmutzung«, eine Bewegung, die sich gegen westliches Gedankengut wandte. Die Wirtschaftsreformen hatten die Öffnung nach Westen unabdingbar gemacht, doch hatten die Reformer durch die anfangs nur einen Spaltbreit geöffnete Tür ausschließlich das Einströmen von ausländischem Know-how und Kapital beabsichtigt. Stattdessen waren auch die Ideen von Demokratie, Meinungs- und Pressefreiheit ins Land gekommen, die wie ein Regen nach langer Dürrezeit wirkten.

Doch der Ruf nach politischen Reformen, nach Freiheit und Demokratie konnte nicht nachhaltig unterdrückt werden. Die Ursache dafür lag in der wachsenden Unzufriedenheit der städtischen Bevölkerung. Die Wirtschaftsreformen führten zwar zu einem Wirtschaftsboom, doch zugleich auch zu Korruption und zunehmender sozialer Ungleichheit.

Das Verantwortlichkeitssystem hatte auf dem Land funktioniert, wo viele Bauern bald zu Wohlstand kamen. Nicht so gut funktionierte es in den städtischen Staatsbetrieben, von denen viele in die roten Zahlen rutschten und – anders als geplant – doch nur wie früher durch staatliche Subventionen am Leben blieben. Zwar hatte man den Leitern unternehmerische Freiheit zugesichert, sie konnten sich jedoch nicht von ihren vielen Bürden befreien. Das System der »eisernen Reisschale«, die Verpflichtung des Betriebs zur kompletten sozialen Absicherung seiner Belegschaft, blieb weiterhin intakt. Deshalb konnte auch das Problem der personellen Überfrachtung nicht gelöst werden, und so blieb es bei Ineffizienz und Verlusten, was wiederum die Anpassung der Löhne an die Teuerungsraten unmöglich machte.

Andererseits boten die neuen Freiheiten den leitenden Funktionären in Management, Behörden und Partei mannigfaltige Möglichkeiten der Korruption und Bestechung. Beispielsweise gingen unzählige Delegationen von Staatsbetrieben auf Einkaufstour ins Ausland und investierten, abgesichert durch staatliche Kredite, in moderne Industrieanlagen. Es kam zu einem regelrechten Investitionsboom. Damals kursierten lange Listen von bereits genehmigten Projekten von Staatsbetrieben, die umgesetzt werden sollten. Für die ausländischen Hersteller von Industrieanlagen, für Vertreter und Vermittler waren diese Listen Gold wert. Führende Funktionäre in Behörden und Betrieben leiteten sie gegen entsprechende Beteiligungszusagen weiter. Nicht wenige leitende Manager trafen ihre Kaufentscheidungen nach Höhe der heimlichen Bestechungsgelder und bereicherten sich auf Kosten des Betriebes. Häufig wurden Anlagen am Bedarf vorbei gekauft; manche kamen nie zum Einsatz und verstaubten in ihrer Verpackung.

Mit dem Übergang von der Plan- in eine Marktwirtschaft brachen für Menschen mit den richtigen Verbindungen goldene Zeiten an. Dazu gehörten nicht nur die Funktionäre in Partei, Behörden und Staatsbetrieben, sondern vor allem auch die engen Verwandten von führenden Politikern, die ihre unmittelbare Nähe zur politischen Macht zu ihrem Vorteil zu nutzen wussten und denen sich allein aufgrund ihres Namens alle Türen öffneten. Aber auch denen, die nichts zu verlieren hatten und das Risiko einer Selbständigkeit daher nicht scheuten, boten sich vielfältige Chancen. Verlierer waren all jene, die die neuen Möglichkeiten nicht zu nutzen wagten: Arbeiter und Angestellte in den Staatsbetrieben, aber auch Akademiker wie Lehrer und Ärzte, die ihre Berufe in den staatlichen Organisationen hätten an den Nagel hängen müssen, um von den neuen Bedingungen zu profitieren. Damit wuchs die Unzufriedenheit in der Bevölkerung.

Trotzdem entstand Anfang 1986 gerade in den Kreisen der Intellektuellen eine ungeheure Aufbruchsstimmung. Die Öffnung nach außen und die bereits erfolgte Rehabilitation zu Unrecht verurteilter sogenannter Konterrevolutionäre und Rechtsabweichler weckten die Hoffnung auf eine nachhaltige Liberalisierung.

Hu Yaobang, ein Vertrauter Deng Xiaopings und seit 1980 Generalsekretär der Partei, zog aus den Fehlern der Vergangenheit Konsequenzen. Er trat für Reformen nicht nur in der Wirtschaft, sondern auch in der Politik ein. Unter dem Einfluss seiner eigenen Vorstellungen von Rede- und Pressefreiheit fand eine Lockerung der Pressezensur statt. Daraufhin wurde der Vorsitzende des Schriftstellerverbandes im Jahre 1985 zum ersten Mal frei gewählt. Hu Yaobang legte seine liberalen Ideen in bewegenden Reden dar und scheute sich nicht, Maos Politik mit klaren Worten zu kritisieren. Damit gewann er das Vertrauen vieler Intellektueller.

Herr J., 90, ehemaliger Minister, Beijing: »Unter den Reformern habe ich am meisten Hu Yaobang, den Generalsekretär der Partei, bewundert. Einmal begleitete ich ihn zu einer Inspektionsreise aufs Land. Die örtlichen Parteiführer hatten für ihn ein umfangreiches Besichtigungsprogramm vorbereitet, doch er wusste, dass man ihm nur die besten Seiten zeigen würde. Deshalb sagte er manche Termine einfach ab. Als wir mit unserem Sonderzug an einigen ärmlichen Dörfern vorbeifuhren, ließ er plötzlich anhalten und mich mit einigen Mitarbeitern aussteigen, damit wir uns unter den Bauern der umliegenden Dörfer umhorchten. Wir sollten sie nach ihren Problemen und der allgemeinen Situation befragen. Er selbst ging nicht mit. Das hätte zu viel Aufsehen erregt. Die uns begleitenden lokalen Parteiführer waren schockiert und furchtbar aufgeregt. Aber sie konnten nichts machen. Damals gab es noch keine Handys, mit denen sie ihre Leute in den entsprechenden Dörfern hätten warnen können. So stiegen wir aus und hörten uns um. Was wir an Informationen zusammentrugen, war wertvoller und alarmierender als all das, was wir durch das offizielle Programm erfuhren. Das hat mir damals sehr eindrucksvoll gezeigt, wie ernst Hu Yaobang seine Arbeit nahm und dass er der Wahrheit wirklich auf den Grund gehen wollte.«

Mit der Lockerung der Pressezensur erschienen in den Tageszeitungen Berichte von Korruption, Amtsmissbrauch und Unzulänglichkeiten unter den Parteifunktionären. Diese Berichte sorgten für große Empörung. Einer der bekanntesten Wortführer der couragierten Journalisten war Liu Binyan (1925 – 2005), ein Mitarbeiter der *Volkszeitung*.

Liu, seit seiner Jugend überzeugter Kommunist, hatte bereits im Jahr 1956 Korruption und Bürokratismus angeprangert und war deswegen zum Rechtsabweichler erklärt und aus der Partei ausgeschlossen worden. 1960 rehabilitiert, führte er seinen Kampf gegen die Korruption fort. Während der Kulturrevolution traf es ihn erneut. 1969 verurteilte man ihn zu acht Jahren Arbeitslager. Die Reform- und Öffnungspolitik brachte endlich die Wende, 1978 nahm ihn die Partei wieder auf. Erneut folgte er seiner inneren Berufung und wurde als Autor kritischer Reportagen im ganzen Land berühmt. 1985 wählten ihn die Schriftsteller zum Vizevorsitzenden ihres Verbandes. Nur Ba Jin, der damals zweifellos berühmteste Schriftsteller und Überlebender der Vierten-Mai-Bewegung von 1919, bekam mehr Stimmen und deshalb den Vorsitz.

Wir trafen Liu Binyan im Sommer 1986 in Beijing. Er war damals noch immer ein Mann voller Ideale. Es sei atemberaubend, die mutige Reformpolitik Deng Xiaopings mitzuerleben, sagte er uns. Der rasante Modernisierungsprozess gebe Anlass zu größtem Optimismus. Wenn selbst höchste politische Führer ihn ermutigten, mit seinen kritischen Reportagen fortzufahren, und wenn diese Texte in den wichtigsten Tageszeitungen veröffentlicht und die entsprechenden Funktionäre anschließend zur Verantwortung gezogen würden, gebe es dann nicht allen Grund zur Hoffnung? Nie haben wir einen Mann erlebt, der in seiner Begeisterung mitreißender wirkte als Liu Binyan.

Wir trafen in jenen Tagen des Sommers 1986 mehrere führende Wissenschaftler und Künstler. Die meisten von ihnen waren Opfer der vorangegangenen politischen Kampagnen gewesen, doch plötzlich blickten sie optimistisch in die Zukunft. Die Lockerung der Pressefreiheit, das Anprangern von Korruption und Machtmissbrauch hatte ihre Hoffnung auf politische Reformen geweckt. Einer von ihnen war Wang Ruowang (1918–2001), ein unbequemer Denker, Schriftsteller und Literaturkritiker, der bereits 1937 in die Kommunistische Partei eingetreten und deswegen von den Nationalisten unter Chiang Kaishek eingesperrt worden war. Unter der kommunistischen Regierung ging es ihm wenig besser. Auch er wurde Opfer der »Anti-Rechts-Bewegung« und der Kulturrevolution. 1957 aus der Partei ausgeschlossen, wurde er 1979 rehabilitiert. Wir erlebten ihn im Sommer 1986 als entschlossenen Verfechter von politischen Reformen und Demokratisierung.

Zur selben Zeit sorgte ein weiterer Mann für großes Aufsehen: Fang Lizhi (geb. 1936), Astrophysiker und Vizepräsident der Universität für Wissenschaft und Technik in Hefei, Anhui. Mit seinen liberalen Ideen und seinem Eintreten für politische Reformen, Demokratisierung und Modernisierung beeinflusste er nicht nur seine eigenen, sondern auch die Studenten anderer Universitäten. Seine Reden fanden bei den Intellektuellen im ganzen Land Aufmerksamkeit, Anerkennung und begeisterte Zustimmung. Als im Dezember 1986 mehrere Tausend Studenten seiner Universität für mehr Demokratie, Freiheit und für freie Wahlen der Studentenvertreter demonstrierten, schlossen sich Studenten in anderen Städten spontan mit Demonstrationen an.

Im Januar 1987 setzte Deng Xiaoping diesem erneuten Aufflammen der Demokratiebewegung mit der Kampagne »Kampf gegen die bürgerliche Liberalisierung« ein Ende. Er schloss die drei führenden Vertreter der Demokratiebewegung aus der Kommunistischen Partei aus: den Journalisten Liu Binyan, den Schriftsteller Wang Ruowang und den Naturwissenschaftler Fang Lizhi. Damit traf er die gesamte Welt der Intellektuellen. Die Texte von Liu und Wang durften nicht mehr erscheinen, Fang verlor seine Position an der Universität. Wie in dem chinesischen Sprichwort beschrieben: »Reißt man jemandem nur ein einzelnes Haar aus, zittert der ganze Körper«, wurden die Intellektuellen mit einem Schlag zum Schweigen gebracht. Der Leitartikel in der *Volkszeitung*, der den Parteiausschluss bekanntmachte, sorgte für große Betroffenheit. Schlimmer noch war, dass die Schuld am Wiederaufflammen der Demokratiebewegung dem beliebten Generalsekretär der Partei, Hu Yaobang, gegeben wurde. Deng Xiaoping warf ihm vor, Liberalisierungstendenzen begünstigt und die Studentendemonstrationen nicht entschlossen genug beendet zu haben. Die Nachricht von seinem erzwungenen Rücktritt erschütterte das ganze Land.

Zwei Jahre später, am 15. April 1989, starb Hu Yaobang im Alter von 73 Jahren an einem Herzinfarkt. Sein Tod wurde allgemein als viel zu früh empfunden, und man führte ihn auf die ungerechte Entmachtung zurück. Einen Tag später begannen erste Trauerbekundungen am Denkmal der Volkshelden auf dem Platz des Himmlischen Friedens mitten in Beijing. Zehntausende Studenten scheuten sich nicht, ihre Wut über seine Entmachtung und ihre Trauer über seinen frühen Tod offen zu demonstrieren. Sie forderten eine Offenlegung der näheren Umstände seines Rücktritts und eine neue Bewertung seiner Person sowie ein Staatsbegräbnis.

Damals nahte ein wichtiger Jahrestag: Siebzig Jahre zuvor, am 4. Mai 1919, war es in Beijing zu Studentendemonstrationen gegen die damalige Regierung und die konfuzianisch geprägte Gesellschaft gekommen. Die nach diesem Ereignis benannte »Vierte-Mai-Bewegung« galt seitdem als Fanal für die kommunistische Revolutionsbewegung und die Erneuerung Chinas. (Siehe S. 111)

Die jungen Menschen, die im Frühling 1989 am Denkmal der Volkshelden demonstrierten, kannten die vorangegangenen politischen Bewegungen der Mao-Zeit nur aus Erzählungen. Auch die Kulturrevolution hatten sie nicht bewusst miterlebt. Doch sie fühlten sich als Avantgarde, erfüllt von dem Geist der Helden der »Vierte-Mai-Bewegung«, die wie sie auf dem Platz des Himmlischen Friedens demonstriert hatten, jenem symbolträchtigen Platz, auf dem Mao Zedong 1949 die Gründung der Volksrepublik China verkündet hatte. Und als Avantgarde griffen sie die Inhalte auf, für die Hu Yaobang gestanden hatte. Mit ihren Bannern demonstrierten sie gegen Korruption, Vetternwirtschaft und Inkompetenz unter den Parteifunktionären. Auf manchen Bannern prangte die Aufschrift »Sei gegrüßt, Deng Xiaoping«. Damit wollten die Studenten klarstellen, dass sie den großen Reformer respektierten und nicht den Sturz der Regierung herbeizuführen gedachten. Jedoch forderten sie entschlossene Maßnahmen gegen korrupte Spitzenfunktionäre und deren privilegierte Verwandtschaft sowie die Offenlegung ihrer Vermögen. Sie forderten mehr Pressefreiheit und die Wiederherstellung und Achtung der Rechte auf freie Meinungsäußerung, wie sie die Verfassung von 1978 garantiert hatte. Um ihre Entschlossenheit zu demonstrieren, wollten sie auf dem Platz des Himmlischen Friedens ausharren, bis die Regierung zu einem Dialog bereit war.

Innerhalb der politischen Führung kam es zum Streit, wie mit der Bewegung umzugehen sei. Die moderaten Kräfte, unter ihnen der Generalsekretär der Partei, Zhao Ziyang, der anfangs so erfolgreich die landwirtschaftlichen Reformen in Sichuan begleitet hatte, zeigte Verständnis für die Forderungen der Studenten und war zu Gesprächen bereit, konnte sich aber nicht gegen jene durchsetzen, die das Verhalten der Studenten empörend fanden und ein sofortiges Ende der Demonstrationen verlangten. Am 26. April erschien in der *Volks-*

zeitung ein Artikel, der behauptete, die Bewegung würde von einer Handvoll aus dem Ausland unterstützter Studenten angeführt, die nichts weiter als Chaos stiften wollten. Das empörte die Beijinger Bevölkerung, die die Studenten daraufhin demonstrativ unterstützte. Diese fühlten sich dadurch ermutigt, auf einem Gespräch mit den Parteiführern zu beharren. Doch die offizielle Linie blieb auf Konfrontationskurs, den mehrere Hundert Studenten mit einem Hungerstreik auf dem Platz des Himmlischen Friedens beantworteten. Insgesamt hielten sie den Platz fünfzig Tage lang besetzt. In anderen Großstädten kam es zu Sympathiedemonstrationen, und aus allen Landesteilen reisten Studenten an, um die Beijinger zu unterstützen.

Auch die Weltpresse reiste an, allerdings wollte sie eigentlich über den anstehenden Besuch von Präsident Gorbatschow berichten. Erstmals seit dem Bruch mit Moskau 1959 besuchte am 15. Mai 1989 ein sowjetischer Staatschef China. Er sollte am Denkmal der Volkshelden einen Kranz niederlegen. Doch der Platz war seit Wochen von den Studenten besetzt. Gegenüber ihren russischen Gästen war das für die chinesische Regierung ein Gesichtsverlust.

Gorbatschow absolvierte seinen Besuch und reiste wieder ab, während die Weltpresse blieb und dokumentierte, wie am 17. Mai über eine Million Menschen zum Platz des Himmlischen Friedens marschierten, um sich mit den Studenten zu solidarisieren: Fabrikarbeiter und Mitarbeiter aus Behörden, Universitäten und anderen staatlichen Organisationen. Sie kamen in ganzen Abordnungen und führten Banner mit sich, auf denen die Namen ihrer Betriebe und Institutionen standen. Sie schlossen sich nicht nur den Forderungen der Studenten an, sondern demonstrierten auch für mehr soziale Sicherheit und Preisstabilität. Denn inzwischen hatten viele von ihnen die Schattenseiten der Marktwirtschaft kennengelernt. Die Preise waren in die Höhe geschossen. Das alte Gespenst der Inflation, das vor 1949 zu Chiang Kaisheks Niederlage beigetragen hatte und zu Maos Zeiten unbekannt gewesen war, tauchte wieder auf.

Der Massenaufmarsch von Fabrikarbeitern und Mitarbeitern aus staatlichen Organisationen alarmierte Deng Xiaoping. Er fürchtete einen landesweiten Flächenbrand, der sich zu einer Volkserhebung oder zu einer Revolution gegen die bestehende Herrschaft der Kommunistischen Partei ausweiten konnte. Drei Tage später wurden das Kriegsrecht verhängt und Truppen zum Einsatz in die Hauptstadt verlegt. In der Nacht zum 4. Juni setzte das Militär den Demonstrationen ein blutiges Ende. China erstarrte angesichts der geschätzten zweitausend Opfer, die es allein in Beijing zu beklagen gab. Selbst unter den Politikern, die eine gewaltsame Räumung des Platzes durchaus befürwortet hatten, weil ein Stadtzentrum nicht wochenlang besetzt werden dürfe, mochte sich keiner zu dieser Vorgehensweise bekennen. Mit Panzern verteidigt man sich gegen äußere Feinde, aber man löst damit keine internen Probleme. Das Ansehen der Partei, das Deng Xiaoping mit den Erfolgen seiner Reform- und Öffnungspolitik immens hatte steigern können, nahm durch die Ereignisse von 1989 im In- und Ausland dramatischen Schaden. Der Ruf nach Demokratie verstummte durch die Niederschlagung der Proteste. Doch wenigstens trugen die Ereignisse in Beijing als abschreckendes Beispiel dazu bei, dass sich der politische Wandel in den Ländern Osteuropas relativ friedlich abspielte.

Zhao Ziyang, Ministerpräsident und Generalsekretär der Partei, der eine moderate Linie vertreten hatte und zu Gesprächen mit den Studenten bereit gewesen war, wurde entmachtet und bis an das Ende seines Lebens, also für sechzehn Jahre, unter Hausarrest gestellt. Dennoch ließ er sich nicht zwingen, Fehler zuzugeben, die er nicht begangen zu haben glaubte.

Eine Zeit lang sah es so aus, als habe die Reform- und Öffnungspolitik ein Ende gefunden. Innerhalb der Partei kam es erneut zu Auseinandersetzungen zwischen Befürwortern und Gegnern dieser Politik. Deng Xiaopings Reformen hätten die Studentenunruhen erst möglich gemacht, meinten die einen und lehnten sie deshalb strikt ab. Nicht mehr die Wirtschaft, sondern die Politik sollte wieder in den Mittelpunkt gerückt werden. Andere meinten, Reformen und Öffnung müssten weitergehen, aber langsamer und nach Plan.

Deng Xiaoping selbst blieb seinen Grundprinzipien in politischer Hinsicht treu. An dem alleinigen Machtanspruch der Kommunistischen Partei durfte nicht gerüttelt werden. Hingegen zeigte er sich in wirtschaftlicher Hinsicht liberal und bereit zu weiteren Zugeständnissen. Im Jahre 1992 trat er seine legendäre Südreise an. Sie führte ihn unter anderem in die südchinesische Sonderwirtschaftszone Shenzhen. Mit der dort erreichten Entwicklung hoch zufrieden, wandte er sich mit einem dramatischen Aufruf an die Öffentlichkeit, an Reformen und Öffnung festzuhalten und diese sogar noch entschlossener als bisher voranzutreiben. Damit setzte er sich erneut gegen seine Gegner durch. Erklärtes Ziel war es jetzt, eine sozialistische Marktwirtschaft einzuführen. Da die Regierung daraufhin die grundlegenden Rahmenbedingungen schuf, indem sie wichtige Reformschritte unternahm, beschleunigte sich der Reformprozess, und die Wirtschaft setzte zu einem wahren Höhenflug an. Von nun an galt das Prinzip: »Jeder nach seiner Fähigkeit, jedem nach seiner Arbeitsleistung.« Das System der »eisernen Reisschale« wurde abgeschafft, Kollektiv- und Staatsbetriebe wurden privatisiert.

Seitdem ist die Richtung vorgegeben, die bis heute gilt: Liberalität in Fragen der Wirtschaft, Unnachgiebigkeit hinsichtlich politischer Prinzipien.

Vor seinem Tod regelte Deng Xiaoping noch die Nachfolge in der politischen Führung, so dass die Macht ohne Fraktionskämpfe an die nächste Generation weitergereicht wurde.

Die Bewertung der Gegenwart: eine Frage der Perspektive

Am 1. Oktober 2009 wurde in Beijing der sechzigste Jahrestag der Gründung der Volksrepublik China mit großer Parade begangen. Wer zuschauen wollte, musste mit dem Fernsehen vorliebnehmen. Nur wenige Auserwählte konnten an den Feierlichkeiten auf dem Platz des Himmlischen Friedens teilnehmen. Dennoch gab der Jahrestag vielen Chinesen Anlass, über die vergangenen Jahrzehnte nachzudenken.

Es fällt schwer, sechzig Jahre politischer und gesellschaftlicher Entwicklung zu bewerten, die geprägt waren von extremen und moderaten Phasen, von beachtlichen Fortschritten und dramatischen Rückschlägen, von Korrekturen und Richtungswechseln. In einem ist man sich weitgehend einig, nämlich in der Unterteilung der sogenannten ersten und zweiten dreißig Jahre. Die ersten dreißig Jahre zählen zur Ära Mao Zedongs. Sie waren geprägt von Klassenkampf, Indoktrination und Armut. Die zweiten dreißig Jahre gelten als Ära Deng Xiaopings. Sie standen im Zeichen seiner Reform- und Öffnungspolitik, die dem Land einen beispiellosen Aufschwung, aber auch viele neue soziale Probleme bescherten.

Die Politik der letzten Jahre und Jahrzehnte hat sich ganz unterschiedlich auf die persönlichen Schicksale der Menschen ausgewirkt. Wenig verwunderlich ist deshalb auch die unterschiedliche Bewertung des Erlebten und der Gegenwart. Sie variiert je nach Alter und Erfahrung zwischen Anerkennung, Zuversicht, Enttäuschung, Angst und Wut.

Von zweifelnden alten Revolutionären und schimpfenden Parteimitgliedern

Als Jugendliche hatten sie Ideale. In den 1940er Jahren kämpften sie als Revolutionäre für die nationale Unabhängigkeit und für einen souveränen Staat. In den 1950er Jahren widmeten sie sich mit Eifer und Überzeugung dem Aufbau einer gerechten Gesellschaft. Sie akzeptierten Einschränkung und Bevormundung als notwendiges Opfer zugunsten eines gemeinsamen Ziels – der Schaffung eines neuen China. Sie verzichteten auf ein erfülltes Familienleben und auf individuelle Freiheit. Ihr Leben stand ganz im Dienst der neuen Gesellschaft. Doch dann zerrieben sich diese Revolutionäre an dem Auf und Ab der Politik, den politischen Kampagnen und den Gewaltexzessen der Kulturrevolution. Heute sitzen einige von ihnen als betagte Veteranen in einer Altersresidenz am Stadtrand von Beijing. Wir haben sie dort besucht. Ausgestattet mit guten Pensionen und bester medizinischer Versorgung, haben sie auf ihre alten Tage nichts zu fürchten. Und doch sind manche deprimiert. Der Glanz der neuen Zeit kann die erfahrenen Alten nicht darüber hinwegtäuschen, dass die Konflikte der alten Zeit wiederaufleben. Ihre eigene Arbeitsmoral war immer vorbildlich. Keinen einzigen Cent haben sie je mitgehen lassen. Sie sind sprachlos vor Entsetzen, wenn sie von der heutigen Korruption und Vetternwirtschaft, von Amtsmissbrauch und Armut hören.

»Wir sind wieder an unserem Ausgangspunkt angekommen, als hätten wir uns nur im Kreis gedreht«, sagt ein ehemaliger hochrangiger Beamter, der heute Ende achtzig ist. »Armut, Korruption und Rechtlosigkeit trieben uns junge Leute damals auf die Straßen, um gegen Chiang Kaishek, die korrupte Regierung und die Auswüchse der alten Gesellschaft zu demonstrieren. Wir haben für die Revolution und eine gerechte Gesellschaft gekämpft und dafür große Opfer gebracht, und wo stehen wir heute? Wieder herrschen Korruption, Vetternwirtschaft, große Unterschiede zwischen Arm und Reich und eine Arroganz der Mächtigen gegenüber den Machtlosen. Waren alle Opfer umsonst?«

»So kann es nicht weitergehen«

Als Kind erlebte er die japanische Bombardierung und Besatzung, als Jugendlicher Bürgerkrieg, Not und Chaos. Er demonstrierte mit vielen anderen Studenten gegen die korrupte regierende Nationale Volkspartei. Er war christlich erzogen und ein glühender Idealist. Sein Herz schlug links. Für ihn wie für viele andere junge Leute gab es nur ein Ziel: den Aufbau einer besseren, gerechten Gesellschaft. Deshalb sympathisierte er mit den Kommunisten und unterstützte die Revolution.

Herr D., 82, Pensionär, Beijing: »Nach 1949 sah ich voller Optimismus der neuen Zeit entgegen. Es ging mit dem Land sichtbar aufwärts. Ich habe immer gesungen, wenn ich mit meinem Fahrrad durch Beijing radelte. 1954 trat ich in die Kommunistische Partei ein. Ich war Journalist und Mitarbeiter einer Zeitschrift. Unzählige Artikel habe ich geschrieben. Ich versuchte immer, meinen Idealen treu zu bleiben und das zu tun, was einen vorbildlichen Kommunisten ausmacht: Gutes für die Gesellschaft. Sehr im Gegensatz zu verschiedenen Funktionären in meiner Umgebung, die immer glaubten, recht haben zu müssen, und ihren gesunden Menschenverstand ausschalteten. Der Arbeitsstress wurde im Laufe der Jahre immer größer. Mit der Zeit blieb mir kaum Gelegenheit zum Nachdenken. Ich gehorchte nur noch, führte Befehle aus und unterdrückte meine Zweifel. Manchmal hatte ich das Gefühl, mich selbst zu negieren. Bald gesellte sich zu meinen Zweifeln Furcht, und irgendwann nahm die Angst von mir Besitz. Man wusste nie, wann was passiert. Vor den politischen Kampagnen gab es kein Entrinnen. Das betraf nicht nur Menschen wie mich, also kritische Intellektuelle, vor denen sich Mao Zedong am meisten fürchtete. Ebenso betroffen waren die ehemals reichen Bauern, Landbesitzer und Unternehmer. Obwohl mit ihnen zu Beginn der 1950er Jahre rigoros abgerechnet worden war, trugen sie nach wie vor den Makel des Klassenfeindes. Waren sie inzwischen verstorben, zog man ihre Nachkommen zur Rechenschaft. Auch nach zwanzig, dreißig Jahren und einem Leben als einfacher Bauer oder

Arbeiter spielte die Abstammung noch immer eine Rolle. Ich fragte mich damals, ob dieser ewige Klassenkampf denn nie aufhören würde. Er hatte doch schon so viel kaputt gemacht. Noch schlimmer wurde es in der Kulturrevolution, die uns allen die Hälse verdrehte. Jeder wurde des anderen Feind. Niemandem konnte man mehr trauen, selbst innerhalb der Familie nicht. Mao ging es nur noch um die Durchsetzung seiner eigenen Macht. Er war Marx und Qin Shihuang Di (erster Kaiser Chinas, 259–210 v. Chr.) in einer Person. Aber wenn man stets versucht, den Deckel auf einem brodelnden Topf zu halten, fliegt einem irgendwann alles um die Ohren. Oder wie der Literat Lu Xun es ausdrückte: Das Volk ist wie ein mächtiger Strom, der umso reißender wird, je mehr man ihm Einhalt gebietet.

Ich habe viel von Marx gelesen, dabei aber nicht den Eindruck gewonnen, dass er gegen individuelle Freiheit, Pressefreiheit und Demokratie war. Er sprach für die unterdrückten Arbeiter und deren Befreiung. Marx hätte den permanenten Klassenkampf, wie Mao ihn gefordert hat, sicher nicht geduldet.«

Die Reformpolitik Deng Xiaopings war auch für Herrn D. wie eine zweite Befreiung. Mit jedem Jahr verbesserten sich seine Lebensumstände. Er konnte sich sogar seinen Traum erfüllen und mehrere Reisen nach Europa, Nordamerika und Asien unternehmen. Herr D. ist eigentlich zufrieden, doch angesichts der vielen neuen sozialen Probleme auch ratlos. Die Realität ist weit hinter seinen Idealen zurückgeblieben. »So kann es nicht weitergehen. Aber wenn nicht so, wie dann? Wenn ich mit meinen alten Kollegen und Weggefährten zusammensitze und sage, dass es ohne die Kommunistische Partei nicht geht, werde ich sofort von ihnen angegriffen. Wir brauchen ein demokratisches Mehrparteiensystem, sagen sie. Dabei sind diese Leute alle Mitglieder der Kommunistischen Partei und haben als leitende Beamte in Beijinger Behörden gearbeitet, aber vor mir loben sie die USA in den höchsten Tönen. Das verstehe ich einfach nicht. Sie haben die alten Zeiten vor 1949 doch selbst miterlebt. Sie kennen Chaos, Armut und Hunger aus eigener Erfahrung. Aber sie kennen eben auch die dunkle Zeit der vielen politischen Kampagnen. Einige wurden Ende der 1950er Jahre zu Rechtsabweichlern erklärt. Sie haben viel gelitten und hassen die Kommunistische Partei, obwohl sie noch immer Parteimitglieder sind. Ich frage dann oft, wie es ihrer Meinung nach weitergehen soll. Welche Demokratie ist gut für uns? Oder anders gefragt: Welchem der demokratischen asiatischen Länder geht es gut? Hat Singapur eine Demokratie? Von der Bevölkerungsgröße aus gesehen ist Indien die größte Demokratie. Aber ist Indien ein Vorbild für uns? Ich sehe dort noch wesentlich größere Unterschiede zwischen Arm und Reich als bei uns. Wie sieht es heute in den ehemals sozialistischen osteuropäischen Ländern aus, etwa in der Ukraine, in Ungarn oder Georgien?

Überall in den intellektuellen Kreisen Chinas diskutiert man heute über die politische Situation. Die einen drängen auf politische Reformen, die anderen wollen am Status quo festhalten, und dann gibt es noch jene, die von einer neuen Revolution sprechen. Das linke, sprich: maoistische Denken ist noch immer sehr verbreitet, vor allem bei den Armen, die von den Reformen nicht profitieren konnten, und bei vielen alten Kadern auf dem Land. Auf reformorientiertes Denken trifft man hauptsächlich in den Städten. Die jungen Städter wollen möglichst schnell alles aus dem Westen übernehmen. Manche finden das System in Taiwan gut, andere sehen die skandinavischen Demokratien als ein Vorbild.

Ich bin ebenfalls der Meinung, dass das politische System geändert werden muss. Aber ich bin gegen jedes Blutvergießen. Es ist schon genug Blut geflossen. Kann es eine unblutige Revolution geben, obwohl die Armee dem Befehl der Partei untersteht? Wären Armee und Partei getrennt, gäbe es vielleicht zwei Parteien.

Ich stelle mich nicht gegen das Einparteiensystem. Was ich aber nicht akzeptieren kann, ist, dass es keine Kontrolle gibt. Kritik muss sein, und deshalb sollte die Freiheit gewährleistet werden, Fehler anzuprangern. Würde ich heute noch Artikel für jene Zeitschrift schreiben, könnte ich selbst als Parteimitglied nicht alles schreiben, was ich wollte. Es würde nicht veröffentlicht werden, wenn es der offiziellen Linie widerspricht.

China ist noch immer arm. Die Stabilität unserer Gesellschaft darf nicht aufs Spiel gesetzt werden. Deshalb bin ich eher fürs Experimentieren, ähnlich wie es mit den Wahlen auf Dorfebene und in den städtischen Bezirken geschehen ist. Oft scheint es mir, dass es den heute Regierenden an Mut und Können fehlt, weitere Ideen umzusetzen, oder anders ausgedrückt: Es fehlt an einem zweiten Deng Xiaoping, der die Kraft hat, politische Reformen durchzusetzen.«

»Wer unzufrieden ist, hat selber Schuld«

Frau S., 70, Professorin, Wuhan: »Ich bin zwar schon siebzig Jahre alt, beruflich aber immer noch aktiv und mit vielen Kulturprojekten beschäftigt. Nie zuvor in meinem Leben habe ich mich so frei gefühlt wie heute. Wer wie ich die vergangenen sechzig Jahre politisch bewusst miterlebt hat, ist zufrieden. Natürlich gibt es noch immer Defizite. Das will ich nicht leugnen. Aber wir befinden uns in einem Entwicklungsprozess, und die Richtung stimmt.

Innerhalb der letzten dreißig Jahre ist es gelungen, vielen Millionen Menschen das Auskommen zu sichern, sie zu ernähren, zu kleiden und Wohnraum für sie zu schaffen. Das ist eine Leistung, die nicht unterschätzt werden darf. Hätten wir das mit einem westlichen demokratischen System in derselben Zeit und mit denselben Bevölkerungsmassen schaffen können? Ich glaube nicht. Wir bemühen uns, weiter voranzukommen. Man kann nicht alles sofort erreichen. Auch in vielen westlichen Ländern hat es lange gedauert, bis Freiheit und Demokratie durchgesetzt werden konnten. Jedes Land entwickelt sich nach seinen eigenen historischen Gegebenheiten.

Verglichen mit der Zeit unter Mao verfügen wir heute über große Freiheit. Wir können schimpfen, wie uns der Schnabel gewachsen ist, können die Politiker und Parteimitglieder kritisieren. Früher wären wir für die kleinste kritische Bemerkung der Konterrevolution bezichtigt worden. Ich lebte damals in ständiger Angst. Oft fragte ich mich tagsüber, ob ich meine Eltern abends nach der Arbeit wohl noch zu Hause antreffen würde. Die Möglichkeit, dass man sie abholen und ins Gefängnis werfen würde, war immer vorhanden, denn ich stamme aus einer sogenannten schlechten Familie. Mein Vater war vor der Revolution Offizier in der Armee der Nationalisten gewesen. Trotzdem flüchtete er 1949 nicht wie viele andere Militärangehörige nach Taiwan, weil er Chiang Kaishek und dessen Regierung für extrem korrupt hielt. Diese Einstellung interessierte später aber niemanden mehr. Stattdessen machte allein die Tatsache, den ehemaligen Regierungstruppen angehört zu haben, aus ihm eine schändliche Person. Jedes von ihm geäußerte unpassende Wort konnte ihm zum Verhängnis werden. Wenn sich in jenen Tagen ein Uniformierter unserem Haus näherte, geriet ich jedes Mal in Panik. Ich habe inzwischen das Tagebuch der Anne Frank gelesen. Die Angst, die sie dort beschreibt, kann ich sehr gut nachempfinden. Ich habe sie ähnlich verspürt. Man wusste nie, wann es einen traf und was dann mit einem geschehen würde. Deshalb fürchteten wir uns auch vor unseren Nachbarn, mit denen wir die Wohnung teilten, jede Familie in ein einziges Zimmer gepfercht. Wir fragten uns ständig, ob sie von dem, was in unserem Zimmer gesprochen worden war, etwas gehört hatten und es gegen uns verwenden konnten. Diese Angst ist mit der Reformpolitik von Deng Xiaoping verschwunden.

Die Stimmung in der Zeit unter Mao habe ich als sehr beklemmend in Erinnerung. Wer kann heute glauben, dass wir noch vor dreißig Jahren Bezugsmarken brauchten? Nicht nur für Lebensmittel wie Getreide, Fleisch und Öl, sondern auch für die Artikel des täglichen Bedarfs wie Seife, Streichhölzer und Baumwolle. Alles war rationiert. Die Bezugsmarken waren klitzeklein und gingen leicht verloren. Manchmal wurden sie einem auch gestohlen. Einmal ging mir eine Marke für ein Viertelpfund Fleisch verloren. Das war schrecklich. Ich hatte die Ration extra aufgespart für die Zeit, da mich mein Mann mit meiner kleinen Tochter besuchen würde, die beide in einer anderen Stadt lebten. Ich glaubte sie in unserem Zimmer, in dem ich mit meinen Eltern und meinen zwei Schwestern lebte, verloren zu haben. Ich suchte eine Ewigkeit nach diesem kleinen Schnipsel, wendete jeden Gegenstand, kroch auf dem Fußboden herum und weinte. Meine Schwestern halfen mir beim Suchen. Aber wir fanden sie nicht. Der Verlust einer solchen Marke galt als Zeichen von persönlicher Unachtsamkeit. Deshalb wagte ich es auch nicht, meinen Eltern von meinem Malheur zu erzählen.

Niemand konnte damals über sein Privatleben selbst bestimmen. Alles wurde von der Partei entschieden: in welcher Stadt man lebte, in welchem Betrieb man arbeitete, wo man wohnte. Die Partei schob uns herum, als wären wir Schachfiguren. Wer das Studium abschloss, konnte einen Wunsch äußern, wo und für welche Organisation man gerne arbeiten wollte. Es war üblich zu sagen, dass man dorthin ginge, wo die Partei einen brauchte, selbst wenn es im rückständigsten Gebiet war. Bei verheirateten Paaren war es üblich, die Partner zu trennen, damit sich jeder ganz bewusst auf seinen Beitrag zum Aufbau des Vaterlandes konzentrierte. So konnte es passieren, dass der Mann im Süden und die Frau ein paar Tausend Kilometer entfernt im Norden arbeitete und sie sich nur ein-, zweimal im Jahr sahen. Das war normal. Ich hatte noch Glück. Ich lebte und arbeitete in Wuhan und mein Mann in Shanghai. Das liegt nicht so weit voneinander entfernt. Trotzdem standen uns nur fünfzehn Tage Urlaub im Jahr zu, die wir gemeinsam verbringen konnten. Von diesen kostbaren fünfzehn Tagen gingen aber noch die zwei Tage für Hin- und Rückfahrt ab. Wir zählten die Tage immer rückwärts: noch dreizehn Tage, noch zwölf … nur noch drei Tage, bis wir uns im nächsten Jahr wiedersehen konnten.

Einmal blieb ich fünf Tage länger in Shanghai, weil ich krank geworden war. Nach meiner Rückkehr nach Wuhan organisierte der Parteisekretär eine Kritikversammlung und erniedrigte mich. Er bezichtigte mich der Lüge und des Egoismus. Er wollte mir einfach nicht glauben, dass ich tatsächlich krank gewesen war.

Als Deng Xiaoping 1977 an die Macht kam, gab er bekannt, dass er das Problem der getrennten Ehepaare unbedingt lösen wolle. Ich schickte damals ein Päckchen Süßigkeiten aus Wuhan an meine Tochter. Sie war erst vier Jahre alt, und ich wusste, dass sie gern Süßes aß. Ich gab das Päckchen einer Bekannten nach Shanghai mit. Meine Tochter nahm das Päckchen an und öffnete es. Da strömte ihr der köstliche Duft entgegen, und der Anblick der Süßigkeiten bezauberte sie. Doch mein Mann nahm ihr das Päckchen ab und sagte: ›Wir sollten das lieber aufheben. Vielleicht hilft es uns, deine Mama aus Wuhan nach Shanghai zu holen. Bist du damit einverstanden?‹ Damals wurde es möglich, mit anderen das Wohnrecht zu tauschen. Ich besaß nur die Berechtigung für Wuhan. Fand ich jedoch jemanden, der legal in Shanghai lebte und aus welchen Gründen auch immer bereit war, nach Wuhan zu ziehen, so konnte man die Wohnberechtigungen tauschen und nach Zustimmung der Arbeitseinheiten den Wechsel vornehmen. Bei solchen Gelegenheiten erwiesen sich kleine Geschenke als zusätzlicher Anreiz. Obwohl meine Tochter noch so klein war, verstand sie den Zusammenhang: Wenn sie auf die Süßigkeiten verzichtete, würde ihre Mama vielleicht zu ihnen ziehen können. Deshalb stimmte sie zu, und mein Mann legte das Päckchen zur Aufbewahrung in eine Schublade. Danach ging er auf den Flur, um dort das Abendessen zu kochen. Nach kurzer Zeit bemerkte er, dass es in dem Zimmer, in dem meine Tochter allein zurückgeblieben war, verdächtig still war. Er schaute sicherheitshalber einmal nach. Da sah er, wie sie die Schublade öffnete, das Päckchen herausnahm, lange daran schnupperte und zärtlich darüberstrich, es dann aber zurücklegte und die Schublade vorsichtig schloss. Sie hat kein Stück von den Süßigkeiten genommen. Tatsächlich halfen sie uns wenig später, mich nach Shanghai umziehen zu lassen.

Zum Glück haben wir diese verrückten Zeiten überstanden. Sie gehören der Vergangenheit an. Alles hat sich gewandelt. Wie viele Möglichkeiten stehen heute den jungen Menschen offen. Der persönlichen Freizügigkeit sind kaum Grenzen gesetzt. Wir sind wirklich frei. Jeder kann sich nach seinen eigenen Fähigkeiten entwickeln und seiner Leistung entsprechend verdienen. Einige sind dadurch sehr reich geworden. Andere haben Pech und schaffen es nicht, ihre Chancen zu nutzen. Vielleicht sind sie auch nur ungeschickt und unfähig oder einfach zu bequem und faul. Deshalb sind sie arm geblieben. Der Unterschied zwischen Arm und Reich ist heute sehr groß. Es gibt viele unzufriedene Menschen im Land, die sich nach den Zeiten der Planwirtschaft zurücksehnen. Damals, unter Maos Herrschaft, sei alles viel besser gewesen, sagen sie. Es sei gerechter zugegangen, denn alle wären arm gewesen, und deshalb schreien diese Leute: ›Es lebe Mao Zedong!‹ Das verstehe ich nicht. Es nützte einem in jenen Tagen nichts, wenn man klug und fähig war. Man gab den Fähigen keine Chance. Es bestand auch kein Anreiz. Wozu sollte man sich anstrengen, wenn man sowieso nur einen kargen Lohn bekam, ganz gleich, ob man gut oder schlecht arbeitete. Heute hat jeder dieselben Chancen. Bist du schlau und fähig, findest du auch eine gute Arbeit und führst ein gutes Leben. Bist du unfähig und arbeitest schlecht, tut es mir leid. Dann bist du schnell arbeitslos und findest keinen guten Job mehr. Das ist dann aber deine eigene Schuld.«

»Ohne die letzten dreißig Jahre wäre ich nichts«

Frau W., 48, Abteilungsleiterin, Beijing: »Es gibt Leute, die bemängeln, dass es in China keine Meinungsfreiheit gibt. Das mag vor allem Schriftsteller und Journalisten betreffen, von denen einige ihre kritischen Werke nicht veröffentlichen dürfen. Ich möchte nichts Kritisches veröffentlichen. Deshalb vermisse ich diese Art von Freiheit auch nicht. Ich fühle mich sehr frei. Ich habe in China eine fundierte Ausbildung genossen, habe einen gut bezahlten Job, besitze zwei Wohnungen, von denen ich eine teuer vermietet habe, so dass mich die Kreditrückzahlungen nicht belasten. Ich komme viel im Ausland herum, meist beruflich, aber mindestens einmal im Jahr mache ich dort auch Urlaub, meist in den USA. Ich kann mir nicht vorstellen, was aus mir geworden wäre, hätte es Deng Xiaopings Reformpolitik nicht gegeben. Ohne die letzten dreißig Jahre wäre ich nichts.«

Ihr Vater war ein hoher Beamter, der zu Beginn der Kulturrevolution zum »stinkenden Intellektuellen« erklärt und zur Umerziehung aufs Land geschickt wurde. Ihre Familie wurde daraufhin von einem Tag zum anderen als »schlechte« Familie bezeichnet.

»Mein Vater war der Personalchef einer ganzen Behörde gewesen.

66

Es war damals üblich, dass die staatlichen Organisationen für ihre Mitarbeiter Wohnanlagen bauten. Deshalb lebten wir in einem Viertel, dessen Bewohner größtenteils zur Arbeitseinheit meines Vaters gehörten. Jeden Tag waren die Leute aus der Nachbarschaft mit den verschiedensten Anliegen an ihn herangetreten und oft nach Dienstschluss privat zu uns gekommen. Häufig blieben sie zum Essen, was meine Mutter eigentlich nicht gern sah, da sie berufstätig war und neben dem Haushalt noch drei Kinder zu versorgen hatte. Als mein Vater nun zur Umerziehung aufs Land geschickt wurde, sprach sich das sofort im Viertel herum. Die meisten Nachbarn nahmen Abstand von uns, und wenn sie Kinder hatten, ließen sie diese nicht mehr mit meinen Geschwistern und mir spielen. Manche Nachbarn, die sich früher bei meinem Vater angebiedert hatten, schikanierten uns plötzlich. Einige wurden richtig gemeingefährlich. Sie wollten uns am liebsten umbringen. Wir Kinder waren Freiwild für sie. Mein Bruder wurde mehrmals halb totgeprügelt. Unsere große Wohnung mussten wir jetzt mit anderen Familien teilen. Wir bezogen ein kleines Zimmer und hatten keine Küche mehr. Unsere Kochstelle befand sich ab sofort auf dem Flur und war für alle zugänglich. Wir kochten auf keinem Herd, sondern auf einem kleinen Ofen, der durch eine Art glühendes Brikett stundenlang heiß gehalten werden konnte. Alle kochten damals in Beijing auf solchen Öfen. Meine Mutter stellte morgens immer einen großen Topf Wasser auf den Ofen, so dass das Feuer nicht ausging, sondern langsam vor sich hinglimmte. Kam sie abends nach Hause, konnte sie sofort das Essen kochen. Doch die Nachbarn gossen häufig Wasser ins Feuer, so dass es erlosch und meine Mutter mehr als eine Stunde brauchte, um es wieder zum Glühen zu bringen. Manchmal warfen sie auch irgendwelchen Dreck in den Wassertopf. Sie vergifteten sogar meine Katze. Meine Mutter litt bald unter einem regelrechten Verfolgungswahn, weil sie ständig fürchtete, dass man uns Kindern etwas antun würde. Deshalb war sie erleichtert, als mein Großvater väterlicherseits nach dem Tod meiner Großmutter sein Bergdorf verließ und zu uns in die Stadt zog. Er blieb den ganzen Tag zu Hause und passte auf, dass uns nichts zustieß. Einmal stürmte einer der Nachbarn mit einem Messer in unser Zimmer, um eins von uns Kindern abzuschlachten. Er hatte nicht mitbekommen, dass mein Großvater inzwischen bei uns wohnte. Dieser stellte sich ihm sofort in den Weg und sagte: ›Wenn du eins meiner Enkelkinder töten willst, dann musst du mich zuerst töten.‹ Zwar war er der Vater eines ›stinkenden Intellektuellen‹, aber er war eben auch ein Bauer, und Bauern und Arbeiter galten damals als die Herren unseres Landes. Wie konnte es der Nachbar da wagen, meinen Großvater anzugreifen? Er verzog sich stattdessen schnell wieder.

Wir Kinder verheimlichten meiner Mutter meist, wenn wir draußen wegen unseres schlechten Familienhintergrundes von anderen Kindern geschlagen worden waren. Es hätte sie noch mehr geängstigt. Sie litt ohnehin unter der gesamten Situation. Ich sah ihr jedes Mal die Erleichterung an, wenn sie abends nach Hause kam und uns wohlbehalten antraf.

Nach der Kulturrevolution wurde mein Vater rehabilitiert und mit einem noch höheren Posten betraut als zuvor. Nun hatte er auch das letzte Wort bei Beförderungen und Versetzungen zu sprechen, bei der Vergabe des knappen Wohnraums, bei Genehmigungen von Auslandsaufenthalten und so weiter. Wie in alten Zeiten suchten die Leute mit ihren privaten Anliegen wieder seine Nähe. Für meine Mutter kam damit die Zeit der Abrechnung mit den widerwärtigen Nachbarn. Sie erzählte meinem Vater von den Schikanen und den Attentaten auf unser Leben. Doch mein Vater war nicht gewillt, gegen diese Leute vorzugehen. Es sei seine Pflicht, Privates und Dienstliches zu trennen, sagte er. Die extreme Politik der letzten Jahre hätte die Sinne der Menschen verdreht. Meine Mutter hielt empört dagegen, dass ihre Sinne keineswegs verdreht, sondern dass sie schlichtweg kriminell seien. Doch mein Vater ließ nicht mit sich reden. Das brachte meine Mutter furchtbar gegen ihn auf. Aber es blieb dabei. Mein Vater wollte nur noch nach vorn schauen und keinen Gedanken mehr an die Vergangenheit verschwenden.

Es ist enorm, wie schnell sich das Land in den letzten dreißig Jahren verändert hat. Zum Glück war ich noch jung genug, um eine gute

Ausbildung zu genießen und von den Reformen zu profitieren. China entwickelt sich immer weiter. Überall ist zu spüren, wie aktiv unsere Gesellschaft ist. Eine solche Aktivität habe ich in Europa nie gespürt, auch nicht in den USA. Hier vergeht jeder Tag wie im Fluge. Es bieten sich unglaublich viele Möglichkeiten und Chancen, nicht nur für Chinesen, sondern auch für Ausländer. Man kann in China einfach unheimlich viel machen und ausprobieren. Alle wollen etwas erreichen, wollen ein gutes Leben führen. Wir orientieren uns an solchen, denen es besser geht, beispielsweise an den Europäern. Wir wollen den europäischen Lebensstandard erreichen.

Ich arbeite in einer großen Firma, habe dort einen verantwortungsvollen und gut bezahlten Job. Aber der Erfolgsdruck ist groß und die nervliche Belastung oft unerträglich. Ich leite ein Team von achtzehn Mitarbeitern. Fehler darf ich mir nicht erlauben, denn es gibt Leute, die meinen Posten gern übernehmen würden und mich deshalb genau beobachten. Ich bin alleinstehend. Ich muss kämpfen, will ich meinen Lebensstandard halten. Krank werden darf ich deshalb nicht, und Ruhe kann ich mir auch nicht gönnen. Ich fühle mich oft sehr ausgelaugt. Zwar ist meine Arbeit sehr interessant, aber die ganze Materie hat nichts mit mir persönlich, mit meinen eigenen Interessen zu tun. Ich sehne mich danach, etwas Sinnvolles zu tun, etwas, das zu meinem Leben passt und ihm einen Sinn gibt. Ich bin jetzt 48 Jahre alt. Bis 55 arbeitet eine Frau normalerweise in China. Dann geht sie in Rente. Manchmal frage ich mich, wie ich diese Jahre noch durchhalten soll. Mir konnte es früher mit dem Wandel nie schnell genug gehen. Inzwischen merke ich, dass ich dem Tempo langsam nicht mehr gewachsen bin.«

»Man vertraut uns nicht«

Frau X., 57, Mitarbeiterin in einem Forschungsinstitut, Beijing: »Während der politischen Kampagnen in den ersten dreißig Jahren der Volksrepublik China hatte meine Familie große Probleme, weil sie von Landbesitzern abstammt. Ich kam Anfang der 1950er Jahre zur Welt. Tief in mein Gedächtnis eingeprägt hat sich das Flüstern, das ich abends immer vernahm, nachdem man mich ins Bett gebracht hatte. Dann diskutierten die Erwachsenen über ihre Probleme. Beispielsweise was sie in den angeforderten Berichten und Selbstkritiken an Informationen zu ihrer eigenen Person angeben oder lieber verschweigen sollten. Denn neben der schlechten Abstammung gab es noch einige angeheiratete schwarze Schafe wie den Mann einer Tante, der als Sohn eines ehemaligen Großgrundbesitzers noch schlimmer dran war als wir. Es war besser, solche Verwandten nicht zu erwähnen. Fand man es später aber heraus, wog es doppelt so schwer. Seit jener Zeit sind die Menschen nicht mehr ehrlich. Sie verheimlichen Informationen und Gefühle aus Angst, es könnte ihnen irgendwann zum Nachteil gereichen. Oft lachen sie noch nicht einmal offen, sondern geben Fröhlichkeit nur vor. Auch mir sind spontane Gefühlsausbrüche fremd. Von klein auf hatte ich lernen müssen, mich unter Kontrolle zu halten. Wer Fehler macht oder den Zorn der Vorgesetzten erregt, bekommt Probleme. Auch heute noch. Vorgesetzte haben große Macht. Doch können sie heute nicht mehr wie früher alles entscheiden und über dein Leben bestimmen.

In der Zeit des heißen Klassenkampfes war es vorteilhaft, aus einer bitterarmen Familie zu stammen. Dann bekam man beste Studien- und Arbeitsmöglichkeiten. Leider kann man sich die Familie, in die man hineingeboren wird, nicht aussuchen. Meine älteste Schwester konnte aufgrund ihrer schlechten Abstammung weder die höhere Mittelschule noch die Universität besuchen. Das machte ihre gesamte Lebensplanung zunichte. Alle Hoffnungen und Wünsche platzten. Stattdessen arbeitete sie ein Leben lang in einer Fabrikhalle. Sie wurde schließlich frühzeitig pensioniert und ist heute sehr verbittert. Den Wunsch zu studieren konnte man ihr jedoch nicht nehmen. Sie besucht heute die Seniorenuniversität.

Ich hatte mehr Glück als sie. Nur aufgrund meiner späteren Geburt konnte ich studieren, und obwohl ich als Frau bereits das Pensionsalter erreicht habe, kann ich als Wissenschaftlerin weiterarbeiten, worüber ich sehr glücklich bin. Das wäre vor dreißig Jahren infolge meiner schlechten Abstammung undenkbar gewesen. Es hat sich unglaublich viel geändert. Heute spielt es keine Rolle mehr, aus was für einer Familie man stammt. Hauptsache, man ist fähig.

Jeder hat endlich wieder ein Privatleben, um das sich niemand kümmert. Früher war nichts privat. Alles wurde kontrolliert. Jetzt nicht mehr. Ob man verliebt, verheiratet oder geschieden ist, interessiert niemanden. In unserem Institut haben zwei Mitarbeiter ein Verhältnis miteinander, obwohl sie beide mit anderen Partnern verheiratet sind. Das wäre früher völlig ausgeschlossen gewesen. Da wären die beiden längst in ferne Provinzen strafversetzt worden.

Wir haben den Stalinismus überwunden und auch den Maoismus, aber bis hin zur Demokratie ist es noch ein weiter Weg. Wir Intellektuelle können uns heute eigentlich nicht mehr beklagen. Wir genießen wesentlich mehr Freiheiten als früher. Wir können frei denken, sprechen und auch unseren Beruf frei wählen. Aber ein Problem haben wir trotzdem: Man vertraut uns nicht. Wir lieben unser Land, aber die politische Führung schenkt uns kein Vertrauen. Ich hoffe aber, dass sich auch dies in absehbarer Zeit ändern wird.«

»Lass die Finger von der Politik«

Herr C., 50, Hoteldirektor, Shanghai: »Meine Generation der heute Fünfzig- bis Sechzigjährigen kann sich glücklich schätzen, dass sie den Wandel in China miterleben und von ihm profitieren konnte und ihn sogar noch in vollen Zügen genießt. Wir wissen, wie es früher war. Wir können vergleichen, und wir sehen, dass weiterhin Fortschritte gemacht werden. Aber leider gibt es genügend andere Menschen, die diesen Wandel nicht mehr miterleben konnten, weil sie gestorben sind. Sie haben die meiste Zeit ihres Lebens in Armut verbracht. Jahrzehntelang hat sich in China kaum etwas verändert. Es wurde alles immer nur noch schlimmer. Aber dann plötzlich dieser Wandel in den letzten dreißig Jahren. Diese enormen Veränderungen. Welch ein großes Glück für meine Generation. Wir waren arm, wir hatten nichts, und jetzt sind wir wohlhabend. Wir kennen beides: Armut und Wohlstand. Ganz anders die heutige Jugend, die weder Not noch Armut kennt und sich gar nicht vorstellen kann, unter welchen Bedingungen wir einmal gelebt haben. Ja, sie glaubt uns noch nicht einmal, wenn wir von den Leiden vergangener Zeiten erzählen.

Doch all der materielle Wohlstand, über den wir uns heute freuen können, täuscht nicht darüber hinweg, dass wir in kultureller und politischer Hinsicht nur wenig erreicht haben. Da gibt es zwar Veränderungen, aber der gesamte Prozess kommt viel zu langsam voran. Die anstehenden Aufgaben werden auf die künftige Generation abgewälzt. Das ist nicht richtig.

Ich befand mich gerade in einer zweijährigen Fortbildung im Hotelmanagement in Deutschland, als sich im Juni 1989 die Proteste in Beijing ereigneten. Ich hätte in Deutschland bleiben können. Mir lagen interessante Angebote vor, auch aus den USA. Aber ich wollte nicht. Ich wollte zurück. Es gibt bei uns die Redewendung: ›Bist du in China, schimpfst du auf dein Land, *zai zhongguo ma guo,* bist du im Ausland, liebst du es, *zai waiguo ai guo.*‹ So ist es mir ergangen. In China war ich mit nichts zufrieden, hatte an der gesamten Situation viel auszusetzen, aber als ich dann im Ausland war, kam ich fast um vor Heimweh. Ich wollte all das, was ich in Deutschland gesehen und gelernt hatte, in China umsetzen, wollte Einfluss nehmen und etwas für mein Land tun. Ich dachte, wenn sich alle richtig anstrengen und jeder sein Bestes gibt, dann wird es der Gesellschaft schon zugutekommen. Dann können wir viel verändern. Inzwischen weiß ich, dass es besser ist, die Finger von der Politik zu lassen. Halt dich da raus. Du bist nur eine kleine, unbedeutende Nummer. Wenn du da mitmischst, bekommst du nur Schwierigkeiten. Es sei denn, du hast einen starken Hintergrund in Form von einflussreichen Freunden oder hochrangigen Verwandten, die dich schützen, wenn es brenzlig wird. Dann kannst du vielleicht etwas bewirken. Sonst nicht. Jedenfalls war ich mit meinem Enthusiasmus schnell am Ende. Trotzdem habe ich es nicht bereut, zurückgekehrt zu sein. Ich bin jetzt fünfzig, habe einen guten Job und alles erreicht, was im Bereich der Möglichkeiten liegt. Ich kann nicht höher steigen. Im Gegenteil. Langsam muss ich daran denken, Aufgaben abzugeben, denn die Jungen rücken nach. Es macht keinen Sinn für mich, krampfhaft an meiner Position festzuhalten und mit über fünfzig die Karriereleiter noch weiter hochsteigen zu wollen. Da würde ich mich ja zum Gespött der Jungen machen.«

»Ich halte meinen Mund«

Herr M., 71, Professor, Beijing: »Sie fragen mich nach den Problemen in unserem Land? Dazu kann ich so schnell nichts sagen, denn es sind zu viele. Ehrlich gesagt, denke ich auch nicht darüber nach. Man kann ja sowieso nichts bewirken. Für mich gibt es nur noch meine Familie. Ich unterstütze meinen Sohn, wenn er in seiner eigenen Firma Hilfe braucht. Früher, als ich jung war, habe ich mich um die Probleme in unserem Land gesorgt und mir damit nur Ärger eingehandelt. Das hat mich fast den Kopf gekostet. Jetzt halte ich lieber den Mund. Anders kann ich mich und meine Familie nicht schützen.

Ich war sehr talentiert, sehr fleißig und schon mit Anfang zwanzig ein brillanter Wissenschaftler. Einige hohe Tiere wurden auf mich aufmerksam und ermunterten mich in meinen Forschungsarbeiten. Als diese hohen Tiere in Ungnade fielen, ging es auch mir an den Kragen. Solange du auf Linie bist, hast du keine Probleme, aber wehe, die Politik ändert ihre Richtung – was sie ja häufig genug getan hat –, dann kannst du dich auch mit logischen Argumenten nicht mehr retten. Wer die Macht hat, hat recht, egal was im Gesetz geschrieben steht. In den 1960er Jahren zitierte ich bei einer Sitzung einmal Marx, in dessen Schriften ich mich sehr gut auskenne. Ein hoher Parteiführer griff mich sofort an und unterstellte mir konterrevolutionäres Denken. Es fehlte nicht viel, und ich wäre tatsächlich zum Konterrevolutionär erklärt worden. Zum Glück konnte ich die Stelle angeben, an der die Worte von Marx nachzulesen waren. Jener hohe Funktionär ließ tatsächlich nachschauen, und seine Leute fanden die

Stelle. So entging ich dem Schicksal eines Konterrevolutionärs. Trotzdem stand ich ab sofort unter Beobachtung.

Die jungen Leute von heute nehmen den Mund oft sehr voll. Sie fühlen sich mutig und werfen uns Alten Duckmäusertum vor, weil wir unsere Stimme nicht mehr erheben. Kein Wunder. Sie hatten ja auch noch nicht viel auszustehen. Die Intellektuellen meiner Generation sind eben sehr vorsichtig. Wir haben etliche politische Kampagnen einschließlich der Kulturrevolution überlebt, was eine stolze Leistung ist, wenn man einen kritischen Geist hat.

Wer immer an der Macht ist, der mag keine Kritik, auch wenn sie berechtigt ist. Und wenn man erst einmal pensioniert ist, hört dir sowieso keiner mehr zu. Zum Beispiel habe ich mal mit einigen pensionierten Kollegen monatelang an einem Fall von eklatanter Umweltverschmutzung gearbeitet. In mühevoller Kleinarbeit haben wir brisante Daten zusammengetragen, vor den Gefahren gewarnt, Lösungsmöglichkeiten ausgearbeitet und das Ergebnis schließlich den lokalen Behörden vorgelegt. Die waren dort alles andere als begeistert. Sie empfanden unsere Arbeit als Störmanöver. Sie unterstellten uns sogar, die Euphorie des Wirtschaftsbooms torpedieren zu wollen. Unsere Arbeit verschwand in ihren Schubladen.

Man bekommt nur Ärger, wenn man sich um die Angelegenheiten des Landes sorgt. Ich habe das nach vielen schmerzlichen Erfahrungen endlich begriffen. Deshalb habe ich mich von der Gesellschaft verabschiedet. Ich habe nichts mehr mit ihr zu tun. Ich lebe in meiner kleinen Welt mit meinen Büchern und verfasse zu meinem eigenen Vergnügen Abhandlungen zu philosophischen und literarischen Themen. Ich halte meinen Mund.«

Keiner kann es mit Mao aufnehmen

Herr Q., 78, ehemaliger Direktor eines Hotelkonzerns, Shanghai: »Ich kam 1932 zur Welt und habe viele Epochen mitgemacht: den Militarismus, die ausländische Besatzung, Bürgerkrieg, Befreiung,

Korea-Krieg, Kulturrevolution und Reform- und Öffnungspolitik. Ich bin zwar zufrieden mit der Entwicklung Chinas, wie wir sie heute erleben, dennoch mache ich mir Sorgen um unser Land. Ich habe Angst um die kommenden Generationen, denn meiner Meinung nach ist es völlig offen, in welche Richtung sich China entwickelt. Alle sagen, Deng Xiaoping sei ein großer Held, weil er China angeblich in die Moderne geführt hätte. Damit bin ich nicht ganz einverstanden. Keiner der heutigen Politiker kann es mit Mao aufnehmen. Mao hat die Basis für unsere heutige Gesellschaft gelegt. Ohne ihn gäbe es kein neues China. Niemals hätte sich unser Land so weit und so schnell entwickeln können. Ich halte viel von Mao, ich verehre ihn. Er hat am meisten für unser Land geleistet. Was zählen schon Jiang Zeming und Hu Jintao. Dass Mao heute so selten erwähnt wird, ist ungerecht und falsch.«

»Unter Mao war alles besser« –
Ein anonymer Kommentar aus dem Internet

»Unter dem sogenannten Sozialismus chinesischer Prägung, den die Reform- und Öffnungspolitik hervorgebracht hat, werden Mao und seine Zeit in den dunkelsten Farben geschildert. Das ist völlig falsch. Um unsere heutige Gesellschaft steht es im Vergleich zur Mao-Zeit viel schlechter und nicht, wie es die Propaganda verbreitet, besser. Das zeigt beispielsweise auch eine Statistik der WHO, die eine Steigerung der Selbstmordrate zwischen 1979 und 1989 in China feststellt. Den Statistiken zufolge war die Mao-Ära die harmonischste Zeit überhaupt. Während der Kulturrevolution kamen auf zehntausend Todesfälle zwei Selbstmorde, in den USA, Japan und im heutigen China sind es auf tausend Todesfälle drei. Unter Maos Herrschaft, zwischen 1949 und 1978, wuchs die Bevölkerung von 500 Millionen auf 900 Millionen und die durchschnittliche Lebenserwartung stieg von fünfunddreißig auf siebzig Jahre. Das ist der beste Beweis dafür, wie gut es den Menschen ging.

Seit 1979 und mit Beginn der Reform- und Öffnungspolitik leiden wir in China unter dramatischen Umweltproblemen wie der Luft- und Wasserverschmutzung, die unzählige Fälle von unheilbaren Krankheiten verursachen. Universitätsabsolventen finden keine Arbeit mehr. Der Unterschied zwischen Arm und Reich ist so krass, dass die Moral zugrunde geht. Fünfundachtzig Prozent der Bevölkerung besitzen nur etwa fünf Prozent des Volksvermögens. Es steht auch schlecht um die soziale Sicherheit. Fast jeden Tag hören wir von Giften in Lebensmitteln, Möbeln, Medikamenten, Pflanzenfasern und Infusionen. Von schwarzen Gesellschaften wird berichtet, von Raub und Mord, von Betrügereien am Telefon, im Netz und bei Banken, von schlechten Beamten und betrügerischen Unternehmern, die ihre Mitarbeiter miserabel behandeln. Es gibt Arbeitslosigkeit, Kinderhandel, Schülermorde, Vergewaltigungen von Studentinnen und Selbstmorde, die aus Geldmangel begangen werden. Solche Dinge sind unter Mao nicht passiert. Wieso war die Mao-Zeit so gut? Aus drei Gründen:

1. Damals herrschte Demokratie, denn die Bevölkerung hatte das Recht, sich zu beklagen und aufzubegehren. Heute hingegen unterdrücken die hohen Beamten die niedrigen, und die niedrigen Beamten unterdrücken die einfachen Menschen. Die Reichen unterdrücken die Armen, die Chefs ihre Mitarbeiter, und die einfachen Menschen drehen durch. Wenn sie sich bei der Führung beschweren wollen, werden sie abgewiesen und heimgeschickt. Einige behaupten, unter Mao hätte Willkür und kein Recht geherrscht. Damals hätten die Führer alles bestimmt, heute dagegen regiere angeblich das Recht. Das ist nicht wahr. Während der Mao-Zeit konnte man Wandzeitungen schreiben, man konnte debattieren und zum Schutz der Bevölkerung den Bürokratismus kritisieren. Das gab es nie zuvor in der chinesischen Geschichte. Die Bevölkerung konnte sich gegen die Beamtenschaft vereinigen. Das System war besser als alle Wahlen im Westen, und es war in der Geschichte der Menschheit eine große Errungenschaft. Bestes Beispiel ist die Absetzung des Präsidenten Liu Shaoqi, der von den Massen entlassen wurde. Unter Mao galt, ganz

gleich ob Staatspräsident oder Fabrikleiter, wenn du nicht gut arbeitest und nicht dem Volke dienst, hat das Volk das Recht, dich abzusetzen. Nur unter Mao konnte man hören, dass die Bevölkerung einen Beamten totgeschlagen hat, und nicht umgekehrt, dass ein Beamter einen einfachen Menschen aus dem Volk tötet. Unter Mao wurde das Volk nicht unterdrückt.

2. Unter Mao gab es ein eigenes Wirtschaftssystem. Alles war staatlich. Deshalb gab es auch keine Armen und Reichen. Das Geld spielte nur eine untergeordnete Rolle, deshalb gab es auch keine Widersprüche in der Gesellschaft. Heute haben wir viele Arme und einige wenige Reiche. Die mächtige, reiche Elite und die Kapitalisten leben in Saus und Braus, während die Armen kaum überleben können. Folglich gibt es überall Raub und Totschlag. Unter Mao gab es zwar Unterschiede im Einkommen, aber diese waren minimal. Wurde jemand plötzlich reich, ließ sich das nicht verbergen. Niemand wagte es, sich auf Bestechungen einzulassen, und wo hätte man je gehört, dass man bei jedem, von dem man etwas wollte, erst einmal ein Geschenk abliefern muss? Deshalb gab es keine Korruption und keine Bestechungen.

3. Unter Mao sagten wir: Wer Geld auf der Straße findet, steckt es nicht in die eigene Tasche, und nachts brauchte man nicht die Haustür zu verschließen. Post und Bank hatten keine Sicherheitsgitter. Man sah kaum Polizisten auf der Straße, weil es insgesamt auch nur wenige gab. Es passierte ja kaum etwas. Heute sieht man überall Polizisten, die bis an die Zähne bewaffnet sind, und trotzdem können sie nicht viel ausrichten. Unter Mao gab es hohe moralische Werte: Alle für einen, einer für alle. Man ging freundlich und harmonisch miteinander um, half sich gegenseitig. Deshalb sagen wir, das Konzept von der großen chinesischen Gemeinschaft mag schlechter sein als der westliche Rechtsstaat, aber der westliche Rechtsstaat ist nicht mit der Tugendherrschaft der Mao-Zeit vergleichbar. Heute gibt es in China und im Westen viele Gesetze, doch sollte man lieber das moralische Niveau heben, damit die Menschen von sich aus die Gesellschaft respektieren. Unter Mao war das so.

Heute ist alles auf die Wirtschaft ausgerichtet, und die Menschen sind sehr egoistisch. Sie schauen nur auf das Geld, wie der Wolf auf ein Stück Fleisch. Die Mao-Zeit war vom Klassenkampf bestimmt. Mao wollte, dass sich das Proletariat erhebt und gegen die mächtige reiche Elite kämpft, aber der Kampf unter Mao spielte sich in den Büchern ab, in den Liedern und Filmen und nur selten in der Gesellschaft, denn diese war voll Liebe und Harmonie. In der heutigen sogenannten harmonischen Gesellschaft hört man überall von Liebe und Gefühlen: In den Büchern wird über Liebe geschrieben, in den Liedern darüber gesungen, im Fernsehen wird sie dargestellt, und selbst wenn man stirbt, wird von Liebe gesprochen, nur in der Gesellschaft selbst gibt es keine Liebe mehr. Jede Tür wird fest verschlossen. Zwischen den Menschen herrschen Streit und Kälte. Die Moral ist hin. Die schlechten Menschen stehen oben, von den Guten hört man nichts mehr.«

»Die Wirklichkeit ist nur einen Furz wert«

Frau D., 52, war eine verdiente Arbeiterin in einer Fabrik in Shanghai. Dann wurde der Betrieb privatisiert, und sie verlor ihren Arbeitsplatz.

»Mit Anfang vierzig war ich arbeitslos. In einer anderen Fabrik einen Arbeitsplatz zu finden war unmöglich. Dazu war ich zu alt. Jemand schlug mir vor, als Haushaltshilfe zu arbeiten. Ich sollte anderen Leuten den Dreck wegräumen? Das konnte ich mir nur schwer vorstellen. Aber nach einiger Zeit sah ich ein, dass mir keine andere Wahl blieb. Allein von dem Lohn meines Mannes konnten wir nicht leben. Also meldete ich mich schweren Herzens bei einer Agentur. Ich hatte Glück. Gerade als ich in der Agentur ein Vermittlungsgesuch ausfüllte, betrat eine Frau aus Beijing das Büro, die ein Dienstmädchen suchte. Sie war neu in der Stadt, hatte eine anstrengende Arbeit und keine Zeit, sich um ihren Haushalt, um Einkäufe und Besorgungen zu kümmern. Sie engagierte mich von einer Minute zur anderen und lernte mich an. Ich hatte ja noch nie für andere im Haushalt gearbeitet. Sie zeigte mir, wie man mit den modernen Haushaltsmaschinen umgeht und wie man eine moderne Wohnung pflegt. Zehn Jahre ist das jetzt her. Ich arbeite noch immer für sie, halbtags, viermal die Woche. Die übrige Zeit arbeite ich in Familien, die sie mir empfohlen hat. Deshalb blieben mir bittere Erfahrungen, wie sie manch andere Haushaltshilfen machen, erspart. Ich werde gut behandelt und gut bezahlt. Insofern hatte ich großes Glück. Trotzdem können wir keine großen Sprünge machen. Alles wird teurer, die Mieten steigen, die Immobilienpreise ebenfalls, nur unser Einkommen nicht. Eine Wohnung kann ich mir nicht kaufen. Die Preise sind viel zu hoch.

Mein Mann arbeitet in einer Fabrik, die früher ebenfalls ein Staatsbetrieb war. Einige ehemalige leitende Funktionäre haben sie sich unter den Nagel gerissen und ein privates Unternehmen daraus gemacht. Früher kamen die Arbeiter selbstverständlich alle aus Shanghai, heute ist unter den Arbeitern kein einziger Shanghaier mehr. Stattdessen hat man Bauern vom Lande eingestellt und auf die Schnelle angelernt. Mein Mann hat die Aufgabe, auf die Leute aufzupassen. Sie mögen ihn, weil er sie freundlich behandelt, ganz im Gegensatz zur Betriebsführung. Die ist geiziger und gieriger als in Zeiten der Planwirtschaft.

Oberflächlich betrachtet geht es uns gut in China. Aber das ist nicht die Wirklichkeit. Die Wirklichkeit ist nur einen Furz wert. Die Reformen haben uns einfachen Menschen nichts gebracht. Sie begünstigen nur Leute mit Beziehungen.«

China – ein Land der Chancen

Frau S., 19, Praktikantin in einem Frisiersalon in Shanghai: »Ich bin sehr zufrieden mit meinem Leben. Ich komme aus der Provinz Anhui, vom Jiuhua Shan, einem der fünf heiligen buddhistischen Berge Chinas. In den letzten Jahren hat sich bei uns viel verändert.

Früher war die Gegend sehr arm. Jetzt sieht man überall neue Häuser. Aber das Geld für den Bau solcher Häuser können die meisten nur draußen und leider nicht zu Hause verdienen. So wie meine Eltern, die in der Nachbarprovinz Jiangsu in einer Textilfabrik arbeiten. Mein älterer Bruder ging zur Armee und ist in der Provinz Henan stationiert, und ich lebe zurzeit in Shanghai. Nur einmal im Jahr, zum Neujahrsfest, kehren wir alle heim zu meinen Großeltern, die unsere kleine Landwirtschaft noch weiterführen.

Wenn ich zu Hause aus dem Fenster schaue, sehe ich überall Berge. Es ist grün, die Luft ist sauber, und das Wasser schmeckt köstlich. Deshalb strömen auch zu allen Jahreszeiten Touristen aus dem In- und Ausland zu uns. Im Frühjahr und im Herbst, wenn es bei uns am schönsten ist, kommen die meisten. Unser Gebiet ist bekannt für seinen Teeanbau. Einer der besten grünen Tees stammt von dort. Die Produktion kann die Nachfrage kaum decken. Allerdings wird auch nicht besonders viel produziert, weil noch alles mit der Hand gemacht wird, auch das Trocknen der Teeblätter in der Pfanne.

Obwohl es so schön bei uns ist, bin ich fortgegangen. Ich wollte nicht wie die meisten anderen jungen Leute aus unserer Gegend für den Tourismus arbeiten. Ich möchte Kosmetikerin werden. Deshalb bin ich nach Shanghai gekommen. Das liegt nicht so weit von zu Hause entfernt. Shanghai ist nicht übel, aber die Luft ist schlecht und das Wasser auch. Außerdem sieht man fast nie einen so klaren blauen Himmel wie bei uns in den Bergen. Und es gibt auch viel zu viele Menschen. Daran war ich anfangs überhaupt nicht gewöhnt.

Seit zwei Jahren arbeite ich in einem Frisier- und Kosmetiksalon. Ich habe viel gelernt. Aber das reicht mir noch nicht. Ich werde noch ein paar Jahre hierbleiben, und wenn ich genug gelernt habe, gehe ich zurück und eröffne in unserer Kreisstadt meinen eigenen Kosmetiksalon. Es sei denn, ich finde hier einen netten Mann. Dann würde ich in Shanghai bleiben. Es gibt einen Friseurmeister hier im Betrieb, der mich sehr gern hat. Ich ihn eigentlich auch. Aber die Sache ist hoffnungslos, weil er aus dem Süden kommt, aus der Provinz Fujian, und dahin würde ich nie gehen. Das ist viel zu weit weg von meinen Bergen. Meine Eltern wären auch nie damit einverstanden, dass ich jemanden aus dem Süden heirate. Ich habe ihn gefragt, ob er in Shanghai bleiben oder wieder zurück nach Fujian gehen will, und er hat mir ganz ehrlich geantwortet, dass er vorhat, bald in seine Heimat zurückzukehren. Das ist wirklich Pech, lässt sich aber nicht ändern.«

Der Trend der Zeit

Herr Y., 56, Unternehmer, Shanghai. Ohne nennenswerte Schulbildung in der Kulturrevolution groß geworden, trat er mit achtzehn in die Armee ein, in der Hoffnung, dort etwas zu lernen. Die Armee hatte ein gutes Image. Dort nahm man nicht jeden. Deshalb war seine Familie auch sehr stolz auf ihn, als er Soldat wurde. Nach einigen Jahren Militärdienst wechselte er in einen Industriebetrieb, der zur Armee gehörte. Dort entdeckte er sein Fingerspitzengefühl für alles Kaufmännische und machte schnell Karriere. Zu Beginn der 1990er Jahre machte er sich im Immobilienbereich selbständig. Nach zwanzig erfolgreichen Jahren herrscht er heute über mehrere Firmen und insgesamt zweitausend Mitarbeiter. »Wer aus dem Westen kommt und China mit seinem Heimatland vergleicht, mag denken, dass bei uns in mancherlei Hinsicht zu wenig Freiheit herrscht. Das ist jedoch immer eine Frage der Perspektive. Denn wer die aktuelle Situation mit der vor dreißig Jahren vergleicht, muss zugeben, dass wir heute über enorm viel Freiheit verfügen. Deng Xiaoping hat unser Denken befreit. Jeder kann tun und lassen, was er will, und selbst entscheiden, womit er sich beschäftigt. Das ist ein großer Gewinn und die gute Seite der Reformbewegung. Die schlechte Seite sehe ich in der Tatsache, dass sich die meisten Chinesen heute ständig mit Menschen vergleichen, die reicher sind und denen es besser geht. Sie sind unzufrieden, meckern dauernd herum und beschweren sich. Früher, als alle arm waren, war das anders. Da fragten sich die Menschen zur Begrüßung: ›Hast du schon gegessen?‹ Das spiegelte den Wert des Essens wider, denn es war nicht selbstverständlich, dass man sich satt essen konnte. Noch zu Beginn der 1960er Jahre hatte es schreckliche Hungerkatastrophen gegeben. Heute sind die Menschen satt. Sie haben andere Probleme. Sie sind zu dick, essen zu viel Eiweiß und meinen zu wenig Geld zu haben. Deshalb fragen sich heute die Leute zur Begrüßung: ›Hast du viel zu tun?‹ Auch das spiegelt den Trend der Zeit wider. Alle sind beschäftigt. Alle jagen dem Geld hinterher und kämpfen für ein besseres Leben.

Für mich ist das Leben wie eine Reise, und je aufregender es unterwegs zugeht, desto besser. An die Zeit der Kulturrevolution knüpfe ich furchtbare Erinnerungen. Aber seit ich sie als Teil meiner Reise sehe, kann ich besser mit der Vergangenheit leben. Ich mache mir immer bewusst, dass es bei dieser Reise keine Rückfahrt gibt. Man fährt ab und kommt irgendwann am Ziel an. Ein Zurück gibt es nicht. Es gibt nur diesen einen Weg, den du selbst gestalten und nutzen musst. Und wenn du meinst, dass dir das Leben zu wenig Glück beschert, musst du eben selbst für ein wenig Glück sorgen. Oft ist das nur eine Frage der Einstellung und des positiven Denkens. Wenn ich mich immer nur beklage, dann fühle ich mich selbstverständlich entsprechend schlecht. Das ist mir selbst lange Zeit so gegangen. Doch seit einigen Jahren meditiere ich jeden Abend eine halbe Stunde. Die Meditation gehört inzwischen zu meinem festen Tagesprogramm. Sie ist mir sehr wichtig, weil sie mir guttut. Ich nehme die Dinge jetzt viel gelassener. Früher habe ich mich oft über meine Frau geärgert, weil sie ständig etwas an mir auszusetzen hat. Mal esse ich zu fett oder zu unregelmäßig, mal arbeite ich zu viel oder schlafe zu wenig. Immer findet sie einen Grund, an mir herumzunörgeln. Inzwischen denke ich, dass sie es ja nur gut mit mir meint und dass mir sicher etwas fehlen würde, wenn sie mich nicht mehr ausschimpft. Deshalb widerspreche ich nicht mehr, wie ich es früher getan habe, sondern stimme stets zu und gelobe Besserung. Dann ist sie zufrieden, und ich bin es auch. Das Meditieren hilft sogar gegen Haarausfall. Seit ich meditiere, habe ich wieder mehr Haare auf dem Kopf.«

Von Gewinnern und Verlierern der Wirtschaftsreformen in Stadt und Land

Mit den Wirtschaftsreformen entstanden völlig neue Begriffe wie der einer »sozialistischen Marktwirtschaft«. Da für eine Menge Leute aber Sozialismus und Marktwirtschaft nicht wirklich zusammenpassten, schuf man einen neuen Begriff, mit dem alle leben können, den »Sozialismus chinesischer Prägung«.

Ein bekannter Kritiker und ehemaliger Dozent an der Armee-Hochschule meinte dazu: »Die Wahrheit ist, dass die sozialistische Wirtschaft am Ende war und unter der Führung der Kommunistischen Partei ein Wechsel zu Privatisierung, Kapitalismus und Marktwirtschaft stattgefunden hat. Eine weitere Wahrheit ist, dass der Kapitalismus den Sozialismus gerettet hat. Aber da die sozialistische Fahne hochgehalten werden muss, nennt man das Ganze einen Sozialismus chinesischer Prägung.«

Vom Lehrer zum Top-Manager

Herr C. war ursprünglich Lehrer in einer fabrikeigenen Berufsschule in Shanghai. Aber in ihm steckte mehr. Das erkannte die Leitung und holte ihn ins Management. Er stieg auf und wurde nach wenigen Jahren Chef eines staatlichen Industriekonzerns. Selbstverständlich befanden sich alle Fabriken innerhalb des Stadtgebietes. Die sozialistische Gesellschaftsordnung hatte Chinas Städte nach 1949 in Industriezentren verwandelt. Die staatlichen Industrieeinheiten sorgten nach dem Prinzip der »eisernen Reisschale« für ihre Mitarbeiter, indem sie sich auch um ihre privaten Belange kümmerten, ihnen also Wohnraum zur Verfügung stellten, für die Kinder Krippen, Kindergärten und Schulen bauten usw. So entstanden innerhalb der Städte um die Fabriken herum eigene kleine Städte. Die Staatsbetriebe ächzten unter der finanziellen Last, die die soziale Rundumversorgung ihrer meist überbesetzten Belegschaft verursachte. Mit dem Beginn der Reformpolitik erfolgte ein Umdenken, nicht nur was die Umstellung auf vertraglich geregelte Beschäftigungsverhältnisse betraf. Die Fabriken sollten an den Stadtrand ziehen und die Innenstädte wieder zu Handels- und Geschäftszentren mit reichem Konsum- und Dienstleistungsangebot werden. Es kostete Herrn C. Wochen und Monate und viele schlaflose Nächte, mit seinem Team die Umstrukturierung des Konzerns voranzubringen. Sie bauten ihn komplett um und richteten ihn auf eine völlig neue Produktpalette aus. Die alten Fabriken im Stadtzentrum wurden stillgelegt und entsorgt, die Produktion auf Hightech-Geräte umgestellt und entsprechend den Anforderungen neue Fabrikhallen mit modernen Produktionsanlagen am Stadtrand angesiedelt. Mitarbeiter mussten überredet werden, ihre Wohnungen im Stadtzentrum zu verlassen und an den Stadtrand zu ziehen. Viele wurden abgefunden und vorzeitig in den Ruhestand geschickt. Die alten Fabrikgelände wurden saniert und als Baugrund für hochwertige Apartmenthochhäuser erschlossen. Herr C. wurde einer der erfolgreichsten Industriekapitäne seiner Stadt, respektiert von den Behörden und hoch verehrt von seinen Mitarbeitern. Heute stehen dort, wo einst Fabrikschlote rauchten, luxuriöse Wohntürme. Selbstverständlich hat sich Herr C. ein paar Wohnungen gesichert – ganz legal, aber zu günstigsten Konditionen – und damit seinem Sohn und Enkel eine sorglose Zukunft beschert.

»Deng Xiaoping hat unser Denken befreit«

Herr F., 53, Journalist, Beijing: »Früher entschieden die Kader jeden unserer Schritte. Unser gesamtes tägliches Leben hing von der Parteiführung ab. Heute entscheiden wir selbst. Ein Bauer kann entscheiden, ob er Reis oder Obst anbauen, Hühner oder Karpfen züchten oder lieber in der Stadt Häuser bauen möchte. Ein Arbeiter kann entscheiden, wo und in welcher Fabrik er arbeiten will. Wer kaufmännisches Geschick besitzt, kann entscheiden, womit er wo handelt. Waren wir früher an einen Aufenthaltsort gebunden, den wir ohne Genehmigung nicht verlassen durften, sind wir heute frei und mobil. Manche Händler aus Sichuan verkaufen ihr Gemüse heute in Xinjiang, manche Garköche aus Xinjiang grillen ihre Fleischspieße in Beijing, viele Beijinger ziehen Shanghai als Arbeitsplatz vor, und die Shanghaier machen ihre Geschäfte am liebsten im Ausland. Heute kann jeder selber entscheiden, wie er sein Leben gestaltet.«

Frau Y., 42, Geschäftsfrau, Guangzhou: »Ich stamme aus Lanzhou in der nordwestlichen Provinz Gansu. Nach meiner Schulzeit arbeitete ich zunächst in einer Fabrik. Dort gefiel es mir aber nicht. Deshalb sah ich mich nach einer Stelle im Tourismusgeschäft um. Damals war es bereits möglich, die Arbeitsstelle zu wechseln. Mit zwanzig begleitete ich eine Reisegruppe aus unserer Provinz nach Guangzhou. Die Stadt war damals in ihrer Entwicklung wesentlich fortschrittlicher als Lanzhou. Es boten sich dort viel bessere Möglichkeiten für mich. Also beschloss ich zu bleiben. Ich zog zunächst einen Textilhandel zwischen Guangzhou und Gansu auf. Später wurde ich im Immobiliengeschäft tätig. Heute investiere ich in Altersresidenzen und Altersheime.

Was mich an meinem Land besonders zufriedenstellt, ist die gesellschaftliche Entwicklung, insbesondere die allgemeine Sicherheitslage. Ich reise viel durchs Land, und das oft allein. Das ist kein Problem. Ich fühle mich als Frau sicher und geachtet.

Als großes Problem sehe ich hingegen unser Erziehungssystem. Durch die Einführung der Marktwirtschaft ist alles kommerzialisiert worden, auch der Erziehungs- und Ausbildungsbereich. Die Schulen sind zu Einrichtungen geworden, in denen Geld verdient werden muss. Die Aufgabe der Lehrer lautet, gute Schüler zu produzieren. Sie werden nach den Erfolgen ihrer Schüler bezahlt. Das heißt, entscheidend für sie ist, wie gut die Schüler bei Prüfungen abschneiden. Oft wird das Niveau einer ganzen Klasse gesenkt, indem man den Schülern zu gute Noten gibt oder sie unterfordert.

Ich denke, dass es auch in einer Marktwirtschaft Organisationen geben sollte, die nicht unbedingt Geld verdienen müssen. Ich glaube, wir haben da mal wieder etwas völlig falsch verstanden, als wir das System der Marktwirtschaft aus dem Westen übernahmen. Heute müssen selbst die Tempel und Klöster Geld verdienen. Gehen Sie doch mal in eine Tempelanlage. Schon vor deren Toren und auf dem Gelände selbst gibt es überall Läden und Stände, in denen aller mögliche Kitsch verkauft wird. Die Mönche selbst sind auch schon zu Geschäftsleuten verkommen. Die Gläubigen überhäufen sie mit Spenden, nur damit die Mönche sie mit frommen Gebeten unterstützen. Darum heißt es: Drei Jahre lang Mönch, und du bist ein reicher Mann.«

Vom Rotgardisten zum Kunstsammler

Herr P., 57, Unternehmer, Shanghai: Herr P. ist im besten Alter. Er sieht gut aus, ist erfolgreich und pflegt ein teures Hobby: Er sammelt alte chinesische Kunst.

»Ich bin mit der Entwicklung in unserem Land außerordentlich zufrieden, denn ich gehöre zu jenen, die von den Wirtschaftsreformen überdurchschnittlich profitiert haben. Für mich begann mit der Ära Deng Xiaopings eine Zeit der unbegrenzten Möglichkeiten. Alles, was Leute wie ich brauchten, um die Chancen der Zeit wahrzunehmen, waren ein bisschen Mut und Gespür. Mehr besaß ich auch nicht. Meine Eltern waren arm und ohne irgendwelche hilfreichen Verbindungen. Während meiner Schulzeit habe ich so gut wie nichts gelernt, weil sie in die Zeit der Kulturrevolution fiel. Als Schüler und Rotgardisten mussten wir gegen alles Alte kämpfen, also auch gegen unsere alten Traditionen und unsere klassische Kultur. Das hat mich geprägt. Ich war dabei, als die Roten Garden Menschen schlugen, Häuser und Wohnungen plünderten und kostbare Kulturgegenstände zerstörten. Wir knöpften uns häufig die Häuser von wohlhabenden Familien vor. Dort sah ich kostbare Möbel, wertvolles Porzellan, Gemälde und Bücher. Für mich, der ich aus ärmsten Verhältnissen stammte und nie in Kontakt mit solchen

Kunstgegenständen gekommen war, geschah etwas ganz Außergewöhnliches. Ich verliebte mich in diese schönen Dinge, vor allem in die Gemälde. Ich könnte es Liebe auf den ersten Blick nennen. Ich verstand plötzlich nicht mehr, was an diesen schönen Dingen so schlimm sein sollte. Manches hätte ich mir am liebsten in Ruhe genauer angesehen. Aber das verstieß gegen den revolutionären Geist jener Zeit. Deshalb wagte ich es nicht, meine Stimme gegen meine tobenden Mitstreiter zu erheben. So wurde weniges konfisziert und abgegeben, aber vieles zerstört.

Mit sechzehn wurde ich Tischler, obwohl ich noch nicht einmal die untere Mittelschule abgeschlossen hatte. Dann begannen die Wirtschaftsreformen, und ich sah meine Chance gekommen. Was hatte ich schon zu verlieren? Ich machte mich als Kleinhändler selbständig und verkaufte Krebse. In Shanghai war das ein gutes Geschäft, denn die Shanghaier lieben Krebse. Ich verdiente gutes Geld damit. Bald darauf ergaben sich noch wesentlich bessere Möglichkeiten. Ich geriet in den Immobilienboom, und damit verdiente ich dann wirklich großes Geld.

Schon mit zwanzig begann ich alte Kunst zu sammeln. Nach über dreißig Jahren umfasst meine Sammlung heute mehrere Tausend Bilder.

So langsam ziehe ich mich jetzt aus dem aktiven Geschäftsleben zurück, um mehr Zeit für meine Kunst zu haben. Ich bin jedoch noch beratend in der Städteplanung tätig.

Mit Ende fünfzig fühle ich mich noch ziemlich jung, wenn man bedenkt, wie alt die Leute heute im Allgemeinen werden. Das bedeutet, dass mir noch eine Menge Zeit bleibt, die ich sinnvoll nutzen möchte. Ich habe inzwischen gelernt, dass es nicht unbedingt eine Kunst ist, reich zu werden. Es ist jedoch eine Kunst, sein Geld sinnvoll auszugeben. Leute wie ich, die zu Geld kamen, trugen anfangs Nobelmarken und ließen die Markennamen für alle sichtbar außen anbringen, damit die anderen sahen, wie gut es uns ging. Den Frauen war das nicht genug. Sie behängten sich auch noch mit Schmuck. Das ist für die meisten von uns nun vorbei. Wir Reichen werden immer besser. Ich für meinen Teil kleide mich zwar in guter Qualität, aber ohne sichtbare Markenanzeige. Ich falle nicht auf. Auch mein Auto fällt nicht besonders auf. Es ist zwar ein Mercedes, aber aus einer ganz normalen Reihe.

Was ich am meisten bedaure, ist, dass in den vergangenen Jahren nur auf die Wirtschaft geachtet wurde. Kultur und Umweltschutz spielten nur eine untergeordnete Rolle, auch wenn sich das langsam ändert. Das Problem ist, dass die Beamten, die an den entscheidenden Stellen sitzen, keine Experten sind. Wie können sie handeln, wenn sie nichts von der Thematik verstehen. Die mangelnde Professionalität der Regierungsbeamten behindert die gesellschaftliche Entwicklung. Kürzlich wurde ich beauftragt, die Entwicklung einiger Großstädte zu bewerten. Nach intensiven Recherchen verfasste ich mit meinem Arbeitsteam einen ausführlichen, mehrere Hundert Seiten langen Bericht. In einem fünf Stunden während Plenum stellte ich die Ergebnisse unserer Untersuchung vor. Was anschließend vonseiten der anwesenden höchsten Behördenvertreter an Fragen und Kommentaren kam, war mehr als peinlich. Durch ihre Ausführungen wurde schnell klar, dass sie nichts begriffen hatten und mit der Thematik völlig überfordert waren. Das hatte zur Folge, dass die anwesenden Experten, die ihnen unterstellt waren, nicht mehr wagten, auf die komplizierte Problematik einzugehen, weil das Niveau mit einem Schlag auf die niedrigste Stufe gesackt war.

In den westlichen Ländern wechseln Regierungen, aber das System ändert sich nicht. Bei uns ist das anders. Mit jeder neuen Regierung ändert sich die Regierungsdevise. Das ist wie früher im Kaiserreich. Da verkündete auch jeder neue Kaiser seine eigene Regierungsdevise. Heute sprechen wir von der Jiang-Zemin-Epoche, von der Hu-Jintao-Epoche oder in Shanghai sogar von der Han-Zhen-Epoche, benannt nach unserem Bürgermeister. Das wirkt sich auch auf den Städtebau aus. Ich könnte mir vorstellen, dass man im Westen langfristige Pläne für eine Stadtentwicklung macht. Hier ändern sich die Pläne jedes Mal, wenn ein Machtwechsel stattfindet. Der eine Bürgermeister beschließt den Bau eines Flughafens, der nächste ein Hochstraßensystem, sein Nachfolger eine U-Bahn usw. Wer an die Macht kommt, will sich ein Denkmal setzen. In Europa ist ein Stadtplan noch nach Jahrzehnten brauchbar. In China ist das anders. Da werden in raschem Tempo ganze Straßenzüge verändert, alte Stadtviertel abgerissen und neue aufgebaut. Wenn man die richtigen Beziehungen hat, kann man diesen Prozess mitgestalten. Sobald es jedoch zu einem Führungswechsel in der Regierung kommt, werden die Karten neu gemischt und wird neu über Projekte entschieden. Eine hervorragende Gelegenheit für die Beamten in den involvierten Behörden, heimlich mitzuverdienen. Macht und Profit bedingen sich gegenseitig. Das ärgert all jene, die nicht in gleicher Weise profitieren, und das ist die große Mehrheit.

Die chinesischen Führer achten hauptsächlich auf Wirtschaft und Handel. Sie wollen den Lebensstandard der Menschen erhöhen. An Kultur, Geschichte und Tradition sind sie nicht interessiert, denn davon verstehen sie nichts. Wie können sie auch? Sie sind schließlich in Zeiten von Klassenkampf, politischen Kampagnen und Kulturrevolution groß geworden.

Die Leute, die heute in den Behörden für Kultur zuständig sind, verstehen oft nichts davon. Dennoch entscheiden sie, womit sich die Experten auf diesen Gebieten zu beschäftigen haben. Wir sagen dazu: Die Unkundigen leiten die Kundigen.«

Ein Sohn aus problematischer Familie

Herr G., 27, Werbefachmann, Wuhan: »Ich stamme aus einer sogenannten problematischen Familie. Mein Opa war Kapitalist, und außerdem gehörte er der Nationalen Volkspartei an. Den haben sie in der Kulturrevolution so richtig fertiggemacht. Meine Oma stand daraufhin allein mit ihren fünf Kindern da. Mein Vater musste mit zwölf Jahren anfangen zu arbeiten. Kohlen schippen in einer Fabrik. Meine Tante auch, sie war zehn. Der Fabrikleiter kam eines Tages zu meiner Oma nach Hause und sagte, sie sollte ihren Sohn, also meinen Vater, zur Schule schicken. Er sei ein aufgeweckter, kluger Junge. Sie hat nur gelacht. ›Wovon sollen wir dann leben‹, hat sie ihn gefragt, ›wir müssen doch essen.‹ Als nach Maos Tod die Wirtschaftsreformen begannen, war mein Vater einer der Ersten, die die Fabrik verließen und anfingen, Geschäfte zu machen. Alle hatten ihm davon abgeraten und gesagt, es sei zu riskant, den Staatsbetrieb zu verlassen und damit alle Ansprüche auf soziale Absicherungen wie Krankenversorgung und Rente aufzugeben. Aber mein Vater hatte die Nase voll von der Fabrik und wollte nur noch weg. ›Um uns sorgt sich sowieso niemand‹, hat er gesagt, ›und erst recht nicht die Partei.‹ Das wiederholt er bis heute vor mir: ›Du musst selbst für dich sorgen.‹ Jetzt ist er der Einzige, der ein gutes Auskommen hat. Meine Tante und mein Onkel haben diesen Sprung nicht gewagt. Sie blieben in der Fabrik, aber da es sich um einen Staatsbetrieb handelte, der im Rahmen der Reformen privatisiert wurde und die neuen Herren nichts Eiligeres zu tun hatten, als die alten Arbeiter zu entlassen, standen meine Verwandten irgendwann auf der Straße. Heute beziehen sie nur eine lächerlich kleine Rente. Ich habe noch eine weitere Tante: die ältere Schwester meines Vaters. Als sie jung war, so um die zwanzig Jahre alt, musste sie bei Deichbauarbeiten mitmachen. Immer in vorderster Reihe und immer im Wasser stehen und buddeln. Revolutionär sei das, hat man ihr damals gesagt. Sie ist dann ziemlich krank geworden und trug bleibende Schäden davon. Deshalb wollte sie auch keiner heiraten. Wer will schon eine kranke Frau haben? Heute ist sie über sechzig und bekommt 200 Yuan Rente. Davon kann man nicht leben, auch nicht in unserem kleinen Ort. Mein Vater unterstützt sie. Darum sagt er immer: ›Die Partei stellt nur Forderungen, und wenn du nicht mehr kannst, lässt sie dich fallen.‹ Darum haben die Leute trotz Ein-Kind-Politik auch lieber mehrere Kinder, damit jemand für sie da ist, wenn sie sich allein nicht mehr versorgen können. Lieber zahlen sie die Strafe für ein weiteres Kind oder geben es an andere Familienmitglieder ab. So ist meine unverheiratete kranke Tante übrigens zu einer Tochter gekommen. Ein Onkel bekam eine zweite Tochter, wollte aber eigentlich einen Sohn haben. Da überließ er das Baby seiner Schwester.«

Von einem vergessenen Gedanken Deng Xiaopings

Herr L., 48, Händler, Haikou: »Wer sind die Leute, die schnell reich geworden sind? Wir sprechen in China von einer Kapitalisierung der Macht, denn jene, die die Macht haben, sind als Erste reich geworden, also die Familien der mächtigen Funktionäre. Sie bilden heute den neuen Machtadel. Deng Xiaoping sagte zu Beginn seiner Reformpolitik: Lasst zunächst einige reich werden. Das war jedoch nur der erste Teil seines Satzes. Den zweiten hat man vergessen: Danach sollten nämlich die anderen folgen und auch reich werden. Doch da liegt der Haken. Nur wenige sind reich geworden. Der Wirtschaftsboom hat zu großer Armut auf der einen und zu immensem Reichtum auf der anderen Seite geführt. Das widerspricht Deng Xiaopings ursprünglicher Absicht. Wie also soll es mit der Reformpolitik weitergehen? Es ist Zeit, an den zweiten Teil seines Satzes zu denken.«

Angst vor der Talsohle

Herr X., 52, Architekt, Shanghai: »Jeder weiß, dass sich die Wirtschaft in Wellen entwickelt. Mal geht es hoch, mal runter. Heute boomt die chinesische Wirtschaft, aber was passiert, wenn es bergab geht? Davor habe ich Angst, denn ich glaube, dass es dann zu massiven Unruhen kommt. Heute hat sich jeder an den Boom gewöhnt, vor allem die jungen Leute kennen es nicht anders. Es wird dramatisch, wenn es irgendwann bergab geht.

Als privater Unternehmer ist man in China einer unsteten Politik ausgeliefert. Die Regierung reagiert auf Probleme und korrigiert kurzfristig ihre Politik. Das mag durchaus angebracht sein, führt aber dazu, dass ständig Regeln geändert werden. Uns selbständige Unternehmer und Investoren macht das unsicher. Wir können nicht langfristig planen. Man ist oft im Zweifel, ob sich eine Investition überhaupt lohnt, wenn sich in ein oder zwei Jahren die Richtlinien wieder ändern. Zum Beispiel was die Immobilienspekulation betrifft: Viele Leute verdienen dadurch. Wenn ich heute zwei, drei Wohnungen kaufe, gehe ich doch davon aus, dass ich sie in zwei, drei Jahren mit Gewinn verkaufen kann. Nun heißt es aber, dass Gewinne aus Immobilienverkäufen ab nächstem Jahr hoch besteuert werden sollen. Warum soll ich dann noch Wohnungen kaufen?«

La dong nei xu – Den Binnenmarkt stimulieren

Als die Auswirkungen der globalen Finanzkrise China erreichten, blieben die Bestellungen aus dem Ausland aus, und die Exportindustrie erlebte schwere Einbußen. So mancher sah damit das Ende des Wirtschaftsbooms gekommen, denn das Wirtschaftswachstum basierte zu mehr als siebzig Prozent auf Ausfuhren. »Unser Wirtschaftsboom gleicht einer Flasche: Wir haben den engen Hals erreicht«, sagte uns ein Investmentbanker. Die Regierung reagierte mit einem gigantischen Konjunkturprogramm von etwa 460 Milliarden Euro, die in Infrastrukturprojekte, in das Gesundheits- und Bildungswesen sowie in die technologische Modernisierung des Landes fließen sollen. Dieses Programm leitet eine Abkehr aus der Exportabhängigkeit ein. Unter der Devise *La dong nei xu* soll die Nachfrage auf dem Binnenmarkt stimuliert werden. Die Weltfabrik China, die für die Länder der Welt produziert, soll zum riesigen Binnenmarkt werden, der für die Waren aus dem In- und Ausland leicht zu erreichen ist. Deshalb wurde mit dem Konjunkturprogramm der Bau von neuen Straßen, Eisenbahnlinien und Flughäfen beschlossen. Dazu gehört der Bau eines 13 000 km langen Schienennetzes für Hochgeschwindigkeitszüge, die schneller als 350 km/h fahren und die Provinzhauptstädte leicht erreichbar machen, diesen aber auch einen besseren Zugang zum Welthandel erschließen.

Noch immer lebt mehr als die Hälfte der chinesischen Bevölkerung auf dem Land. Ihre Bedürfnisse wurden bisher nur unzureichend bedient. Zu entlegen sind die Gebiete, und häufig sind die

Menschen viel zu arm, als dass sie Textilien, Spielzeug, Schuhe und Elektronik aus der Exportproduktion kaufen könnten. Die neuen Infrastrukturprojekte werden als Grundlage für die Erschließung des Binnenmarktes verstanden, sie sollen zum Ausgleich des Wohlstandsgefälles zwischen Stadt und Land beitragen. Gleichzeitig sollen sie den Wirtschaftsboom von den Küstenregionen ins Landesinnere verlagern. Wenn die Industrieproduktion auf die Bedürfnisse des Binnenmarktes abgestimmt und wenn dafür gesorgt würde, dass die ländliche Bevölkerung mehr Geld verdient, könnte diese auch mehr Konsumgüter kaufen. Die Nachfrage ist groß. Ganz oben auf der Wunschliste stehen vor allem Elektronik und Autos. In der Computerbranche zeichnen sich bereits Erfolge ab. Der Verkauf von Computern hat in den ländlichen Gebieten im vierten Quartal 2009 gegenüber dem Vergleichszeitraum 2008 um mehr als achtzig Prozent zugelegt. Die chinesische Konsumgüterindustrie frohlockt: Nicht der Weltmarkt, sondern der Binnenmarkt könnte in Zukunft die höchsten Renditen bringen.

Auf dem Land

Die Revolution von 1949 wurde vom Land in die Städte getragen. Mao Zedong siegte, weil er die Unterstützung der Bauern hatte. Als Sieger konnten sich die Bauern in späteren Jahren allerdings nicht fühlen, vor allem nicht die reichen unter ihnen. Sie verloren nicht nur Teile ihres Bodens, sondern viele von ihnen im Gefecht des Klassenkampfes auch ihr Leben. Die armen und zuvor landlosen Bauern schätzten sich zunächst glücklich, als sie durch die Bodenreform Land erhielten. Doch mit der Kollektivierung ab Mitte der 1950er Jahre war der Traum von der eigenen Scholle ausgeträumt. Erst mit den Reformen Deng Xiaopings erhielten die Bauern wieder ein eigenes Stück Land zur individuellen Nutzung.

Wie überall in China ist es durch die Reform- und Öffnungspolitik auch in den ländlichen Gebieten zu ungleichen Besitzverhältnissen gekommen. Es gibt wieder arme und reiche Bauern, kleine und große Betriebe. Kleinbauern kommen mit ihren kargen Einkünften oft nicht mehr zurecht, zumal die lokalen Behörden sie in der Vergangenheit auch noch mit hohen Steuern belegten. Dem wollte die Zentralregierung einen Riegel vorschieben, indem sie die Besteuerung der Bauern im Jahre 2006 strich. Das hinderte die lokalen Behörden jedoch nicht daran, sich andere Formen von Abgaben auszudenken.

Die Einführung des Verantwortlichkeitssystems und die damit einhergehenden Veränderungen durch die intensive private Bewirtschaftung setzten zunehmend Arbeitskräfte frei. Etwa 230 Millionen junge Männer und Frauen strömten aus der Landwirtschaft in Handel, Industrie, Handwerk und Dienstleistungsgewerbe. Junge Bauern bauen die neuen Metropolen Chinas auf. Sie werden als Wanderarbeiter bezeichnet, weil sie von einer Baustelle zur nächsten ziehen. Junge Bauernmädchen finden in den städtischen Familien eine Anstellung als Dienst- und Kindermädchen. Was früher nur für privilegierte Funktionärsfamilien möglich war, sich nämlich Dienstpersonal zu halten, wurde mit zunehmendem Wohlstand in den Städten zur Normalität.

Von der gesamten Fläche Chinas sind nur etwa zwölf Prozent landwirtschaftlich nutzbar. Die Verbesserung von Anbaumethoden, Saatgut und Dünger haben die Erträge in den letzten Jahren signifikant steigern können. Doch infolge des Wirtschaftsbooms ging der Landwirtschaft viel Kulturfläche verloren, weil es rentabler erschien, das Land anderweitig zu nutzen, etwa als Bauland, Gewerbeflächen oder für Infrastrukturprojekte. Der Boden gehört als Kollektiveigentum formal der ländlichen Bevölkerung. Da die Bauern jedoch nur über das Nutzungsrecht des Bodens verfügen, befinden sie sich oft in einer Position der Schwäche gegenüber den mächtigen lokalen Funktionären, wenn diese beispielsweise zusammen mit Investoren ehrgeizige Pläne durchdrücken wollen. Viele Bauern kennen ihre Rechte nur ungenau, oder es mangelt ihnen an Unterstützung, und sie geben daher das Nutzungsrecht an ihrem Boden zu einem viel zu niedrigen Preis an die Gemeinde zurück, die es den Investoren dann für teures

Geld verkauft. Oft kommt es zu gewalttätigen Auseinandersetzungen, wenn die Bauern ihr Nutzungsrecht nicht verkaufen wollen oder sie nur unangemessen oder auch gar nicht entschädigt werden. Fast täglich gibt es entsprechende Berichte in den chinesischen Nachrichten. Doch es gibt auch andere Beispiele, gewiefte Bauern, die die Bodenspekulation sehr gut für sich zu nutzen wissen und mit dem Verkauf ihrer Rechte ein kleines Vermögen schaffen.

Ein Dorf im Wandel

Die Dorfvorsteherin ist fünfundsiebzig, sieht aber älter aus. Sie raucht Kette, ihr Blick ist hellwach. 140 Familien leben in ihrem Dorf, insgesamt 450 Einwohner. Früher war es eins der ärmsten Dörfer in der Umgebung von Beijing, heute zeigt es sich dem unangemeldeten Besucher als schmuckes, blitzblankes Örtchen. Die Häuser sind fast alle geschmackvoll renoviert und weitgehend im niedrigen traditionellen Baustil angelegt.

»Hier lebten noch nie viele Menschen, aber wir verfügten immer über viel Boden. Durch den traditionellen Weizenanbau verdienten wir nichts, weil die staatlichen Ankaufspreise zu niedrig waren. Als die Reformpolitik begann, haben wir lange darüber nachgegrübelt, wie wir wohl zu Wohlstand kommen könnten. Ab 1990 begannen wir Bäume zu pflanzen. Das war damals ein gutes Geschäft, weil Bäume zur Begrünung der Städte sehr gefragt waren. Aber dann pflanzten plötzlich alle Bauern in der Umgebung Bäume, so dass es bald ein Überangebot gab und die Preise fielen.

Dann fingen wir an, unser Land zu verpachten. Zunächst siedelte sich eine Beijinger Fleischverarbeitungsfirma bei uns an. Später kamen Hightech-Firmen hinzu. An den Pachteinnahmen werden alle beteiligt. Durch die Nähe zur Hauptstadt bieten sich gute Möglichkeiten der Zusammenarbeit mit dortigen Betrieben. Zum Beispiel haben wir gemeinsam mit einer Supermarktkette einen Betrieb gegründet und 150 Gewächshäuser angelegt, in denen Gemüse gezogen wird. Sechzig Prozent des Gewinns gehen an uns, vierzig Prozent an die Beijinger Firma. Die Qualität unseres Gemüses wird regelmäßig vom Staat geprüft. Wenn schädliche Rückstände nachgewiesen werden, wird das schwer bestraft. Deshalb achten wir sehr auf die Qualität, und bisher gab es noch keine Beanstandungen.

Trotz der vielen Verpachtungen haben wir immer noch genügend freies Land, das wir für den Eigenbedarf bewirtschaften können. Neben Getreide bauen wir Obst und Datteln an, züchten Fische, Schweine und Schafe. Die meisten jungen Leute arbeiten in nahe gelegenen Fabriken. Wenn wir alles zusammenrechnen, haben unsere Dorfbewohner ein Basiseinkommen von 3700 Yuan pro Jahr und Kopf, unabhängig davon, ob sie in der Stadt oder hier auf dem Land arbeiten. Nicht enthalten in dieser Summe sind die selbst erwirtschafteten Einkünfte und die Löhne. Letztere sind individuell sehr unterschiedlich, je nachdem, wer wo arbeitet. Insgesamt gesehen leben wir hier weitgehend autark und brauchen nicht viel Geld zum Unterhalt.

Wer über sechzig Jahre alt ist, bekommt pro Monat 100 Yuan Alterszuschuss von der Dorfverwaltung und darüberhinaus je 100 Pfund Reis und Weizen sowie zehn Liter Öl pro Jahr.

Hat eine Familie nur ein Kind, bekommt sie 700 Yuan Unterstützung pro Jahr. Seit 2006 haben wir eine eigene Krankenstation in unserem Dorf. Einzelkinder bis zu achtzehn Jahren bekommen freie ärztliche Versorgung. Ab achtzehn müssen sie wie alle Erwachsenen die Hälfte der Kosten selber tragen. Im Falle einer schweren Erkrankung zahlen wir im Höchstfall bis zu 40 000 Yuan, je nach finanzieller Lage der Familie. Familien mit mehreren Kindern zahlen die medizinische Versorgung für ihre Kinder selbst. Wir arbeiten jedoch gerade an der Einführung einer Krankenversicherung, so dass künftig alle abgesichert sind.

Die Reformpolitik hat in unserem Dorf bewirkt, dass die Bauern außer für die Eigennutzung kein Land mehr bewirtschaften. Sie haben es dem Kollektiv zur Verpachtung überlassen. Das hat jeder Familie große Vorteile gebracht. Die Bauern sind zufrieden. Viele haben sogar ein eigenes Auto. Insgesamt gibt es vierzig Autos in unserem Dorf. Manche Leute fahren sogar mit ihrem Privatwagen zur Arbeit in die Stadt. Es gibt natürlich bessere Dörfer als unseres. Ich kenne eins in der Region mit tausend Einwohnern und dreihundert Autos. Aber verglichen mit den Dörfern in den Bergen geht es uns hervorragend. Die entlegenen Gebiete können nicht mit den stadtnahen konkurrieren. Denen geht es längst nicht so gut wie uns. Deswegen wandern viele Bauern aus den fernen Gebieten ab und ziehen als Landarbeiter oder Pächter in wohlhabendere oder fruchtbarere Regionen, beispielsweise von Anhui nach Guizhou, von Guizhou nach Neimenggu oder Gansu, von Zhejiang nach Dongbei, in den Nordosten des Landes. Die Leute im Nordosten verstehen sich nicht so gut auf Landwirtschaft wie jene aus Zhejiang. Die Leute aus Zhejiang haben Geld. Wenn die in den Nordosten gehen, dann beackern sie das Land in großem Stil und lassen die Einheimischen für sich arbeiten.

Ich stamme aus einer sehr armen Familie. Als ich acht Jahre alt war, hat mich mein Vater in dieses Dorf verkauft. Wenn ich zurückblicke, erscheint es mir selbst fast unglaublich, was vor 1949 alles passiert ist. Ich bin nicht zur Schule gegangen, ich habe immer nur gearbeitet. Bis heute bin ich eine halbe Analphabetin. Was ich kann, habe ich durch meine Arbeit gelernt.

Mir liegt die Bildung der jungen Menschen am Herzen. Deshalb habe ich dafür gesorgt, dass jede Familie einen Internetanschluss hat. Das gehört für mich zu den Voraussetzungen einer guten Bildung. Da unser Dorf zu klein ist und wir zu wenige Kinder haben, gibt es keine eigene Schule. Die Kinder gehen in die Schule des größeren Nachbardorfes. Den Transport dorthin zahlen die Eltern, allerdings übernehmen wir einen Teil der Kosten. Der Schulbesuch ist bis einschließlich neuntem Schuljahr kostenfrei. Für die letzten drei Jahre müssen ein paar Hundert Yuan pro Jahr an Schulgeld gezahlt werden. Besteht jemand die Hochschuleintrittsprüfung und bekommt einen Studienplatz, zahlen wir eine einmalige Unterstützung von 10 000 Yuan.

Insgesamt gesehen konnten die Reformen in der Landwirtschaft jedoch nicht verhindern, dass es wieder Unterschiede zwischen Arm und Reich gibt. Einige Bauern waren zu Beginn der Reformen mutiger als andere, vielleicht waren sie auch vorausschauender. Sie haben anderen das Nutzungsrecht an deren Boden abgekauft, und jetzt verpachten sie ihn. Dadurch werden sie immer reicher und die anderen immer ärmer, weil Letztere weniger Einnahmen haben. Zunächst hieß es, dass sich an den Nutzungsrechten fünfzehn Jahre lang nichts ändern würde. Das erschien manchen zu kurz, weshalb sie sich vor Investitionen scheuten. Um dem entgegenzuwirken, änderte die Regierung per Gesetz die Dauer auf dreißig Jahre. Aber auch das gilt nicht mehr, denn inzwischen sind die Nutzungsrechte vererbbar geworden. Das bedeutet, dass Bauern, die das Nutzungsrecht an einem Stück Land verkauft haben, es nie mehr zurückerhalten, während andere das Land gewinnbringend verpachten können oder auf ihren zugekauften Flächen Obst und Gemüse pflanzen und wahnsinnig viel Geld verdienen. Das sorgt für viel Unmut. Die neuen Bodengesetze enthalten also noch viele Probleme. Wie man die lösen soll, weiß ich nicht, aber ich bin davon überzeugt, dass unserer Regierung etwas einfallen wird.«

Ein Bauernsohn zieht Bilanz

Meister S. ist ein großer, schlanker Mann von Anfang fünfzig. Er ist verheiratet und hat eine Tochter, die in Shanghai gerade ihr Studium abgeschlossen hat.

Keine zwei Stunden braucht er mit seinem Auto, um von Shanghai in sein Dorf nahe Nantong in der angrenzenden Provinz Jiangsu zu gelangen. Noch vor ein paar Jahren musste er mit fünf bis sechs Stunden rechnen, manchmal sogar mit acht, wenn sich der Verkehr nahe der Fährverbindung über den Yangzi staute. Seit Errichtung einer neuen, hochmodernen Brücke ist die Fahrt ein Katzensprung.

Die Männer von Nantong sind als hervorragende Bauhandwerker

im ganzen Land bekannt. Meister S. ist einer von ihnen. Er hat sich auf den Innenausbau moderner Apartments und Büros spezialisiert und betreibt eine eigene Firma mit zwei, drei Dutzend Mitarbeitern. Seine Selbständigkeit verdankt er der Reformpolitik. Als Deng Xiaoping wirtschaftliche Freizügigkeit gewährte, verließ der Bauernsohn sein Dorf und zog mit anderen Männern aus Nantong in die nordöstlichste Provinz des Landes, nach Heilongjiang, um neue Gebäude für die Daqing-Ölfeldanlagen zu bauen. Im hohen Norden schätzte man die Männer aus dem Süden und bezahlte und behandelte sie gut. S. blieb mehrere Jahre, konnte mit seinem Lohn Eltern und Geschwister unterstützen und sogar noch etwas auf die hohe Kante legen. Als er 1986 heiratete, hätte er seiner Frau zur Hochzeit gern ein neues Fahrrad geschenkt. Für so viel Luxus reichte das Geld jedoch nicht. 1989 ging er nach Shanghai und machte sich in der Baubranche selbständig. Von seinem ersten verdienten Geld kaufte er sich ein altes Moped. Wenige Jahre später ersetzte er es durch ein Motorrad. Inzwischen hat er zum dritten Mal sein Auto gewechselt. Eine Wohnung hat er sich ebenfalls gekauft, allerdings nicht in Shanghai, dort sind die Preise zu hoch. Er hat sich ein Apartment in der Kreisstadt gekauft, nahe dem Dorf, aus dem er stammt und in dem seine Eltern noch immer leben. Sie sind Bauern geblieben und pflanzen – wie sie es ihr ganzes Leben lang getan haben – Raps und Pferdebohnen an. Die Pferdebohnen aus jener Gegend sind besonders schmackhaft und daher begehrt. Sie werden deshalb auf jeder freien Fläche angebaut. Obwohl schon Mitte siebzig und von der harten Arbeit gezeichnet, denken die Eltern des Meister S. nicht ans Aufhören. Wie in anderen ländlichen Regionen ist die traditionelle Feldarbeit auch hier Sache der Alten. Die jungen Leute sind zumeist in die Städte abgewandert, weil sich die Arbeit auf dem Land für sie nicht lohnt. »Die Männer, die ich beschäftige, stammen alle aus unserem Bezirk«, erzählt Meister S. »Ich zahle ihnen hundertfünfzig Yuan pro Tag. Rechnet man zwanzig Yuan für die tägliche Verpflegung ab, bleiben ihnen fast hundertdreißig Yuan, die sie sparen können, denn die Unterkunft zahle ich ebenfalls. Auf diese Weise kommen sie bei einem Neun-Stunden-Tag auf bis zu dreieinhalbtausend Yuan im Monat. Blieben sie im Dorf und pflanzten wie ihre Eltern Baumwolle, Raps oder Pferdebohnen an, wäre diese Summe ihr Jahresgehalt. Deshalb ziehen die meisten jungen Männer die Arbeit in der Stadt vor.«

Die Alten bleiben. Sie verdienen zwar nicht viel, aber sie haben auch nur geringe Kosten. Gemüse und Getreide produzieren sie selbst, ebenso Rapsöl. Nebenbei halten sie Federvieh, manche betreiben auch ein wenig Schweine- oder Fischzucht. Sie sind nahezu autark und brauchen nur wenig zu kaufen. Wenn ihnen die Kinder aus den Städten dann noch ab und zu etwas Geld schicken, können sie gut leben.

Die Eltern des Meister S. wohnen mit einer verwitweten Tochter in einem geräumigen, einfach ausgestatteten Haus, inmitten von Getreide- und Gemüsefeldern. Zum nächsten Nachbarn sind es ein paar Hundert Meter. In Sichtweite steht das Haus von Meister S., das er sich vor ein paar Jahren gebaut hat, eine Art Reihenhaus, Wand an Wand mit einem Bruder und einem Cousin. Zurück ins Dorf wollen auch Bruder und Cousin nicht. Aber das Gefühl, auf dem eigenen Stück Land ein Haus zu besitzen, ist allen sehr wichtig, und zum Neujahrsfest kehren sie sowieso alle für drei, vier Wochen heim.

»Seit einiger Zeit brauchen die Bauern keine Steuern mehr zu zahlen. Als die Verordnung erlassen wurde, waren alle sehr zufrieden, weil wir glaubten, dann endlich mehr Geld in der Tasche zu haben. Doch inzwischen haben wir erkannt, dass es sich bei diesem Steuererlass nur um leere Worte handelte. Denn in der Tat lasten heute auf den Bauern größere Ausgaben als früher, weil die Kosten für Saatgut, Dünger, Pestizide usw. ständig steigen. In unserer Provinz gibt es noch immer Bauern, die in Armut leben und sich nicht satt essen können. Sie leben meist in Küstennähe. Dort ist der Boden schlecht, denn er ist salzig und gibt zu wenig her, als dass man davon leben könnte. Darum kann man auch nicht sagen, dass alle Bauern in China ihr Auskommen hätten. Außerdem werden sie auch oft betrogen. Wenn die Kreisregierung beispielsweise beschließt, Landstraßen zu asphaltieren, muss jede Familie etwas dazu beisteuern. Was da an Geld zusammenkommt, übersteigt meist die Kosten für den Straßenbau. Es heißt, die Regierung baue die Straßen für die Bauern, aber in Wirklichkeit verdienen die Beamten daran. Die Korruption vonseiten betrügerischer Beamter ist oft unerträglich. Sie nutzen ihr Wissen schamlos aus, zum Beispiel beim Autobahnbau. Wenn der Streckenverlauf festgelegt wird, erfahren es die Beamten zuerst. Wer das Nutzungsrecht an dem Boden besitzt, der vom Autobahnbau betroffen ist, kann an entsprechender Stelle noch schnell ein Haus bauen, sagen wir für 200 000 Yuan, und sich wenig später mit 700 000 Yuan abfinden lassen. Das ist ein gutes Geschäft, sowohl für den Bauern als auch für den Beamten, der sich die rechtzeitige Weitergabe von internen Informationen entsprechend honorieren lässt. Früher, unter Mao, gab es keine Korruption. In dieser Hinsicht fand ich die Mao-Zeit besser.

Auch die medizinische Versorgung war besser. Damals gab es Barfußärzte, die für die medizinische Grundversorgung der Landbevölkerung sorgten. Heute steht, wenn überhaupt, nur in den größeren Dörfern ein Arzt zur Verfügung, und wenn du krank bist, musst du alle zwei Tage zu ihm gehen, um dir abgezählt Medikamente geben zu lassen. Er gibt dir die Medizin absichtlich nur in kleinen Mengen, weil du für jeden Besuch Gebühr zahlen musst und er daran verdient. Wir Bauern müssen alles selbst bezahlen, während sich die Städter große Packungen bester Medizin verschreiben lassen, weil ihre Versicherung oder ihre Arbeitseinheit dafür bezahlt. Aber wie Untersuchungen ergeben haben, schlucken die meisten ihre Medizin gar nicht. Was auf diese Weise verschwendet wird, ist mehr, als was wir Bauern insgesamt in Anspruch nehmen.

Es gibt heutzutage auch kein gutes Verwaltungssystem auf dem Land. Der Staat lässt uns Bauern allein. Er schützt uns nicht. Auch nicht vor dubiosen Investoren, die, wie in unserer Gegend geschehen, die Bauern dazu überredeten, keine Baumwolle mehr, sondern stattdessen Zwiebeln anzubauen. Entsprechende Verträge wurden geschlossen, doch als die Zwiebeln geerntet waren, hatten die Investoren ihre

Pläne kurzfristig geändert und nahmen uns die Zwiebeln nicht ab. Sie verschwanden einfach. Die Bauern waren natürlich wütend und beklagten, dass es keine staatlichen oder genossenschaftlichen Einrichtungen gibt, die solche Dinge für die Bauern regeln. Man kann heute niemandem mehr trauen. Überall wird man betrogen. So heißt es ja auch, dass unsere Schulen kein Schulgeld mehr verlangen dürfen. Also kassieren sie jetzt von uns sogenannte Gebühren für Zusatzleistungen, die die Summe des früheren Schulgeldes noch übersteigen. Bei uns im Kreis wurde in der ersten Klasse der Grundschule plötzlich Englischunterricht angeboten, für fünfzig Yuan pro Monat. Zahlst du nicht, brauchst du dein Kind dort auch nicht hinzuschicken. Bei fünfzig Schülern in der Klasse kommt einiges zusammen. Ich habe gehört, dass auch schon in einigen Kindergärten Englisch angeboten wird, selbstverständlich gegen Bezahlung.

In unserer Kreisstadt gibt es eine Mittelschule, deren Direktor vor einigen Jahren entlassen wurde, weil er 400 000 Yuan unterschlagen hat. Rausgekommen ist dies durch den Selbstmord einer Schülerin. Sie wurde nicht zur Abschlussprüfung zugelassen, weil sie zwar nicht schlecht, aber eben auch nicht gut genug war. Der Lehrer fürchtete um den guten Schnitt seiner Klasse und damit um seine Prämie, wenn die Schülerin an der Abschlussprüfung teilnahm. Deshalb schickte er sie nach Hause mit dem Hinweis, sie brauche sich keine Sorgen zu machen, weil er ihr ein entsprechendes Abschlusszeugnis besorgen würde. Zeugnisse sind leicht zu bekommen. Das weiß jeder. Ob echt oder gefälscht kann kaum jemand unterscheiden. Das Mädchen war zwar nicht besonders gut in der Schule, aber dass sie von der Prüfung ausgeschlossen wurde, war ihr dann wohl doch unerträglich. Sie hinterließ einen Brief, in dem sie alles erklärte. Nur durch diesen Brief flog die Sache auf. Die Lehrer bekommen Prämien, wenn der Schnitt hoch liegt, also werden die weniger guten Schüler von der Prüfung ausgeschlossen. Das war vielen gar nicht bekannt. Deshalb wirbelte die Sache bei uns gewaltig viel Staub auf. Es handelte sich nicht um einen Einzelfall, überall in China passieren solche Dinge. Auf jeden Fall wurden die näheren Umstände in jener Schule nach

dem Selbstmord untersucht, so auch das Prämiensystem, und schließlich stieß man auf Unregelmäßigkeiten beim letzten Umbau der
Schule. Der Direktor hatte das Geld von einem Bauunternehmer bekommen, nachdem er ihn mit dem Umbau seiner Schule beauftragt
hatte. Aber auch das ist nichts Ungewöhnliches bei uns, das kenne ich
aus eigener Erfahrung. Wenn mir jemand einen größeren Auftrag für
die Innenausstattung eines Büros vermittelt, erwartet der Betref-
fende, dass ich mich erkenntlich zeige und für ihn privat etwas in seiner Wohnung oder in seinem Haus leiste. Das ist üblich, und da muss
man eben mitmachen, wenn man an Aufträge kommen will.«

Vom Bauern zum Kreditgeber

In den 1980er Jahren war Herr L. noch Bauer. Da sein Land aber
nahe der schönen Stadt Hangzhou lag und sein Dorf einem Immobi-
lienprojekt weichen sollte, verkaufte er sein Nutzungsrecht vorteilhaft und investierte es gewinnbringend. Die höchste Rendite erzielte
er mit privater Kreditvergabe. Wer schnell und unbürokratisch viel
Geld braucht, ist bereit, hohe Zinsen zu zahlen. Man kannte sich und
machte Geschäfte nur auf Empfehlung und über Vertrauensleute. Es
lief blendend. Doch dann verlieh Herr L. an den Falschen, und da er
zu spät merkte, dass es der Falsche war, lieh er ihm gleich zweimal
eine hohe Summe. Man kannte sich ja. Deshalb wusste Herr L. auch,
dass sein Schuldner mit den schönsten Autos durch den Ort fuhr und
in teuren Wohnungen lebte. Offiziell ist sein Schuldner inzwischen
pleite. Er kann das Geld nicht zurückzahlen. Am liebsten hätte
Herr L. ihn persönlich zur Rede gestellt. Doch sein Schuldner ist mit
mafiösen Kreisen verbandelt. Mit solchen Leuten legt man sich lieber
nicht an. Herr L. prüfte daraufhin eine Klage, doch die Rechtsan-
wälte winkten ab: Private Kreditvergaben zu Wucherzinsen sind illegal. Man riet ihm, einen einflussreichen Parteifunktionär aus der Pro-
vinzverwaltung oder den Verwandten eines hohen Politikers aus
Beijing für sich zu gewinnen. Ein Wort von solchen Personen an die

entsprechenden Vertreter der Sicherheitsbehörden, wie etwa: »Mir ist da zu Ohren gekommen ... Aber so könnt ihr doch nicht mit meinen Leuten umgehen ... Kümmern Sie sich doch mal um den Fall«, und die Sache wäre geregelt. Im Netz der gegenseitigen Abhängigkeiten lassen sich solche Angelegenheiten schnell regeln. Doch über derlei Kontakte verfügte Herr L. nicht. So ist ihm nicht viel geblieben außer seinem Status, denn als Bauer gilt er noch immer, wenn auch inzwischen als landloser.

Welches System braucht das Land?

Keine andere Frage bewegt die chinesischen Intellektuellen mehr als diese. Die Debatten darüber werden nicht erst in jüngster Zeit geführt. Sie begannen bereits vor Jahrzehnten, wenn man es genau nimmt, sogar schon vor über einem Jahrhundert. Eine Antwort ist bis heute nicht gefunden. Die Kontroversen über diese Frage ließen Rufe nach Umsturz und Reformen, nach Bruch und Kontinuität, nach Rückbesinnung und Modernisierung laut werden. Wie lässt sich ein Reich dieser Größe zur Zufriedenheit aller regieren? Auf keinen Fall mit dem früheren autokratischen Kaisertum und der konfuzianischen Herrschaftsideologie, die das alte Reich der Mitte nicht in die Moderne hatten führen können. Die Ankunft der westlichen Mächte an Chinas Küsten hatten die Rückständigkeit und Schwäche des Landes offen zutage treten lassen und eine Zeit des politischen und geistigen Umbruchs eingeläutet. Denn mit den Fremden und der Kunde von neuer Technik und moderner Wissenschaft drangen auch neue Denkansätze und die Ideen von Liberalismus, Marxismus und Demokratie ins Land. Die neuen Lehren wurden begierig aufgenommen, galt es doch, China von den Fesseln der Rückständigkeit und des Traditionalismus zu befreien und es zu stärken, damit es sich gegen die Begehrlichkeiten der ausländischen Mächte zur Wehr setzen konnte.

Von Reformern und Revolutionären

Als einer der berühmtesten Reformer des ausgehenden 19. und beginnenden 20. Jahrhunderts ist zunächst Kang Youwei (1858–1927) zu nennen. Zum klassischen konfuzianischen Gelehrten ausgebildet, hatte er sich durch intensive Lektüre mit dem Westen und mit westlicher Gelehrsamkeit auseinandergesetzt. In der britischen Kronkolonie Hongkong und in den ausländischen Konzessionen von Shanghai lernte er westliche Regierungsmethoden und Lebensart kennen. Er war der Erste, der öffentlich zur Abschaffung des grausamen Brauchs des Füßebindens aufrief. Sein Lebenswerk ist das *Buch von der Großen Gemeinschaft*, das er 1902 nach fast zwanzigjähriger Arbeit vollendete. Darin schuf er die Utopie von einer Welt, in der es keine Nationalstaaten, Grenzen und Klassen gibt und in der Mann und Frau und alle Rassen gleichgestellt sind. Mit Ideen wie einem Weltparlament war er seiner Zeit so weit voraus, dass er 1913 nur ein Drittel des Buches zu veröffentlichen wagte. Das Gesamtwerk erschien erst 1935.

Kang hatte sich dank erfolgreicher Teilnahme im staatlichen Prüfungssystem für höchste Staatsämter qualifizieren können. Er war ein treuer Monarchist. Revolution und die Abschaffung des Kaisertums lehnte er zeitlebens ab. Für ihn kamen Reformen nur innerhalb des bestehenden traditionellen Systems in Frage. Allerdings schwebte ihm eine Umwandlung des Kaisertums in eine konstitutionelle Monarchie vor. Mit seinen Reformideen beeinflusste er nachhaltig die junge Intelligenz, die Chinas Unterlegenheit gegenüber den aggressiv auftretenden ausländischen Mächten als nationale Schmach empfanden. Die von ihm gegründete Gesellschaft zum »Studium der Selbststärkung« sollte einen entscheidenden Anstoß zu den Revolutionen von 1911 und 1949 geben.

1898 gelang es ihm, den aufgeschlossenen jungen Kaiser Guangxu von seinen Reformideen zu überzeugen, der daraufhin Kangs Rat folgend mehrere Maßnahmen zur Umstrukturierung des Staats- und Verwaltungsapparats verfügte. Schon nach einhundert Tagen setzten die konservativen Kräfte am Kaiserhof, an deren Spitze Ci Xi, die mächtige Witwe des letzten Kaisers, stand, den Reformen ein Ende. Sie witterten darin die Gefährdung ihrer absoluten Macht. Mit einem Staatsstreich entmachteten sie den jungen Kaiser und stellten ihn für den Rest seines Lebens unter Hausarrest. Damit verspielten sie ihre letzte Chance, den drohenden Untergang der Qing-Dynastie abzuwenden. Sechs führende Reformer wurden zum Tode verurteilt. Kang Youwei konnte knapp ins Ausland entkommen. Er kehrte erst nach dem Sturz des Kaiserhauses nach China zurück.

Zu Kang Youweis Anhängern gehörte sein Schüler Liang Qichao, der sich nach einer klassischen Ausbildung ebenfalls westlichen Ideologien zuwandte und seinen Lehrer in dessen Reformbestrebungen unterstützte. Beide Namen, Kang Youwei und Liang Qichao, stehen bis heute für die gescheiterte, jedoch bedeutende Hundert-Tage-Reform. Liang Qichao gilt darüber hinaus als der Pionier des chinesischen Journalismus und als dessen einflussreichster damaliger Vertreter. Er erkannte die Macht und Möglichkeiten der Presseorgane, mit denen sich politische Ideen verbreiten ließen.

Anders als die monarchietreuen Reformer Kang Youwei und Liang Qichao kämpfte Sun Yatsen (1866–1925) für den Sturz des Kaiserhauses und eine republikanische Staatsform. Bereits als Jugendlicher war er während eines dreijährigen Schulaufenthalts auf Hawaii mit westlichem Gedankengut in Berührung gekommen, und später studierte er westliche Medizin in Hongkong. Angezogen von den neuen fortschrittlichen Ideen stellte er sein Leben und sein Wirken ganz in den Dienst einer Erneuerung Chinas. Von ihm stammt das Konzept von den »Drei Volkslehren«, *san min zhu yi*, den Lehren vom Volkstum, Volkswohl und den Volksrechten. Die Lehre vom Volkstum sah den Sturz der mandschurischen Fremdherrscher vor, deren Vorfahren China 1644 erobert hatten. Ebenso stand sie für die Einheit Chinas und die Rückgewinnung der vollen nationalen Souveränität gegenüber den ausländischen Mächten. Die Lehre vom Volkswohl forderte den Abbau von sozialer Ungleichheit und eine gerechte Verteilung des Agrarlandes. Die Lehre von den Volksrechten beinhaltete die stufenweise Einführung eines demokratischen Systems. Jedoch strebte Sun zur Abwehr der ausländischen Bedrohung zunächst einen starken Nationalstaat an, der von einer Gruppe kompetenter Kräfte geführt werden sollte.

Als führender Repräsentant der Revolutionsbewegung wurde Sun Yatsen von der kaiserlichen Regierung verfolgt, weshalb er sich meist im Ausland aufhielt, häufig in Japan, das damals eine Art Zufluchtsstätte für chinesische Oppositionelle war. Im Oktober 1911 kam es in Wuchang zu einer Militärrevolte, die im Land rasch Unterstützung fand und damit nicht nur das Ende der Qing-Dynastie einläutete, sondern auch das Ende des mehr als zweitausend Jahre währenden konfuzianisch geprägten Kaisertums. Es war für die Aufständischen naheliegend, den im In- und Ausland angesehenen Sun Yatsen zum ersten Präsidenten der provisorischen Regierung zu ernennen. Am 1. Januar 1912 rief Sun in Nanjing die Republik China aus. Schon einen Monat später verzichtete er zugunsten des mächtigen Militärführers Yuan Shikai auf das Amt, in der Hoffnung, dass dieser mit seiner modern ausgebildeten Armee die junge Republik gegen kaisertreue Kräfte und konkurrierende Militärs verteidigen könne. Ein Irrtum, denn Yuan entschloss sich daraufhin, eine eigene Dynastie zu gründen und sich mit japanischer Hilfe zum Kaiser zu krönen. Der Plan scheiterte 1915 noch vor seiner Inthronisation an dem Protest, der sich im In- und Ausland erhob. Ein Jahr später starb er.

Im Jahre 1912 wurde die Nationale Volkspartei, *Guomindang*, gegründet. Sun Yatsen übernahm den Vorsitz und machte das von ihm verfasste Konzept von den »Drei Volkslehren« zur Grundlage des Parteiprogramms.

Sun Yatsen starb bereits 1925. Unter seinen Nachfolgern konnte das Konzept der »Drei Volkslehren« nicht umgesetzt werden.

Trotz seines Scheiterns gilt Sun Yatsen den Chinesen bis heute als Vater eines republikanischen China.

Mit dem Ende der Kaiserherrschaft begannen die Jahre der jungen Avantgarde, die mit ihren Ideen zum geistigen Aufbruch und zu einer kulturellen Revolution beitragen sollte. Die Beijing-Universität wurde in den Jahren 1916 bis 1926 unter der Präsidentschaft von Cai Yuanpei zum Zentrum ihres Wirkens.

Cai Yuanpei hatte in Berlin und Leipzig Kunstgeschichte, Philosophie und Psychologie studiert. Nach Gründung der Republik im Jahre 1912 bot ihm Sun Yatsen das Amt eines Erziehungsministers an. Cai folgte dem Ruf, kehrte aber sofort nach Deutschland zurück, nachdem Sun gescheitert war. Erst in späteren Jahren konnte er sich dem Aufbau eines modernen Erziehungswesens widmen, als dessen

Schöpfer er noch heute hoch verehrt wird. Das von ihm geschaffene System brach mit den klassischen konfuzianischen Traditionen und orientierte sich mit Grund-, Mittel- und Hochschulen an westlichen Vorbildern.

Während seiner Präsidentschaft an der Beijing-Universität verpflichtete Cai junge liberale Intellektuelle als Professoren und Dozenten, denen allen gemeinsam war, dass sie wie er eine klassische Ausbildung genossen hatten und während eines anschließenden Studiums in Amerika, Europa oder Japan mit neuen Ideen in Berührung gekommen waren. Unter ihnen war Chen Duxiu, der in Japan und Frankreich studiert hatte. Nach seiner Rückkehr gründete er die Zeitschrift *Neue Jugend*, mit der er neue westliche Ideen propagierte und die chinesische Jugend zum Kampf gegen die alte Gesellschaftsordnung aufrief. Er verdammte den Konfuzianismus als Ursache für Rückständigkeit und Unterdrückung und plädierte für Demokratie und moderne Wissenschaften. Die Nachrichten über den Erfolg der Oktoberrevolution in Russland, das ähnlich rückständig war wie China, weckten sein Interesse am Marxismus. Ebenfalls vom Geschehen in Russland beeindruckt war sein Kollege Li Dazhao, der schon während seines Studiums in Japan mit marxistischem Gedankengut in Berührung gekommen war. Li zählt zu den Wegbereitern des Marxismus in China. Er arbeitete zunächst als Bibliothekar und später als Professor an der Beijing-Universität. Zu seinen Hilfsbibliothekaren gehörte ein junger Bauernsohn aus der Provinz Hunan: Mao Zedong.

Einen anderen Weg ging Hu Shi, der in den USA Philosophie studiert hatte. Mit dem Aufruf »Nieder mit dem Laden des Konfuzius!« wandte auch er sich gegen konfuzianische Werte und trat für eine Orientierung an westlichen Vorbildern ein. Doch anders als Chen Duxiu und Li Dazhao lehnte er politischen Radikalismus ab. Nicht Revolution, sondern Evolution sollte der Weg zur Erneuerung Chinas sein, einhergehend mit der Einführung moderner Wissenschaft und Technik und dem Aufbau eines demokratischen Regierungssystems, das sich wegen der außerordentlichen Größe Chinas des Föderalismus bedienen sollte. Mit seiner Forderung, in der Literatur nicht länger die klassische Schriftsprache, also die Sprache der Gelehrten, zu benutzen, sondern die allgemein verständliche Umgangssprache, gab er einen entscheidenden Anstoß zur literarischen Erneuerung. Hu Shi war einer der Ersten, die die Wahrung der Menschenrechte forderten, die er bedroht sah, nachdem die Nationale Volkspartei 1928 die Regierung stellte und zum Zentralismus zurückkehrte.

Ein weiterer revolutionärer Intellektueller an der Beijing-Universität war Lu Xun (1881–1936), der heute als einer der bedeutendsten Schriftsteller des modernen China gilt. Als Medizinstudent in Japan wurde ihm klar, dass er seine Landsleute nur heilen konnte, wenn er sie mit Hilfe des gedruckten Wortes zu einem neuen Denken anleitete. Deshalb verfasste er seine Werke als einer der ersten Schriftsteller in moderner Umgangssprache. Darin prangerte er mit drastischer Klarheit die gesellschaftlichen Missstände seiner Zeit an. Da er sich an keine Partei gebunden fühlte, schonte er weder Konservative noch Progressive mit seiner Kritik. Seine scharfe Zunge war bei allen gefürchtet. Den Konfuzianern warf er den Verstoß gegen ihre eigenen edlen Werte vor, und den Demokraten Scheinheiligkeit. Auf die junge Intelligenz übte er einen starken Einfluss aus. Seine Erzählungen haben bis heute wenig an Aktualität eingebüßt.

Von den Herren, die sich damals um den Universitätspräsidenten Cai Yuanpei versammelt hatten, sagte Mao Zedong später, sie hätten ihn, den Hilfsbibliothekar, kaum wahrgenommen. Wie konnten sie auch ahnen, dass der junge Bauernsohn aus Hunan einmal die Erneuerung Chinas entscheidend mitprägen würde?

Vom Bauernsohn zum roten »Kaiser«

Die Ereignisse um den 4. Mai von 1919 gaben den entscheidenden Anstoß: Die junge Intelligenz, die sich angesichts der Rückständigkeit Chinas an westlichen liberalen Ideen orientiert hatte, war in ihrem Glauben tief erschüttert. Ihre westlichen Vorbilder, zumal die Amerikaner, die so gern vom Selbstbestimmungsrecht der Völker sprachen, wollten dieses den Chinesen nicht zugestehen. Mit dem Vertrag von Versailles sollten die ehemals deutschen Gebiete in China den Japanern zugesprochen werden. Damit platzten alle Hoffnungen auf ein unabhängiges und souveränes China. Empörte Studenten der Beijing-Universität organisierten daraufhin leidenschaftliche Demonstrationen, die sich landesweit zu einer riesigen, mehrere Monate andauernden patriotischen Protestbewegung ausweiteten und zu Streiks in den Fabriken und einem Boykott japanischer Waren führte. Manche bezeichnen die Vorgänge als das Erwachen der chinesischen Nation. Ein starkes Nationalbewusstsein ergriff alle Bevölkerungsschichten und zwang die chinesische Regierung, die Unterzeichnung des Vertrages von Versailles zu verweigern. Die Proteste gingen als »Vierte-Mai-Bewegung« in die chinesische Geschichte ein. Sie markieren den Beginn des modernen China, denn mit ihren Protesten lösten die Studenten eine mächtige revolutionäre Bewegung aus, die den Kampf gegen die alte Gesellschaftsordnung einleitete. Durch Zerschlagung der feudalen Strukturen und eine umfassende Modernisierung sollte die Gesellschaft von den Fesseln der Traditionen befreit werden, die als Ursache der nationalen Schwäche galten. Seit den Ereignissen von 1919 verstehen sich die Studenten von Beijing als politische Avantgarde.

Auf der Suche nach neuen Vorbildern, die ihr Land aus der Misere der Rückständigkeit führen könnten, wurde der Blick der jungen Intelligenz einmal mehr nach Moskau und auf den Marxismus gelenkt.

Mao Zedong, Sohn eines wohlhabenden Bauern, hatte ein Studium am Lehrerseminar von Changsha abgeschlossen, bevor er 1918 an die Beijing-Universität kam. Zwar kehrte er schon 1919 nach Changsha zurück, um als Lehrer an einer Grundschule zu unterrichten, doch hatte ihn die Begegnung mit den Professoren und Marxisten Li Dazhao und Chen Duxiu nachhaltig geprägt. 1921 gehörte er mit diesen beiden Männern zu den Gründern der Kommunistischen Partei Chinas. Die Gründungsversammlung von Shanghai ernannte ihn zum Parteisekretär seiner Heimatprovinz Hunan und legte damit den Grundstein für seine spektakuläre politische Karriere.

Seit dem Sturz des Kaiserhauses 1911 beherrschten lokale Militärmachthaber jahrelang weite Teile des Landes. Um die nationale Einheit endlich wiederherzustellen, beschlossen die Kommunisten, gemeinsam mit den von Sun Yatsen geführten Nationalisten gegen die Militärs vorzugehen. Doch dieses Bündnis sollte schon bald zerbrechen. Nach dem Tod Sun Yatsens im Jahre 1925 stieg Chiang Kaishek zur bestimmenden Kraft in der Nationalen Volkspartei auf und nach dem Ende der Vorherrschaft der lokalen Militärmachthaber zum führenden Politiker des Landes. Mit diesem Aufstieg des ehemaligen Berufssoldaten endete die demokratische Revolution. Unter Chiang Kaishek entwickelte sich das Land zu einer Militärdiktatur, die nach einem aufreibenden Bürgerkrieg gegen die Anhänger der Kommunistischen Partei 1949 ihr Ende finden sollte.

1927 fügte Chiang Kaishek den Kommunisten eine erste verheerende Niederlage zu. Diese hatten in Shanghai einen Streik organisiert, der auf Chiangs Befehl blutig niedergeschlagen wurde. Tausende von Arbeitern und Kommunisten kamen dabei ums Leben. Die Kommunisten mussten sich daraufhin in die ländlichen Regionen zurückziehen. Für Mao Zedong begann damit der Aufstieg innerhalb der Partei. Denn anders als die Kräfte, die nach russischem Vorbild die Arbeiterschaft als Triebfeder radikaler Umwälzungen ansahen, meinte Mao, dass eine Revolution in China nur von den Bauern ausgehen könne. Die Arbeiterschaft machte damals nicht einmal ein Prozent der Gesamtbevölkerung aus, während es die Bauern auf mehr als achtzig Prozent brachten. Mao erkannte, dass die Revolution, anders als in Russland, von den Dörfern in die Städte getragen werden müsse. Dank dieser Erkenntnis setzte er sich erfolgreich gegen seine Gegner durch, die weiterhin an der russischen Linie festhielten und im scharfen Widerspruch zu ihm standen. Doch sie erlitten weitere Niederlagen, während Mao mit Partisanenbasen auf dem Land den Einfluss der Kommunisten nachhaltig stärken konnte. Die Sympathie der Bauern gewann er, indem er in den kommunistisch kontrollierten Gebieten eine Bodenreform durchführte und landlosen und armen Bauern Ackerland zuteilte.

Chiang Kaishek erschien der Kampf gegen die Kommunisten wichtiger als jener gegen die japanischen Invasoren, die 1931 Nordchina besetzt hatten. Damit verlor er nicht nur viele Sympathien in der Bevölkerung, sondern auch innerhalb seiner eigenen Nationalen Volkspartei. In mehreren Umzingelungsfeldzügen versuchte er die Kommunisten zu vernichten. Mit seinem fünften und letzten Feldzug zwang er sie 1934, ihre Stützpunkte in Zentral- und Südchina aufzugeben. Etwa 100 000 kommunistische Kämpfer durchbrachen daraufhin die feindlichen Linien und gelangten trotz Angriffen und Verfolgung nach einem einjährigen Fußmarsch von fast 12 000 Kilometern in den Norden des Landes, wo sie in der Lösshochebene von Nord-Shaanxi, in Yan'an, eine neue Basis aufbauten. Weniger als ein Zehntel der ursprünglichen Truppe traf dort ein. Wer diesen legendären Langen Marsch überlebt hatte, besaß eine ganz besondere Autorität. Mao Zedong besaß sie und in späteren Jahren auch Deng Xiaoping.

Mao war in seinen politischen Anfangsjahren noch weit entfernt von seinem späteren autokratischen Herrschaftsstil. Als abzusehen war, dass die Japaner ihre Eroberungsfeldzüge Richtung Süden fortsetzen würden, rief er die Nationalisten zum gemeinsamen Widerstand auf. Nur wenn sich alle Kräfte und Klassen vereinten, könne man den Feind besiegen. Während der Landeskonferenz der Kommunistischen Partei Chinas im Mai 1937 in Yan'an hielt er ein Referat, das sich mit dem Widerstandskampf gegen die japanischen Invasoren auseinandersetzte. Unter dem Absatz »Der Kampf um Demokratie und Freiheit«, nachzulesen im ersten Band seiner *Ausgewählten Werke*, stellte er Forderungen, die auch von heutigen Oppositionellen stammen könnten, weil sie noch immer aktuell sind: »China muss unverzüglich demokratische Umgestaltungen in folgenden zwei Richtungen in Angriff nehmen: Erstens, auf dem Gebiet des politischen Systems ist das Regierungssystem der reaktionären Diktatur einer Partei und einer Klasse [...] durch ein demokratisches Regierungssystem zu ersetzen, das auf der Zusammenarbeit aller Parteien und aller Klassen beruht. [...] Zweitens handelt es sich um die Freiheit der Rede, der Versammlung und der Vereinigung für das Volk. Ohne diese Freiheiten wird man die demokratische Umgestaltung des politischen Systems nicht vollziehen können [...].«

Als Mao schließlich an der Macht war, schienen derlei Forderungen vergessen. Schon die Präambel der Verfassung von 1954 hob den Führungsanspruch der Kommunistischen Partei hervor. In dem neuen Staat hatte nur sie das Sagen. Sie bestimmte, was die Regierung zu tun hatte. Und was die Kommunistische Partei bestimmte, entschied der mächtige Vorsitzende Mao Zedong. Er stand an oberster Spitze, über der Partei. Niemand konnte ihn kontrollieren, niemand in die Schranken weisen. Er duldete keine anderen Meinungen, und wer sich seinem Willen nicht beugte, wurde irgendwann vernichtet. Damit entsprach er der alten chinesischen Redensart: »Auf demselben Berg können keine zwei Tiger herrschen.« Er war der unumschränkte Herrscher, der neue Kaiser. Ein roter Kaiser. Sein Wort war Gesetz. Der Mythos um den Sieg über die in- und ausländischen Feinde und die Staatsgründung sowie die mit seiner Person verknüpften Hoffnungen auf eine glückliche sozialistische Gesellschaft gipfelten schon bald in einem einmaligen Personenkult. Und so wenig zimperlich wie die ehemaligen Feinde mit den Kommunisten vor 1949 umgegangen waren, zeigte sich auch Mao nach errungenem Sieg im Umgang mit seinen erklärten und vermuteten Gegnern innerhalb und außerhalb der Partei.

Der Machtanspruch der Kommunistischen Partei ist auch heute in der chinesischen Verfassung fest verankert. Heute heißt es in deren erstem Artikel, der die Volksrepublik China als sozialistischen Staat unter der demokratischen Diktatur des Volkes definiert: »Das sozialistische System ist das grundlegende System der Volksrepublik China. Die Sabotage des sozialistischen Systems ist jeder Organisation oder jedem Individuum verboten.« Unter der Führung der Kommunistischen Partei und angeleitet durch den Marxismus-Leninismus, durch die Mao-Zedong-Ideen und die Theorien Deng Xiaopings wird an der Demokratischen Diktatur des Volkes festgehalten.

Die Kommunistische Partei besitzt die unumschränkte Herrschaft. Es gibt weder Gewaltenteilung noch Kontrolle. Abweichende Meinungen sind unerwünscht. Der Führungsanspruch der Partei darf nicht in Frage gestellt werden. Nur die Partei selbst darf darüber nachdenken und entscheiden, ob und wie viel Macht sie abzugeben bereit ist.

Experimente in Sachen Demokratie

Dass es politische Veränderungen geben muss, ist vielen heutigen Parteiführern klar. Deshalb wurde ähnlich wie in der Wirtschaft auch auf politischem Gebiet experimentiert. In ländlichen und städtischen Regionen wurden auf unterster lokaler Ebene Direktwahlen eingeführt. Diese sollen die politische Legitimität der Partei und das Vertrauen in Funktionäre und staatliche Gremien stärken. Experimente in der Wirtschaft haben zu einer Entkollektivierung und einer Umwandlung von der Plan- in die Marktwirtschaft geführt. Möglicherweise führen sie in der Politik zu einer gewissen Demokratisierung des politischen Systems.

In Beijing interviewten wir einen Mitarbeiter des Landwirtschaftsministeriums. Ganz nebenbei, als handele es sich um eine Selbstverständlichkeit, erwähnte er die demokratischen Wahlen auf Dorfebene, die inzwischen in ganz China durchgesetzt wurden. Schriftliche Informationen dazu hatte er auch gleich mitgebracht. Wir steckten sie ein und studierten sie später. Darüber wollten wir mehr wissen. Wir fragten nach. »Ja«, erinnerte sich ein alter Bauer in einem Dorf in Jiangsu, »das war toll. Jeder in unserem Dorf hat ein paar Kilo Getreide von der Familie Li geschenkt bekommen, damit wir alle ihr Familienoberhaupt wählen. Das haben wir dann auch getan.«

Durch geheime Direktwahlen werden in den Dörfern die Leiter der Selbstverwaltungskomitees und in den Städten die Leiter der Nachbarschaftsviertel bestimmt. Die Aufgaben dieser Organisationen betreffen unter anderem Fragen des Gemeinwohls, der sozialen

Sicherheit und die Umsetzung staatlicher Vorgaben. Bauern und Stadtbewohner gewinnen auf diese Weise an Einfluss und können sich direkt an politischen Entscheidungsprozessen beteiligen. Ein wichtiger Nebeneffekt ist die Möglichkeit, korrupte Kader abzuwählen, weshalb die Einführung von Direktwahlen auch als wichtiges Instrument gegen lokale Korruption gesehen wird.

Die Erfahrungen mit diesen Direktwahlen fielen vor allem in den ländlichen Regionen sehr unterschiedlich aus. Insgesamt stärkten sie jedoch das Rechts- und politische Bewusstsein der Bauern, denn mit der Wahl der Dorfvorstände werden Entscheidungen getroffen, die sich unmittelbar auf die ökonomische Situation ihrer Dörfer und folglich auf ihren Lebensstandard auswirken. An manchen Orten belebten die Wahlen – wie die Aussage des oben genannten Bauern zeigt – die alten dörflichen Strukturen. Alte Clanautoritäten, mächtige Familien und Interessengruppen gewinnen wieder an Einfluss. Wenn die Hälfte der Bewohner eines Dorfes denselben Familiennamen trägt, beispielsweise Li, und es die Sippe der Lis darauf anlegt, ihren Vertreter durchzusetzen, haben andere Kandidaten, die möglicherweise Chen oder Wang heißen, keine Chance. Andererseits können durch ebendiese Wahlen alte Clanautoritäten auch geschwächt werden.

Manchmal kam es zu Konflikten zwischen gewählten Dorfvorstehern und nicht gewählten Parteisekretären, die die Wahl nicht anerkennen wollten. Es wird allerdings auch von Fällen berichtet, wo Funktionäre ihr Ansehen verbessern konnten, weil sie wegen der anstehenden Wahlen ein neues Verantwortungsgefühl entwickelten. Sie handelten nur noch im Interesse der dörflichen Gemeinschaft und missachteten zentrale Anweisungen und Richtlinien. Manche notwendigen, aber unpopulären Maßnahmen wagten viele Kader aus Angst vor Machtverlust nun nicht mehr gegen die Bauern durchzusetzen. In der Tat ist zu beobachten, dass die Zentrale in Beijing die Kontrolle über lokale Parteiorgane zunehmend verliert.

Herr P., 55, hochrangiger Militärkommandant, Shanghai: »Was heißt Demokratie? Der Begriff stammt aus dem Westen. Wir kennen ihn nicht. Ins Chinesische übersetzt, bietet der Begriff verschiedene Interpretationsmöglichkeiten, zum Beispiel ›Das Volk ist der Herr‹ oder ›Ich bin der Herr des Volkes, ich regiere es‹. Wenn die Regierung heute von Demokratie spricht, heißt das für die Leute in den ländlichen Gegenden *wei min zuo zhu,* ›die Herrschaft für das Volk ausüben‹. Die Regierung ist der Herr des Volkes. Jeder Bauer muss dem Herrscher gehorchen.

Chinesen und Westler denken unterschiedlich. Im Westen arbeiten die Menschen mit einem starken Gemeinsinn zusammen. In China sind die Menschen familienorientiert. Nicht die Gemeinschaft, sondern nur ihre eigene Familie zählt. Chinesen sind Individualisten. In ihrem Kopf gibt es nur die eigenen Leute, denen sie sich verpflichtet fühlen. Sie haben kein kollektives Gefühl.

Wahlen in den chinesischen Dörfern abzuhalten ist leichter gesagt als getan. Anfangs war kaum jemand an dem Posten eines Dorfvorstehers interessiert, weil jeder wusste, dass dies eine undankbare Aufgabe war, die mehr Ärger als Gewinn brachte. Das hat sich inzwischen geändert. Die Wirtschaft läuft, das Leben hat sich verbessert. Als Dorfvorsteher hat man viele Vorteile. Darum ist der Posten inzwischen sehr attraktiv geworden, und alle versuchen ihn zu ergattern. Dabei denken die meisten Kandidaten weniger an das Allgemeinwohl als vielmehr an sich selbst, an ihre Familie, ihre Sippe und wie man sie am besten begünstigt. Gehört man einer großen Sippe an, ist der Wahlsieg sicher, denn es gilt: Je größer die Sippe, desto leichter der Sieg. Jede Sippe versucht, ihre eigenen Leute in Führungspositionen zu bringen. Das war schon immer so. Gibt es zwei, drei konkurrierende Sippen in einem Dorf, gehen diese mit teuren Einladungen und Geldgeschenken auf Stimmenfang. Wer mehr springen lässt, wird gewählt. Ist das Demokratie? Eigentlich nicht. Aber so stellt sie sich heute in unseren ländlichen Gebieten dar.

Die Menschen sind durch das kaiserliche System tief geprägt. So etwas lässt sich nicht von heute auf morgen ändern. Aber selbst wenn sich die Menschen von so einer Prägung befreien und für ein anderes politisches Konzept öffnen könnten, würde es meiner Meinung nach nicht funktionieren, weil die alten Sitten und Traditionen ihren guten Einfluss auf uns verloren haben. Die Kulturrevolution hat unsere grundlegenden Werte und Tugenden zerstört, und was sie nicht zerstören konnte, fiel der großen Freiheit zum Opfer, die heute hauptsächlich in wirtschaftlichen Dingen herrscht. Jeder kann machen, was er will, um reich zu werden. Gier und Egoismus beherrschen das Verhalten im täglichen Miteinander. Die Wirtschaftsreformen haben zu unglaublichen Erfolgen geführt, aber auch zu einem gewissen Chaos und zu Anarchie. China steht an einem Scheideweg. Soll es in Richtung westlicher demokratischer Konzepte gehen, oder sollen wir entsprechend unserer eigenen Kultur und Tradition nach einem neuen Weg suchen? Beide Wege versprechen lang und sehr beschwerlich zu werden.«

Die Direktwahlen trafen in den Städten auf weniger Interesse als auf dem Land, wo sie das Leben der Bauern unmittelbar beeinflussen. In den Städten wurde das alte Danwei-System, die feste Bindung an eine Einheit, durch die Wirtschaftsreformen aufgelöst. Eine völlig neue soziale Mobilität ist entstanden. Man steht mit dem Arbeitgeber in einem vertraglich geregelten Verhältnis, das von beiden Seiten beendet werden kann. Die Wohnungen gehören nicht mehr den Betrieben, in denen man arbeitet, sondern sind Privateigentum. Das Leben in einer vertrauten Nachbarschaft ist vielerorts der Anonymität der Hochhäuser gewichen. Kannte man früher die Menschen eines ganzen Wohnviertels, wechselt man heute oft nur noch mit dem direkten Nachbarn ein Wort. In einem solchen Klima finden sich nicht viele Freiwillige, die sich für die Belange der Gemeinschaft engagieren wollen.

Wie also steht es mit den Experimenten in Sachen Demokratie? Ein Professor der renommierten Fudan-Universität in Shanghai wird wütend, als wir bei einem Abendessen mit fünfzehn Personen am runden Tisch das Thema der Wahlen ansprechen. Aber mehr als nach

Luft zu schnappen, schafft er zunächst nicht. Nach dem Essen, als alle aufbrechen, nimmt er uns zur Seite, um mit hochrotem Kopf eines klarzustellen: »Sie sprachen Experimente in Sachen Demokratie an. Gibt es denn innerhalb unserer Kommunistischen Partei Demokratie? Nein, natürlich nicht. Und da glauben Sie, dass man sie in ländlichen und städtischen Regionen zulässt? Das ist alles nur Augenwischerei. Bei uns bestimmt allein die Partei. Sie setzt durch, was sie für richtig hält. Da kann man machen, was man will. Gegen ihren Willen ist man machtlos. Sie entscheidet alles.«

Frau Y., 62, Unternehmerin, Shanghai: »Für demokratische Wahlen ist es noch zu früh. Ich kenne doch meine Landsleute. Die würden die Stimmen sofort kaufen. Vor allem auf dem Land.«

Ein junger Verwaltungsbeamter aus Ningbo, einer großen Hafenstadt in der Provinz Zhejiang, war ganz erstaunt und kratzte sich am Kopf, als wir ihn nach den städtischen Wahlen fragten. Davon hatte er noch nichts gehört. Sein Kollege wusste mehr. »Doch, es gibt sie«, sagte er, »aber sie sind nicht so gut gelaufen.«

Der Mensch ist ein Gewohnheitstier – Von komplizierten Begriffen wie Demokratie

Zweifellos sehen die meisten Chinesen in der Demokratie eine ideale Regierungsform. Doch sie zweifeln daran, dass sie heute in China funktionieren könnte. Voraussetzung für eine Demokratie ist die Bereitschaft aller Teilnehmer, sich an die Regeln zu halten und im Falle einer verlorenen Wahl die Niederlage zu akzeptieren und auf die Macht zu verzichten. Von einem solchen Bewusstsein sind die Chinesen noch weit entfernt. Chinesische Politiker geben Macht und Einfluss nur ungern ab. Darum, so die verbreitete Meinung, müssten demokratische Werte erst einmal verinnerlicht, ein allgemeiner Konsens gefunden und die grassierende Korruption gebannt werden, weil Letztere alle ernsthaften Bemühungen unterhöhlen würde. Erst dann könnte ein demokratisches System funktionieren.

Interessanterweise gestehen Stadtbewohner den Menschen in den ländlichen Regionen nur ein eingeschränktes Urteilsvermögen und wenig demokratische Reife zu. Ihr Bildungsgrad sei noch zu niedrig, deshalb sei es für sie zu früh für ein demokratisches System. Ebenso blicken die städtischen Intellektuellen allgemein auf die weniger gebildeten Städter herab. Auch sie besäßen keine demokratische Reife.

Ein Professor an der chinesischen Akademie der Sozialwissenschaften bemängelt, dass das Demokratieverständnis nicht an Schulen und Universitäten unterrichtet wird.

Wir fragten ein Bauernmädchen in der Provinz Jiangxi, ob sie schon einmal etwas von Demokratie gehört hätte.

»Demokratie? Was ist denn das?«, fragte sie ratlos. »Erklärt mir das! Hat das was mit der Schwarzen Gesellschaft zu tun?«

Als wir verneinten, wurde sie ungeduldig. »Woher soll ich dann wissen, was das ist? Ich bin doch kein Beamter.«

Mit dem Begriff »Menschenrechte« wusste sie hingegen mehr anzufangen. Im Chinesischen setzt sich der Begriff aus den Worten ›Mensch‹ und ›Macht/Recht‹ zusammen.

»Das ist einfach. Ich kann mir denken, was das ist. Ihr meint die Macht, die ein Mensch besitzt, ein Ladeninhaber, zum Beispiel, der seine Mitarbeiter herumkommandieren kann.« Dann lachte sie. »Ich bin doch nur ein ganz normaler Mensch. Ich habe keine Macht.«

Eine junge Arbeiterin in Shanghai: »Meine Verwandten in Australien sagen immer, uns fehle es an Freiheit in China. Aber das finde ich nicht. Wir haben genug Freiheit. Ich würde sagen, uns fehlt Demokratie. Was das ist: Demokratie? Das weiß ich nicht so genau. Aber es soll gut sein.«

Herr Y., 50, Dozent, Beijing: »Demokratie, Freiheit und Menschenrechte? Das ist etwas, was nur uns Intellektuelle bewegt. Was Freiheit wirklich bedeutet, wissen nur wenige. Wir Chinesen sind an das autokratische System gewöhnt. Hat es in China jemals etwas anderes als eine zentralistische Regierung gegeben? Nein, natürlich nicht. Der Mensch ist ein Gewohnheitstier. Es fällt ihm gar nicht auf, dass etwas nicht stimmt. Kürzlich besuchte ich einen Freund in einer anderen Stadt. Die öffentliche Toilette neben dem Wohnblock, in dem er wohnte, stank fürchterlich. Ich sprach ihn darauf an. Er war ganz erstaunt. Der Gestank fiel ihm gar nicht mehr auf. Er hatte sich längst daran gewöhnt. Es waren Ausländer, die in China erstmals Fünf-Sterne-Hotels bauten. Wir lernten von ihnen und bauten sie später nach. Vorher gab es nur Gästehäuser. In so einem alten Gästehaus kam ich kürzlich in der Provinz Sichuan unter. In meinem Bad lief die Toilette. Da ich einen sehr empfindlichen Schlaf habe, fühlte ich mich gestört. Ich bat am nächsten Morgen darum, die Toilette zu reparieren, erhielt jedoch zur Antwort, dass sie schon immer laufen würde. Deshalb beließ man es dabei und gab mir stattdessen ein anderes Zimmer. Dort lief die Toilette ebenfalls, wenn auch weniger.«

Von Ein- und Mehrparteiensystemen

Herr X., 57, Wissenschaftler, Beijing: »In China herrscht zwar die Kommunistische Partei, aber gleicht diese der ehemaligen KPdSU in der Sowjetunion oder jener in der ehemaligen DDR oder den anderen kommunistischen Parteien dieser Welt? Ähnelt sie in ihrem Führungsstil nicht vielmehr alten konfuzianischen Mustern? Die Konfuzianer stellen die Autorität über die individuelle Freiheit. Ist unsere konfuzianisch geprägte Gesellschaft überhaupt demokratiefähig?«

Eine große Sorge, die viele Menschen bewegt, ist das mögliche Chaos, das entstehen könnte, wenn der Zentralismus zugunsten eines demokratischen Systems aufgelöst würde. Frau H., 48, Professorin, Chengdu: »Chinesen neigen zur Anarchie. Sie sind nur durch Totalitarismus zu regieren. Eine Demokratie würde scheitern und zu Anarchie führen.« Ihr Mann, Herr Z., 52, Lehrer, meint dazu: »Ich verstehe nicht, was gut sein soll an einem Mehrparteiensystem. Ich sehe darin keinen Vorteil für unser Land. Die Kommunistische Partei ist in meinen Augen sehr erfolgreich. Sie ist mächtig. Sie kann viel durchsetzen. Wir sind in China an einen Kaiser und ein Einparteiensystem gewöhnt. Die heutige Kommunistische Partei kümmert sich um die Bevölkerung. Ich bin zufrieden mit ihr. Sie ist die fähigste und mächtigste politische Partei der Welt. Sie kann alles schaffen.«

Kritischer sieht es ein junger Designer aus Hangzhou, Herr Y., 28: »Keiner der Führer in der Kommunistischen Partei ist gewählt worden. Sie wurden alle ernannt. Die oberen Führer ernennen die mittleren, die mittleren die unteren. Irgendein schlauer Kopf hat mal gesagt, Sozialismus sei Rückschritt. Das sehe ich genauso. Die Wurzel aller Probleme in diesem Land ist das Einparteiensystem. Wenn nur eine Partei regiert, bedeutet das, dass sich die Macht in den Händen weniger konzentriert und diese agieren können, wie sie wollen. Es gibt weder Opposition noch Kontrolle. Also brauchen sich die Mächtigen auch nicht an die vielen neuen Gesetze zu halten, die wir inzwischen haben.«

Frau S., 38, Managerin, Wuxi: »Unter Mao Zedong und später unter Deng Xiaoping war deren Wort Gesetz. Diese Zeiten sind längst vorbei. Es gibt heute niemanden in der Kommunistischen Partei, dessen Wort eine vergleichbar große Autorität besäße. Wir wissen alle, dass es in der politischen Führung sehr unterschiedliche Meinungen gibt. Aber diese Meinungsunterschiede werden hinter verschlossenen Türen ausgetragen. Insofern entscheidet keine einzelne Person mehr, sondern eine Gruppe von politischen Führern. Das ist schon ein großer Schritt vorwärts.

Nicht nur im Ausland, auch im Inland kritisieren manche Leute das Einparteiensystem. Trotzdem finde ich, dass es durchaus Vorteile hat. Wir haben in China einfach zu viele Menschen. Was auch immer ansteht – würde es vorher erst einmal lange Diskussionen zwischen mehreren Parteien geben, kämen wir doch zu nichts. Mit einer einzigen Partei, die allein über ein Problem entscheiden kann, geht alles ganz schnell. Zum Beispiel was die Auswirkungen der globalen Finanzkrise betrifft, als infolge ausbleibender ausländischer Bestellungen unser Außenhandel einen starken Einbruch erlitt und die Arbeitslosigkeit in einigen Küstenregionen einen kritischen Stand erreichte. Die Zentralregierung hat sofort reagiert. Sie hat umgehend riesige Summen in Infrastrukturprojekte investiert und damit enorm viele neue Arbeitsplätze im Landesinneren geschaffen, so dass die Industriebetriebe in den Küstenprovinzen plötzlich einen Arbeitskräftemangel vermeldeten. Manche kritisieren das, sie sagen, durch die neuen Infrastrukturprojekte würde der Ausbau der Verkehrswege überstürzt vorangetrieben werden. Wofür andere Länder Jahrzehnte brauchten, erledigten wir in wenigen Jahren. Ich frage mich, was daran nicht gut sein soll. Ein gutausgebautes Verkehrsnetz ist sehr wichtig für unser Land. Je besser es ist, desto vorteilhafter für unsere Wirtschaft.

Für ein so großes Land wie China spielt das entschlossene Handeln der Zentralregierung bei akuten Problemen eine wichtige Rolle. Nur das Einparteiensystem konnte in einer solchen Krisensituation für Sicherheit und Ruhe sorgen. Nehmen wir als weiteres Beispiel den Aktienmarkt. Steigen in China die Aktien zu schnell nach oben, interveniert die Regierung und sorgt für einen Dämpfer. Sie hat dazu die Macht und die Mittel, und wenn sie für das kommende Jahr eine Steigerung des Bruttoinlandsprodukts von beispielsweise acht Prozent beschließt, dann wird sie das auch erreichen können. Ich finde das nicht schlecht.«

»Auch in einem Einparteiensystem muss Kontrolle möglich sein«

Herr N., 55, Verleger, Beijing: »Ein Zwei- oder Mehrparteiensystem stellt für mich keine Lösung dar. Es würde unserem Land nichts nützen. Für uns ist die Stabilität das Wichtigste. Weil Chinas Bevölkerung so groß ist, können wir uns keine Unruhe leisten. Unruhe führt zu Chaos, Chaos zur Katastrophe. Unsere Bevölkerung ist an eine Zentralherrschaft gewöhnt. Das war schon immer so. Früher stand der Kaiser an der Spitze, heute ist es die politische Führungselite. Doch eine zentrale Führung braucht ein starkes Kontrollsystem. Auch in einem Einparteiensystem muss Kontrolle möglich sein, ich würde sogar sagen, dass sie lebensnotwendig ist. Auf allen Ebenen sollte sie ausgeübt werden. Nicht nur vonseiten der Partei. Auch die Bevölkerung müsste Mittel wie die Presse nutzen können, um Missstände aufzudecken. Die Kommunistische Partei sollte das unbedingt zulassen. Sie muss lernen, verschiedene Meinungen anzuhören, zu diskutieren und dann ihre Entscheidungen zu fällen.

Die Wirtschaft hat sich gut entwickelt, aber Gesellschaft und Kultur halten nicht Schritt. Für mich ist das größte Problem der Aufbau einer harmonischen Gesellschaft und einer anspruchsvollen Kultur. Die gesellschaftliche Entwicklung ist wichtiger als die der Wirtschaft. Ob das Wachstum fünf oder acht Prozent beträgt, ist für mich nicht wichtig. Es könnte sich auch auf drei Prozent einpendeln. Das wäre immer noch völlig ausreichend und ließe sich über viele Jahre halten. Aber der Aufbau von Kultur und Gesellschaft kann nicht warten. Die Städte haben sich schon recht gut entwickelt, aber die ländlichen Regionen sind noch immer viel zu arm. Für die Menschen dort gibt es kein kulturelles Leben. Kultur bieten heute nur die großen Städte. In Beijing leben junge Künstler, die aus der Provinz stammen und auf keinen Fall dorthin zurückkehren wollen. Manche von ihnen wohnen am äußersten Stadtrand, sind zwei Stunden unterwegs, um in die Innenstadt zu gelangen, und teilen sich mit vier Personen ein winziges Zimmer, für das sie pro Monat nur umgerechnet fünfzehn Euro zahlen. Sie nehmen das alles in Kauf, weil ihnen Beijing Chancen, Inspiration und vielfältige Möglichkeiten bietet und eine Rückkehr in die Provinz für sie das Ende ihrer Träume bedeuten würde. Wir brauchen unbedingt eine stärkere Förderung der Kultur. Dafür müssen endlich großzügig Gelder bereitgestellt werden. Nur eine gesunde Kultur kann eine gesunde geistige Entwicklung Chinas hervorbringen.

Die Unzufriedenheit im Land ist groß. Es passiert zu viel Unrecht. Der Unterschied zwischen Arm und Reich birgt gewaltigen Sprengstoff. Die Förderung und Unterstützung der Schwachen muss ganz oben auf unserer Aufgabenliste stehen. Die Fürsorge für die Armen muss zügig angegangen werden. Der Aufbau einer harmonischen Gesellschaft – ja, das ist wirklich die vorrangige Aufgabe unserer Zeit.«

Die Partei ist der Boss

Herr J., 55, Informatiker: »Ich lebe seit knapp dreißig Jahren in den USA. Ich schätze die Demokratie, aber ich glaube, dass sie für ein so bevölkerungsreiches Land wie China nicht geeignet ist. China muss sein eigenes System entwickeln. China ist heute für mich wie eine große Firma. Die Partei ist der Boss. Der Boss sagt, wo es langgeht. Ohne das Einparteiensystem hätte man in China die Auswirkungen der globalen Finanzkrise nicht so schnell in den Griff bekommen. Da aber jedes System eine Kontrolle braucht und man sich schlecht selbst kontrollieren kann, denke ich, dass es vorteilhafter für China wäre, die Pressefreiheit zuzulassen, um Unrecht und Missstände aufzudecken.«

»Ein Mehrparteiensystem würde zu Chaos führen«

Herr C., 51, Maler, Hangzhou: »Demokratie braucht einen Boden, ein gewisses kulturelles Niveau, und das ist bei den meisten Bewohnern unseres Landes noch nicht vorhanden. Ein Mehrparteiensystem würde zu Chaos führen. In China haben wir Bauern, in Europa Bürger. Das Bildungsniveau der Leute ist noch zu niedrig. Alle heutigen Probleme in China haben mit dem mangelnden Bildungsniveau der Menschen zu tun.

Bei den Direktwahlen im Heimatdorf meiner Großeltern kam es zu folgender Begebenheit: Als sich der Vertreter der Sippe der Zhangs gegen die beiden anderen großen Sippen der Lius und Lis durchsetzte, boykottierten die Unterlegenen alle Entscheidungen des Herrn Zhang, weil sie ja unbedingt ihren eigenen Kandidaten hatten durchbringen wollen. Es war ihnen völlig egal, dass mit Herrn Zhang der fähigste der Kandidaten gewonnen hatte. Sie boykottierten ihn trotzdem. Der eigene Mann hätte gewinnen müssen. Nur das interessierte sie. Das Dorf ist bis heute rückständig, weil sich die Leute nicht einigen können.

Wenn wir von China reden, dann sind 1,3 Milliarden Menschen gemeint. Wie kann man die regieren? Meiner Meinung nach geht das nur mit einem Einparteiensystem. Wir brauchen jemanden, der sagt, wo es langgeht. Wir Chinesen sind so. Wir brauchen eine starke Hand, die sich um alles kümmert.

Die Europäer mögen da anders sein. In Europa und in den USA herrscht ein ganz anderer Konsens. Das sieht man auch bei den westlichen Ausländern, die hier in China für chinesische Firmen arbeiten. Die akzeptieren ihre Vorgesetzten und geben alles in ihrem Job. Die Chinesen wollen alle selber Chef sein. Sie mögen sich nicht Leuten unterordnen, von denen sie glauben, dass diese auch nicht viel mehr leisten können als sie selbst. Wieso bin ich nicht selbst Chef, fragen sich die Leute. Selbst wenn sie vom Land kommen, sind sie so. Kaum verfügen sie über ein bisschen Geld, machen sie sich selbständig.

Ich kenne mehrere pensionierte taiwanesische Militärs, die jetzt im Alter zu uns aufs Festland kommen, um hier ihren Ruhestand zu genießen. Darunter ist ein General. Er sagt, sobald China demokratisch wird, verschwindet er wieder. Was Demokratie bringt, hätte man ja an Taiwan gesehen. Solange nur eine Partei, nämlich die Nationale Volkspartei, regiert hätte, wären alle zufrieden gewesen. Jetzt gibt es das Mehrparteiensystem und deshalb ewigen Streit. Es ginge bergab mit Wirtschaft und Staat auf Taiwan.

Die Chinesen sind noch nicht reif für eine Demokratie. Erst wenn alle das Niveau von den Leuten in Beijing und Shanghai erreicht haben, lässt sich vielleicht eine Demokratie einführen. Heute wird alles kommerziell beurteilt. Wie hoch ist das Bruttosozialprodukt, wie hoch das Einkommen, wie hoch die Immobilienpreise? Die Wirtschaft bestimmt die Politik, das Geld das Denken der Menschen.«

Die vergessenen acht Parteien

Viele Chinesen vergessen in der Hitze der Diskussion, dass ihr Land formal gesehen ein Mehrparteiensystem hat. Neben der Kommunistischen gibt es noch acht weitere politische Parteien, darunter eine Nachfolgeorganisation der Nationalen Volkspartei sowie eine Chinesische Gesellschaft für die Förderung der Demokratie. Diese Parteien sind in einer Volksfront unter der Führung der Kommunistischen Partei zusammengefasst. Sie bilden also keine Opposition zur regierenden Kommunistischen Partei, sondern sollen sie in ihrer Arbeit unterstützen. Deshalb ist es auch nicht ungewöhnlich, wenn manche Leute sowohl Mitglied der Kommunistischen als auch einer weiteren Partei sind.

Herr L., 52, Schauspieler, Beijing: »Es gibt neben der Kommunistischen Partei noch acht weitere sogenannte demokratische Parteien. Das fand ich interessant, und deshalb habe ich mich eine Zeit lang in einer dieser Parteien engagiert. Bis wir einen neuen Vorsitzenden wählten. Als wir diesen mit demokratischem Abstimmungsverfahren endlich bestimmt hatten, musste er von der Kommunistischen Partei noch bestätigt werden. Da fragte ich mich, warum ich mich in einer zweitrangigen Partei engagierte, wenn doch wieder die alles beherrschende Kommunistische Partei das letzte Wort hatte. Deshalb trat ich wieder aus.«

Frau G., 35, Hochschullehrerin, Wuxi: »Ein Freund empfahl mir, Mitglied der Zhi-Gong-Partei zu werden. Die Mitglieder jener Partei kämen meist aus akademischen Berufen. Ich würde wichtige Leute kennenlernen und hätte dadurch bessere Möglichkeiten, meine Karriere aufzubauen. Leider hat mich meine Parteizugehörigkeit noch nicht viel weiter gebracht, obwohl ich inzwischen einige interessante Leute kennengelernt habe. Vielleicht sollte ich doch lieber in die Kommunistische Partei eintreten.«

»Uns fehlt ein demokratisches Gen«

Herr X., 48, Journalist, Beijing: »Wenn ich mir den Umgang mit der Demokratie in Taiwan ansehe, kann ich nur sagen, dass wir Chinesen scheinbar noch nicht reif für ein solches System sind. Wer kontrolliert die Macht? Wen soll ich wählen? Steckt nicht hinter allem das Kapital? Wem können wir überhaupt vertrauen? Gibt es denn keine Alternativen? Die demokratischen Parteien in Taiwan sind doch ebenfalls totalitär. Uns Chinesen fehlt das grundsätzliche Verständnis für Demokratie und die Fähigkeit, unangenehme Ergebnisse zu akzeptieren. Uns fehlt ein demokratisches Gen. In China ging es bisher nur von einem totalitären System zum nächsten, vom Kaiserreich zur Herrschaft der Kommunistischen Partei. Wie sollte sich da der Sinn für Demokratie entwickeln? Demokratie muss gelernt und akzeptiert werden. Heute führt sich doch jeder kleine Unternehmer in seiner Firma wie ein kleiner Kaiser auf. Solange man für andere gearbeitet hat, hat man nur auf seinen Boss geschimpft. Kaum ist man selbständig, legt man dasselbe Verhalten an den Tag. So sind die Leute eben. Genauso machtbesessen wie eh und je.«

Herr Z., 35, Museumsmitarbeiter, Tianjin: »Könnten wir heute wählen, ginge wahrscheinlich kaum jemand hin. Wenn wir wirklich Demokratie haben wollen, werden wir sie uns nehmen.«

»Wir leben in einem merkwürdig unklaren System«

Herr S., 33, Informatiker, Beijing: »Man spricht von Sozialismus, aber wo man auch hinschaut, man sieht überall nur Kapitalismus. Bei uns geht es kapitalistischer zu als im kapitalistischen Westen. Es ist völlig unklar, in welche Richtung sich das Ganze entwickeln soll. In eine Marktwirtschaft chinesischer Prägung? Das heißt dann also, dass wir in Richtung Demokratie streben? Oder bleiben wir bei einer Diktatur? Viele junge Leute würden am liebsten über Nacht die Demokratie einführen. Doch die meisten in meiner Altersgruppe, also die über Dreißigjährigen, teilen diese Meinung nicht. Eine Demokratie kann doch nur funktionieren, wenn Staat und Gesellschaft über solide Strukturen verfügen, und diese gilt es zunächst erst einmal aufzubauen. Bis heute zählt nur das Wort der Mächtigen, und von denen kümmert sich kaum jemand um das geschriebene Gesetz. Führten wir jetzt ein Mehrparteiensystem ein, würde alles nur noch schlimmer. Immerhin darf man nicht vergessen, dass es noch immer genügend Menschen gibt, die sich auch heute nur gerade so eben satt essen können und ansonsten bitterarm sind. Unter solchen Bedingungen kann ein Einparteiensystem mehr ausrichten, weil es schneller und effektiver gegen gefährliche Entwicklungen reagieren kann. Die Schließung von Staatsbetrieben und die Privatisierung der Wirtschaft haben große Verwerfungen in unserer Gesellschaft verursacht. Die Kluft zwischen Arm und Reich sorgt für erheblichen Zündstoff. Ich bin davon überzeugt, dass die Unruhen in Tibet und in Xinjiang eigentlich wirtschaftlichen Ursprungs sind. Die erfahrenen Leute aus den entwickelten Küsten- und Inlandsregionen gehen in die rückständigen westlichen Gebiete und investieren dort ihr Wissen und Kapital. Natürlich haben sie damit viel bessere Chancen als die Einheimischen, insbesondere die Angehörigen ethnischer Minderheiten, denen landesweite Kontakte und Verbindungen meist fehlen. Die Zentralregierung hat die Gefahr erkannt. Sie muss schnell reagieren. Das kann sie aber nur in einem Einparteiensystem.«

Von chinesischen Rettichköpfen und der Schwierigkeit, politische Systeme zu übertragen

Herr C., 53, Journalist, Beijing: »Schon Marx hat gesagt, dass die Wirtschaft die Politik kontrolliert. Politische Systeme entstehen und ändern sich mit den wirtschaftlichen Gegebenheiten eines Landes. Insofern lassen sich Konzepte und Systeme auch nicht übertragen. Es kommt immer auf die Menschen an. China kann die westliche Demokratie nicht einfach kopieren, weil Gesellschaft und Denken in

China völlig anders sind als im Westen. Vergleichen wir doch einfach nur zwei Tische, an denen jeweils zwanzig Personen sitzen und essen. An dem einen sitzen Deutsche und an dem anderen Chinesen. Und was passiert? An dem deutschen Tisch werden gedämpfte Gespräche geführt, an dem chinesischen herrscht fröhliches Geschrei, so dass die Deutschen die Chinesen als unzivilisiert betrachten und die Chinesen die Deutschen als langweilig.

Jedes Land hat seine eigene Geschichte und Tradition, deshalb reagieren die Menschen aufgrund ihrer historischen Erfahrungen auch unterschiedlich. Wenn sich beispielsweise im Westen Politiker aus ihrem Amt zurückziehen oder in Pension gehen, dann verabschieden sie sich auch von der politischen Macht. Nicht so in China. Bei uns wollen die politischen Führer auch nach ihrer Pensionierung noch Macht ausüben und in hohen Positionen sitzen. Sie scheuen sich auch nicht, sich in die Arbeit ihrer Nachfolger einzumischen. Macht und Privilegien sind etwas, was man in China nicht gern aufgibt.

Ein Gesetz, das von uns aus den USA oder aus Deutschland übernommen wird, muss hier nicht unbedingt so funktionieren wie in seinem Herkunftsland. Es verändert sich bei uns. Es wird sozusagen sinisiert. Man kann es auch anders ausdrücken: Wir sind chinesische Rettichköpfe, außen grün und innen rosa. Die wachsen nicht auf westlichem Boden. Das ist genauso, als wollte man einen südchinesischen Mandarinenbaum, der in Kanton süße Früchte trägt, nach Nordchina verpflanzen. Dort würde er nur saure Früchte tragen und vielleicht sogar eingehen.

Deutsche monieren häufig, dass wir hier im Lande keine Demokratie hätten, aber wissen sie überhaupt, was geschehen würde, wenn man die deutsche Demokratie auf China überträgt? Ich weiß, dass sich solche Systeme nicht einfach übertragen lassen, aber angenommen, es würde wirklich gelingen, könnte es dann friedlich bei uns zugehen? Daran zweifle ich. Ein Beispiel ist der Irak. Saddam sagte einst, wenn er stürbe, geriete der Irak in großes Chaos. Wie es heute aussieht, scheint er recht zu behalten. Saddam ist tot. Und ist der Irak heute oder in absehbarer Zeit – wie von den Amerikanern erhofft –

befriedet und eine Demokratie? Oder schauen wir uns die Mafia-Kultur in Italien an. Solche Strukturen gibt es auch in China. Vor allem in der Provinz Fujian. Dort gibt es überall Geheimbünde und sogenannte Schwarze Gesellschaften.

Die Partei ist heute schwächer als früher. Sie hat vielerorts die Kontrolle verloren. Das Ruder gleitet ihr häufig aus den Händen. Viele hören nicht mehr auf sie, vor allem nicht die Banken. Die Zentralregierung kann nur noch versuchen, eine Richtung vorzugeben, und hoffen, dass sich die anderen daran halten. Das reicht aber nicht.

Ich fürchte, dass es zu einer Katastrophe kommt, wenn die Kommunistische Partei wirklich ihre Macht verlieren sollte. Ohne eine straffe Führung kommen all die Probleme hoch, die jetzt noch mühsam unter der Oberfläche gehalten werden können: die Probleme mit manchen nationalen Minderheiten, mit Religionsgemeinschaften, mit der Armut und Unzufriedenheit, mit den vielen Rechnungen aus der Vergangenheit, die die Opfer der politischen Bewegungen noch offenhaben. Das alles ist sehr gefährlich und explosiv.

Jetzt ist die Situation noch relativ ruhig, weil die Bauern über eigenes Ackerland verfügen. Als die Leute in den südchinesischen Fabriken wegen ausbleibender Bestellungen entlassen wurden, kehrten viele in ihre Dörfer zurück. Wenn sie diese Möglichkeit nicht mehr haben, weil ihre Familien die Nutzungsrechte über das Ackerland verloren haben, was sollen sie dann machen? In den Städten verdienen sie nichts und auf dem Land auch nicht. Sind dann nicht – wie so oft in der chinesischen Geschichte geschehen – Bauernaufstände vorprogrammiert? Ein Bauer, der in der Stadt Arbeit sucht, findet es anfangs normal, dass es den Städtern besser geht als den Leuten auf dem Land. Wenn er jedoch vier Jahre in der Stadt gearbeitet hat, ändert sich diese Haltung. Dann findet er das ungerecht.«

Bis zu einer Demokratie ist es noch ein weiter Weg

Herr J., 90, ehemaliger Minister, Beijing: »Eine Demokratie kann es jetzt noch nicht geben. Dafür ist die Zeit nicht reif. Wie soll man ein Einparteiensystem in ein Mehrparteiensystem umwandeln? Das ist schwierig, ja, fast unmöglich. Mao hat unendlich viele Fehler gemacht. Jede seiner politischen Kampagnen hat unzählige Opfer und Tote gefordert. Trotzdem gehört er zu den Gründern unserer Kommunistischen Partei und der Volksrepublik China. Viele Leute sind von ihm und seiner Arbeit enttäuscht, und dennoch kann man sein Bild nicht vom Tor auf dem Platz des Himmlischen Friedens in Beijing herunternehmen. Sobald das Bild heruntergeholt wird, ist die Kommunistische Partei am Ende.«

»Wir haben andere Sorgen, als über Demokratie nachzudenken«

Herr G., 37, Finanzbeamter, Shanghai: »Ich wurde Anfang der 1970er Jahre geboren. Wenig später ging es mit der Reformpolitik und dem Wirtschaftsaufschwung los. Meine Generation konnte den Fortschritt hautnah miterleben. Unser Leben war gut, wurde besser und jetzt ist es ausgezeichnet. Ich bin zufrieden. Dennoch habe ich Angst, weil es kein Gefühl der Sicherheit gibt. Wie wird es uns in ein paar Jahren gehen, wie erst der nächsten Generation? Unsere Kinder sind Einzelkinder, alles kleine Könige. Sie sind so verwöhnt, dass sie kaum selbständig sein können.

Ich war mehrmals in Europa. Die Leute dort leben viel ruhiger und sicherer als wir. Die machen Urlaub, und am Wochenende bleiben sie ungestört, während wir hier immer nur arbeiten und auch samstags und sonntags mit unseren Gedanken bei der Arbeit und per Handy sowieso immer erreichbar sind. Wir, die wir in den 1970er Jahren geboren wurden, denken schon immer daran, wann die in den 1960er Jahren Geborenen in Pension gehen, damit wir sie ersetzen können. Ich gebe zu, dass wir uns ganz egoistisch mit unseren Ellbogen durchzusetzen versuchen. Aber ich weiß auch, dass die in den 1980er Jahren Geborenen uns bereits genauso beobachten.«

»Wir leben im Feudalismus«

Herr D., 55, Schriftsteller, Beijing: »Wir leben im Feudalismus, in einer paternalistischen Gesellschaft. Vater und Mutter bestimmen, was das Kind zu tun hat. Das Kind kann sich seine Eltern nicht aussuchen. Es wird geboren, ohne darum gebeten zu haben. Unsere Regierung geht mit ihren Bürgern genauso um: Ich bestimme alles, weil ihr von den Dingen nichts versteht. Ihr müsst mir glauben, gehorchen und mich lieben, weil ich es nur gut mit euch meine. Aber wie im Leben, so in der Politik: Es gibt schlechte Eltern und auch schlechte Regierungen. Ich muss meine Eltern nicht lieben, wenn sie mich mit ihrer Bevormundung und Gängelung erdrücken. Wir haben diese Regierung nicht darum gebeten, für uns Entscheidungen zu treffen. Sie selbst fühlt sich dazu berufen, für uns zu entscheiden. Wir haben sie noch nicht einmal gewählt. Bei Bedarf hisst sie die Fahne, auf der ›Zum Wohle des Volkes‹ steht. Haben dies alle gesehen, wird die Fahne wieder eingeholt und das große Geld verdient. Die Beamten benutzen uns, um ihre eigenen Interessen durchzusetzen. Es ist alles zum großen Geschäft verkommen. Womit Geld verdient wird, das wird gemacht: Wohnungsbau, Infrastrukturprojekte, Hafen- und Flughafenbau. Was bisher kein Geld gebracht hat, wird eilig kommerzialisiert. Bildung und medizinische Versorgung gehören dazu.

Unsere politischen Führer sprechen ständig von der Stabilität Chinas. Aber was heißt stabil? Egal ob es dem Land gut oder schlecht geht, alles wird von der Regierung entschieden. Die Bevölkerung hat kein Recht, an den Regierungsgeschäften Anteil zu nehmen. Früher schickten die Kaiser ihre Beamten nur bis in die Kreisstädte, jetzt schickt die Partei ihre Leute bis in die Dörfer. Die Dorffunktionäre haben großen Einfluss. Die können machen, was sie wollen. Die politischen Führer sind alle in der Partei. Die Macht gehört der Partei. Sie bestimmt alles. Macht und Geld regieren unser Land. Und keiner rebelliert dagegen. Denn Rebellion ist gefährlich. Was haben die Dissidenten getan, die in unseren Gefängnissen sitzen? Ich versuchte dies ihm Internet zu recherchieren. Aber die entsprechenden Seiten sind gesperrt. Wenn eine Bewegung wie die des Falungong die Regierung nicht zu Fall bringen kann, wie können es dann einige Einzelne schaffen wie beispielsweise jene, die die Charta 08 unterzeichnet haben? Einer der Initiatoren, Liu Xiaobo, hat ja nun den Nobelpreis erhalten. Ist er wirklich so gefährlich, dass man ihn für viele Jahre hinter Gitter bringen muss? Meiner Meinung nach geht es letzten Endes nicht um ihn persönlich, sondern nur um die Intellektuellen im Allgemeinen. Die Dissidenten in den Gefängnissen sind nichts anderes als Bauernopfer, um uns Intellektuelle mundtot zu machen. Die Partei verspielt sich damit sämtliche Sympathien, die manche durchaus für sie empfinden. Sie ist unfähig, aus den Erfahrungen der Vergangenheit zu lernen. Sie begeht immer wieder denselben Fehler, indem sie unangemessen hart auf einzelne Kritiker und Andersdenkende reagiert und diesen dadurch erst zu großer Popularität verhilft. Dies gilt für den Dalai Lama ebenso wie für die Falungong-Sekte und für Kritiker wie Liu Xiaobo. Erst die Partei hat sie weltberühmt gemacht.

Ich bin manchmal ein wenig verwirrt, wenn ich über mein Land nachdenke. Am 1. Oktober 2009 feierten wir den sechzigsten Jahrestag der Gründung der Volksrepublik China. Da sprach man in den Medien oft vom sechzigjährigen Bestehen Chinas. Ich fragte mich verwundert: China ist erst sechzig Jahre alt, also jünger als die USA? Ist das mein Land, meine Heimat? Es war, als würde ich meine eigene Mutter nicht wiedererkennen und von meinem Vater auch nicht viel wissen. Ich bin Chinese, weil ich hier geboren wurde, darauf hatte ich keinen Einfluss. Ich stamme aus diesem Boden, also bin ich Chinese und fühle mich als ein solcher.

Die Amerikaner reden gern von ihrem ›country‹. Es ist nicht richtig zu sagen, dass die Amerikaner eine Geschichte von nur 200 Jahren hätten, denn die Menschen kamen von überall her und brachten ihre eigene Kultur und Geschichte mit. In dem neuen Land versuchten sie den Traum von Demokratie und Menschenrechten zu verwirklichen. An diesen Traum glauben sie, und weil dieser Traum so schön ist, glauben sie, ihn überall hin exportieren zu müssen. Leider dienen die amerikanischen Regierungen nicht diesem Traum, sondern vertreten die Interessen des ›big business‹, und deshalb lullen sie ihre Leute ein und führen nebenbei ihre Kriege. Erst zu spät bemerken die Menschen, dass die Realität nicht ihrem Traum entspricht.

Wir Chinesen sprechen gern von unserem Mutterland und unserem Staat. Wann dieses Mutterland entstanden ist, weiß niemand so genau. Manche glauben an eine Kultur von über 5000 Jahren. Unser Mutterland und unsere Kultur wurden von unserem Volk geformt. So sollte es sein, und doch klingen diese Worte heute leer in meinen Ohren. Denn in dem heutigen China kann das Volk den Staat nicht beeinflussen, obwohl unsere politischen Führer das Gegenteil behaupten. Sie betonen immer wieder, dass der Staat auf dem Volk basiert. Aber das sehe ich nicht. Zwischen der politischen Führungselite und dem Volk gibt es tiefe Gräben. China bedeutet für mich nicht eine Volksrepublik von sechzig Jahren, sondern ein 5000-jähriges Kulturgebilde.«

Unter der Führung
der Kommunistischen Partei Chinas

Gegründet 1921 überstand sie Verfolgung und Vernichtungsfeldzüge. Ihre Feinde hatten sie fast aufgerieben, und dennoch siegte die Kommunistische Partei Chinas. Ungezählt sind die Menschen, die den Triumph von 1949 nicht mehr miterlebten: die Gründung der Volksrepublik China auf dem Platz des Himmlischen Friedens in Beijing.

Die Revolution von 1949 ging als »Befreiung« in den chinesischen Sprachgebrauch ein. Sie war getragen von einer breiten Zustimmung in der Bevölkerung.

Legendär war die Disziplin der Soldaten der Volksbefreiungsarmee, die nicht marodierend durchs Land zogen wie die anderer Armeen. Seit Menschengedenken wusste jeder chinesische Bauer, dass Unheil drohte, sobald sich Soldaten seinem Dorf näherten. Die Soldaten der Volksbefreiungsarmee waren anders. Sie hatten gelernt, die Zivilbevölkerung zu achten, ihnen nichts zu nehmen, sondern für die Dinge zu zahlen, die sie brauchten.

Legendär wie die Armee waren auch die Führer der Partei, neben Mao Zedong, Zhou Enlai und Zhu De viele andere, denen der Mythos der Unsterblichkeit anhing, nachdem sie den Langen Marsch überstanden hatten. Ihre Biographien lesen sich wie spannende Romane.

Als Mao auf dem Platz des Himmlischen Friedens die Gründung der Volksrepublik China verkündete, zweifelte niemand an der Legitimität seiner Führerschaft. Er hatte sich mit der richtigen Strategie durchgesetzt und die Partei zum Sieg geführt. Mao wurde zum Symbol der Kommunistischen Partei, zum Symbol des neuen China, er war der Hoffnungsträger eines ganzen Volkes.

Doch die ersten dreißig Jahre unter seiner Herrschaft führten das Land in eine tiefe Krise und an den Rand des Ruins. Die zweiten dreißig Jahre des wirtschaftlichen Aufschwungs stellten die erklärten Ziele und Werte der Partei auf den Kopf. Nichts ist, wie es einmal werden sollte. Publikationen von Zeitzeugen kratzen heute am Nimbus berühmter Parteigrößen und lassen vertraute historische Zusammenhänge in ganz anderem Licht erscheinen.

Der Glaube der Chinesen an die Kommunistische Partei ist tief erschüttert.

Eine Generalabrechnung mit Mao Zedongs Fehlern, besonders jener nach 1957, ist bisher unterblieben. Nachdem er gestorben war, gab sein Nachfolger Hua Guofeng 1977 den fünften Band von Maos *Ausgewählten Werken* heraus, der seine Aufzeichnungen aus den Jahren 1949 bis 1957 enthielt. Zugleich wurde das Erscheinen weiterer Bände angekündigt, doch auch nach dreißig Jahren ist keiner erschienen. Vermutlich würde die Veröffentlichung seiner Ideen und Gedanken, die in die Katastrophen der 1960er Jahre führten, seinem Ansehen nur weiteren Schaden zufügen.

Die Partei weiß, was dem Volk guttut, und sie hat immer recht

Sie ist noch immer mächtig. Keine andere Kraft kann es mit ihr aufnehmen. Sie hält das Land zusammen. Nur aus diesem Grund wollen viele Chinesen die Kommunistische Partei weiterhin an der Macht sehen. Sie ist der Garant einer gewissen Stabilität.

Kritik an der Partei und an den Regierungsbeamten tönt aus allen Ecken des Landes und aus allen Schichten der Bevölkerung. Dennoch beharrt sie nach wie vor auf dem Interpretationsmonopol des Volkswillens. Das heißt im Klartext: Wer gegen die Partei ist, ist gegen das chinesische Volk, also gegen das neue China. So wurde es den Menschen früher während der politischen Kampagnen in den 1950er und 1960er Jahren eingebläut. Das gilt auch heute noch. Die Partei weiß, was dem Volk guttut. Sie handelt im Interesse des Volkes. Sie weiß, was das Volk will. Des Volkes Wille und der Wille der Partei sind eins.

Bis heute bestimmt die Kommunistische Partei nicht nur Politik und Regierung. Die Parteiführer bestimmen die Regierungsmitglieder und das Regierungsprogramm. Erweist es sich als fehlerhaft, wird es korrigiert. Oder es wird sogar eine Richtungsänderung beschlossen, die dann mit einem Wechsel in der Führung einhergeht. Aber es ist immer die Partei, die die Richtung bestimmt.

Die Partei kontrolliert auch die Armee, die nicht etwa dem Volkskongress oder der Regierung untersteht, sondern einem Militärausschuss, der wiederum von der Partei geleitet wird. Damit ist die Armee ein Instrument der Partei, das sie jederzeit zur Wahrung ihrer Herrschaft einsetzen kann.

Herr G., 37, Finanzbeamter, Shanghai: »Wenn die Partei sagt, die Dinge sind weiß, dann sind sie weiß; sagt sie, die Dinge sind schwarz, dann sind sie eben schwarz. Die Partei hat immer recht. So einfach ist das. Dem Volk bleibt nichts anderes übrig, als der Partei zu vertrauen und zu hoffen, dass sie die Probleme löst.«

Herr C., 51, Maler, Hangzhou: »Sind die politischen Führer fähig und gut, gedeiht das Land, und es herrscht Frieden. Sind sie unfähig und schlecht, herrscht Unfrieden und Chaos. Das haben wir in der Kulturrevolution leidvoll erfahren müssen, und es ist in meinen Augen nicht ausgeschlossen, dass sich so etwas wiederholen könnte.«

Widerspricht man der Parteilinie tatsächlich oder auch nur vermeintlich, konnte das in Zeiten wie der Kulturrevolution bedeuten, dass man der Konterrevolution bezichtigt wurde. Mancher hat dies mit dem Leben bezahlt. Heute werden langjährige Freiheitsstrafen verhängt.

Nach Mao besaß in späteren Jahren nur noch Deng Xiaoping die Autorität, die sein Wort zum Gesetz werden ließ. Kein einziges Mitglied der heute herrschenden Führungselite kommt Mao und Deng in dieser Hinsicht gleich. Dies allerdings wird von den meisten Chinesen mit Erleichterung wahrgenommen. Denn dadurch werden falsch eingeschlagene Wege leichter korrigierbar. Früher bestimmte Mao die Linie, und alle folgten, auch wenn der Weg in die Katastrophe führte. Heute ist es das oberste Führungskollektiv, das parteiintern entscheidet. Interessant sind in diesem Zusammenhang die Einschätzungen amerikanischer Diplomaten, die Ende des Jahres 2010 durch das Online-Enthüllungsportal WikiLeaks bekannt wurden. Demnach würde im Politbüro der Partei immer im Kollektiv entschieden, und dies nicht durch einfache Abstimmung, sondern durch lange Diskussionen und Konsensfindung. Keiner der heutigen chinesischen Spitzenpolitiker besitzt so viel Machtfülle, dass er sich eigenmächtig über die anderen hinwegsetzen könnte.

Die Partei als Sprungbrett in die Karriere

Die Partei will ihre Macht nicht verlieren. Deshalb werden viele Ämter nur an Parteimitglieder vergeben, was wiederum zur Folge hat, dass viele junge Leute nur um ihrer Karriere willen in die Partei eintreten. Schon im Gymnasium stellen sie ihren Antrag auf Aufnahme. Solchen Menschen ist jeder Idealismus fremd. Angestachelt von ihren ehrgeizigen Eltern, sind sie nur auf ihr eigenes Fortkommen aus.

Herr C., 45, Dozent, Guangzhou: »Die Leute, die vor 1949 in die Partei eintraten, hatten noch Ideale. Nach 1949 traten die meisten aus Karrieregründen ein und um Macht auf andere auszuüben und sich dadurch Vorteile zu sichern.«

»Vertraut der Partei!«

In Deutschland würde man ihn einen Comedian nennen. In China kennt ihn Jung und Alt. In Fernsehshows und -serien ist er präsent, seine beliebten Fernsehsketche laufen auch als Cartoons. Herr K. ist prominent, und obwohl er sich mit Sonnenbrille und Schirmmütze zu tarnen versucht, wird er überall erkannt. Auch auf Reisen im Ausland bestürmen ihn begeisterte Chinesen. Selbst auf einer skandinavischen Ostseefähre hat das chinesische Bordpersonal ihn erkannt. Begeistert luden seine Landsleute ihn unter Deck zum Essen in ihre Küche ein, und es war für ihn eine Ehrensache, ihrer Einladung zu folgen.

K. ist Mitte fünfzig. Seine Generation hat den Wandel der letzten dreißig Jahre von Anfang an bewusst miterlebt. K. gehört zu jenen, die als Star in einer explodierenden Unterhaltungsindustrie vortrefflich profitiert haben. Doch anders als man es häufig von Stars hört, hat K. keine Allüren. Er ist sozusagen auf dem Teppich geblieben, pflegt alte Freundschaften, gibt sich nicht neureich. Spricht man ihn auf die aktuelle Situation im Land an, auf Unzufriedenheit und Unruhen, kann man sicher sein, von ihm einen kleinen Vortrag zu hören, denn K. ist überzeugtes Parteimitglied.

»Wie ist es uns vor dreißig Jahren gegangen, wie geht es uns heute?«, fragt er. »Für alle ist es ohne Zweifel sichtbar, dass es uns immer besser geht. Das muss jeder zugeben. Unsere Parteiführer sind sehr klug. Sie lösen langsam alle Probleme. Die Leute brauchen sich keine Gedanken zu machen. Sie können darauf vertrauen, dass die Partei den richtigen Weg geht. Oft wird behauptet, es gebe Streit und Richtungskämpfe innerhalb der Parteiführung. Unsinn! Sind denn jene, die das behaupten, dabei?

Nicht nur die wirtschaftlichen Veränderungen sind atemberaubend. Auch in politischer Hinsicht hat sich unglaublich viel getan.« Er deutet dabei auf uns Autoren und meint Yu-Chien Kuan. »Nehmen wir zum Beispiel Leute wie dich, die China illegal verlassen haben. Unter dem alten System der Mao-Zeit wärest du erschossen worden, hättest du es gewagt, zurückzukehren. Doch jetzt bist du frei, kannst dich beliebig im Land bewegen und treffen, wen du willst. Das hast du unserer heutigen Partei zu verdanken.

Konnten wir etwa früher beim Essen zusammensitzen und so frei über Partei und Politik sprechen? Natürlich nicht. Heute darf man selbst die Parteiführer kritisieren. Hätten wir früher so frei gesprochen, wären wir alle als Rechtsabweichler verurteilt worden.

Wie haben wir früher gelebt, wie leben wir heute? Allein unser Essen! Welch ein Angebot auf Märkten und in Geschäften. Heute gibt es Restaurants wie Sand am Meer, und ganz gleich ob teuer oder billig, das Essen schmeckt selbst in den billigsten Garküchen. Konntest du früher in einem so guten Hotel wohnen wie heute? Damals gab es nur in den Provinzhauptstädten einige gute Hotels. Heute findet man sie an jeder Ecke. Wenn ich nur an die Autos denke, die ich in den letzten Jahren besessen habe. Eins ist besser als das andere. Und nie hätte ich mir in jungen Jahren träumen lassen, dass ich eines Tages in einem so schönen Haus wohnen würde wie heute.

Ich weiß, dass es viel Unzufriedenheit in der Bevölkerung gibt. Alle schimpfen auf die Partei. Da frage ich mich nur immer: Was kümmern sich die Leute um Politik? Sie essen gut, kleiden sich flott, wohnen in immer größeren Wohnungen und verdienen genug. Und dies nur, weil die Kommunistische Partei das Land so gut regiert. Vertraut der Partei, glaubt an sie! Sie weiß, was zu tun ist, sie regelt Schritt für Schritt die anstehenden Probleme.

Es heißt, in China gäbe es keine Demokratie? Unsinn! Unter der Führung der Kommunistischen Partei gibt es acht demokratische Parteien. Die können alle gegenüber der Kommunistischen Partei ihre Meinung äußern.

Jeder kann in diesem Land seine Meinung äußern und per Brief einreichen. Ich habe das schon mehrmals getan und immer nach kurzer Zeit schriftlich Antwort erhalten. Zum Beispiel habe ich vor der Olympiade zu akuten Verkehrsproblemen in unserem Viertel Vorschläge gemacht, und tatsächlich wurden sie gleich darauf geregelt. Das hat nichts damit zu tun, dass ich bekannt bin und mein Status ein etwas anderer ist. Man beachtet meine Meinung, weil ich Mitglied der Kommunistischen Partei und eines politischen Beratungskomitees bin. China hat eine Bevölkerung von 1,3 Milliarden Menschen. Wenn da jeder seine Meinung äußern würde, auf wen sollte die Regierung dann hören? Das geht doch gar nicht. China ist in seiner Größe einmalig. Es muss eine für sich passende Staatsform entwickeln, und die wird sicher nicht jenen in den westlichen, hoch entwickelten Ländern entsprechen und auch nicht der taiwanesischen. Wenn es hier so zuginge wie auf Taiwan, hätten wir diesen Fortschritt nie geschafft.

Macht euch keine Gedanken! Ihr könnt darauf vertrauen, dass unsere Partei den richtigen Weg geht.«

Ein Volk misstraut seinen Funktionären

»Wie können wir unseren Politikern vertrauen, wenn diese ihre eigenen Verwandten und ihr Geld ins Ausland bringen?«, fragt eine Malerin in Wuxi.

Herr G., 74, Rentner, Sanya: »Alle unsere Funktionäre lügen, von der Dorf- bis zur Kreisebene, von der Bezirksebene bis zur Spitze. Wenn die Zentrale Anweisungen nach unten gibt, werden diese von den unteren Einheiten in langen Sitzungen gelesen, und hinterher gehen alle ins Restaurant zum Essen.«

Frau Y., 62, Unternehmerin, Shanghai: »Meiner Meinung nach fehlt unserem Land Presse- und Meinungsfreiheit. Die Partei sollte sie zulassen. Die Pressefreiheit würde ihr sogar nützen, denn dann könnten sich die Unzufriedenen endlich einmal äußern. Eine freie Presse entlarvt die Ungerechtigkeiten und stärkt die Stabilität. Niemand kontrolliert die Partei, und sie kann sich auch nicht selbst kontrollieren. Die Presse könnte diese Aufgabe übernehmen.«

Herr Z., 55, Chefredakteur, Beijing: »Die Kommunistische Partei hat ihre eigene Kultur. Sie ist durch den Krieg an die Macht gekommen. In den vergangenen Jahrzehnten wurden in der Partei viele Kämpfe ausgetragen. Mao hat während seiner Regierungszeit immer versucht, seine Macht und Autorität zu behalten. Wer es wagte, seine Autorität in Frage zu stellen oder ihn zu kritisieren, wurde vernichtet. Er ließ sie sich von niemandem streitig machen. Diese Art von Parteikultur hält bis heute an. Auch die heutige Kommunistische Partei lässt sich die Macht nicht streitig machen. Niemand wagt es, sie zum Kampf herauszufordern, bis auf einige wenige Ausnahmen, ein paar Idealisten, die für radikale Veränderungen kämpfen und doch wissen, dass sie diesen Kampf nicht gewinnen können. Eigentlich sollten die Intellektuellen das kritische Gewissen einer Nation sein. Aber die chinesischen Intellektuellen von heute haben sich wie alle anderen auch von der allgemeinen Geldgier anstecken lassen. Jene, die kein Geld verdienen, protestieren und verlangen nach Demokratie. Dabei denken auch sie nur an sich selbst. Denn kaum sitzen sie in der von ihnen erwünschten Position und können ihre Interessen durchsetzen, verlangen sie keine Demokratie mehr. Die Regierung schmeichelt vor allem den Akademikern an den Universitäten. Viele Professoren werden für ihre Forschungsprojekte mit großzügigen finanziellen Mitteln ausgestattet. Meist unterbleibt eine genaue Prüfung, wie dieses Geld überhaupt ausgegeben wird. Wieso sollen die Professoren gegen die Partei angehen, wenn sie so viel Geld bekommen? Die Partei betreibt damit eine geschickte Politik, die sie sogar noch verstärkt, weil der Erfolg ihr recht gibt. Wer finanziell gut ausgestattet wird, ist zufrieden und hält seinen Mund. Was will man mehr? Leider gehen damit Ehrlichkeit und Aufrichtigkeit verloren. Wir können es diesen Leuten nicht einmal übelnehmen. Das ist das Ergebnis von Jahrzehnten unentwegten Klassenkampfes und politischer Bewegungen. Das hat den Charakter verdreht. Alle lebten damals in Armut, und Chancen boten sich den wenigsten. Heute hat sich alles verändert. Hat man Geld, bieten sich endlose Möglichkeiten.«

Vom schlechten Ruf der Beamten

Ein Taxifahrer in Beijing: »Von hundert Beamten sind hundert korrupt.«

Wie sich manche in China den Tagesablauf eines Beamten vorstellen
(aus einem chinesischen Internet-Forum)

Morgens nach dem Aufstehen Schattenboxen geübt.
Vormittags zur Sitzung gegangen und geschlafen.
Mittags zum Essen gegangen und gerülpst.
Nachmittags gearbeitet und im Büro Witze gerissen.
Abends Überstunden gemacht und Majiang gespielt.
Nach Majiang-Spiel mit Mädchen Spaß gehabt.
Gegen Mitternacht nach Hause und mit der Alten gezankt.

Herr Y., 48, Wissenschaftler, Shanghai: »In China werden die Ämter inzwischen sozusagen vererbt. Die hohen Beamten schanzen ihren Kindern einflussreiche Posten zu. Wirtschaft und Bürokratie hängen eng zusammen, sie tragen eine Hose, wie wir auf Chinesisch zu sagen pflegen. Das bedeutet, dass die Beamten in der Geschäftswelt kräftig mitmischen. Wenn der Vater beispielsweise Beamter ist, bietet es sich an, dass sein Sohn eine Firma gründet, die dem Tätigkeitsfeld des Vaters nahesteht. Sagen wir: Straßen- oder Brückenbau. Dann kann der Sohn dank der Beziehungen, Informationen und Machtbefugnisse seines Vaters hervorragende Geschäfte machen.

In Shanghai ist die Situation noch relativ übersichtlich. Der ausländische Einfluss hat sich hier positiv ausgewirkt. Aber geht man in die Provinz, sieht die Sache ganz anders aus. Jeder Leiter einer Lokalregierung möchte, dass bei ihm investiert wird. Deshalb umwerben sie fremde Investoren, machen große Versprechungen und behandeln sie wie Könige. Aber sobald du das Geld investiert hast, gerätst du in Schwierigkeiten. Keiner kümmert sich mehr um dich. Da kannst du machen, was du willst. Du erreichst nichts, weil lokale Beamte und Geschäftsleute zusammenarbeiten. Es gibt dafür das geflügelte Wort: Tagsüber steht die Tür offen, abends wird sie geschlossen. Die Regierungsbeamten stoßen morgens die Tür weit auf, und die lokalen Geschäftsleute schließen sie abends schnell wieder. Nichts, was zugesagt wurde, wird eingehalten. Das betrifft nicht nur ausländische, sondern auch inländische Investoren. Was folgt daraus? Die heutigen Chinesen, ob im Geschäfts- oder alltäglichen Leben, umgibt immer ein unsicheres Gefühl. Schuld daran sind die Beamten, die inkompetent und unfähig sind. Sie denken nur an sich. Ihre Entscheidungen dienen in erster Linie ihren eigenen Interessen.

Was mich stört, ist die mangelnde Kontrolle über die Beamten. Sie werden mit hohen Ämtern betraut, obwohl es vielen von ihnen an Niveau, Wissen und Fähigkeit fehlt. Als Vorgesetzte sind sie ein großes Problem für uns. Sie sollen uns führen, behindern jedoch unsere Arbeit durch Egoismus, Unkenntnis und Unfähigkeit. Die Bevölkerung hat nicht das Recht, die Beamten zu prüfen und zu kontrollieren.

Manchmal sind ganz üble Burschen darunter. Sie lügen, sind schlecht erzogen und auch noch korrupt. Wenn solche Leute Macht erlangen, können sie machen, was sie wollen. Aber man kann sie nicht absetzen. Sie werden durch die Partei ernannt, wir können nichts gegen sie ausrichten. Die höheren Beamten bestimmen die unteren Beamten. Das macht viele Leute sehr unzufrieden. In dieser Hinsicht ist das alte feudalistische System immer noch intakt. Diese Leute genießen auch noch viele andere Vorteile, wie zum Beispiel eine wesentlich bessere medizinische Versorgung. Die gewöhnlichen Leute geraten meist in große Schwierigkeiten, wenn sie ernsthaft erkranken, denn das medizinische Versorgungssystem ist noch nicht gut etabliert. Die Beamten hingegen haben die beste medizinische Versorgung. Wenn die krank sind, werden sie sofort zu den besten Bedingungen bedient.«

Von den Sorgen der mittleren Beamten
(aus einem chinesischen Internet-Forum)

»Wenn ich den mir vorgesetzten Beamten kritisiere, dann kann ich meinen eigenen Platz schlecht verteidigen.

Wenn ich meinen gleichgestellten Kollegen kritisiere, kann ich die gute Beziehung zu ihm schlecht aufrechterhalten.

Wenn ich die mir unterstellten Beamten kritisiere, bekomme ich wenig Sympathie.

Wenn ich mich selbst kritisiere, verderbe ich mir meine Laune.

Ach, das Leben ist schwer.«

Herr Z., 55, Chefredakteur, Beijing: »Die Menschen in China erwarten, dass die Regierung innerhalb kürzester Zeit alle Probleme löst. So wie Mao Zedong es einmal gesagt hat: ›Zehntausend Jahre sind zu lang. Wir müssen alles von heute auf morgen schaffen.‹ Das ist falsch. Die Dinge müssen sich langsam entwickeln. In den vergangenen zwanzig, dreißig Jahren haben Partei und Regierung versucht, die Entwicklung schnell voranzutreiben. Heute merken sie, dass mit dem schnellen Tempo immer mehr Probleme auftauchen. Die Immobilienpreise steigen wie verrückt. Die Regierung versucht, diese Entwicklung zu bremsen. Aber dazu ist es zu spät. Die chinesischen Banken begehen denselben Fehler wie die in den USA. Sie vergeben beliebig Kredite. Aber irgendwann können diese Kredite nicht zurückgezahlt werden. Früher bekamen die Investoren für ihre Projekte Kredite von manchmal hundert Prozent und dies nur, weil sie ausgezeichnete Beziehungen zu Regierung und Beamten unterhielten. Ein wunderbares Feld für Bestechung und Korruption. Nach den heutigen Bestimmungen darf der Kreditrahmen fünfzig Prozent zwar nicht übersteigen, aber bei den Geldern, die von den Banken als Kredite vergeben werden, handelt es sich doch um die Ersparnisse des Volkes. Sobald die Preise fallen, die Investoren Bankrott erklären und das Geld nicht zurückzahlen können, werden wir Riesenprobleme bekommen.

Doch daran denken die beteiligten Beamten nicht. Zu verlockend sind die Möglichkeiten der persönlichen Bereicherung. Wenn es zum Beispiel heißt, dass auf einem bestimmten Stück Land nur ein zehnstöckiges Haus gebaut werden darf, bestechen die Investoren die für die Stadtplanung zuständigen Beamten. Mit einer entsprechenden Genehmigung kann dann ein 20- bis 30-stöckiges Haus gebaut werden, und alle sind zufrieden. Der Beamte ließ sich seine Zusage fürstlich bezahlen, die Investoren nehmen durch den Verkauf der Objekte doppelt bis dreifach so viel Geld ein wie ursprünglich geplant. Solche Art von Korruption ist trotz wiederholter Warnungen aus der Zentrale weit verbreitet. Offiziell wird gegen jede Art von Bestechung angegangen, aber nicht alles lässt sich untersuchen. Manche fragen sich jetzt, ob unsere Regierung eigentlich die Interessen des Volkes vertritt oder die der Investoren. Deshalb lautet ein verbreiteter Spruch: Die Regierung dient der Wirtschaft, den Banken, den Investoren, aber nicht dem Volk. Die Partei vertritt nicht die Interessen des Volkes, sondern die des Kapitals. Es gibt heute viele Investoren und Unternehmer, die, nachdem sie viel Geld verdient und ihre Firmen eine gewisse Größe erreicht haben, nur noch gesetzeskonform handeln. Sie geben mit kulturellen Projekten an, die sie unterstützen, und mit spendabler Wohltätigkeit. Kein Wunder. Ihre Taschen sind voll. Jetzt sind die nachrückenden jungen Investoren und Unternehmer dabei, mit Korruption und Bestechung die Gesetze zu brechen und viel Geld zu verdienen. In der chinesischen Gesellschaft nennen wir dieses Phänomen ›Kaufleute mit rotem Knopf‹ (nach den früheren kaiserlichen Beamten, die Kappen mit Knöpfen trugen, die je nach Rang unterschiedliche Farben hatten), das heißt, die Kaufleute arbeiten mit den Beamten zusammen. Solche Dinge bedrohen unsere Zukunft.

Früher galt Bestechung als Verbrechen. Heute bewundert man Leute, die zu Geld kommen. Mit welchen Mitteln sie es schaffen, interessiert die wenigsten. Auch ihre Geschicklichkeit wird bewundert, mit der sie Beamte und politische Führer zu bestechen wissen. Heutzutage kann man nämlich nicht mehr so direkt mit Geld und Geschenken bestechen. Man muss nach anderen Möglichkeiten suchen, den Leuten zu schmeicheln, indem man beispielsweise ihre Reisen finanziert oder ihnen Häuser zur Verfügung stellt, in denen sie für immer wohnen können. Viele Beamte wohnen in schönen Häusern in hervorragenden Lagen und werden deswegen von den anderen beneidet. Aber niemand fragt, wie sie das bewerkstelligt haben und woher das Geld kommt. Alles steht auf dem Kopf. Neulich passierte so ein Fall in meinem Verlag. Eine neue Mitarbeiterin, ein Mädchen von gerade mal zwanzig Jahren, kam in unseren Betrieb. Jemand fragte sie, ob man ihr bei der Suche nach einer Unterkunft helfen sollte, weil sie ursprünglich aus dem Süden stammt. Sie brauchte keine Hilfe. Sie besaß eine Wohnung von 170 m² in bester Lage mitten in Beijing, also für jeden normalen Mitarbeiter in unserem Verlag völlig unbezahlbar. Alle beneideten sie, aber keiner fragte, wie sie das geschafft hat und woher das Geld kommt, denn das spielt heute keine Rolle mehr. Mich interessierte es trotzdem. Ich wollte wissen, woher meine neue Mitarbeiterin so viel Geld hatte. Jemand bekam schließlich heraus, dass ihr Vater ihr die Wohnung gekauft hatte. Nun war ihr Vater aber kein reicher Unternehmer, sondern nur der Leiter einer kleinen

Gemeinde in der Provinz Jiangsu. Ein kleiner Gemeindechef kann sich eine so große Wohnung in Beijing leisten? Das ist ohne Korruption nicht möglich. Ein altes Sprichwort ist heute wieder überall zu hören: Verachtet werden nur die armen Leute und nicht die gierigen Beamten.

Mit den Werten wandeln sich die Sichtweisen. Ehrlichkeit zählt nicht mehr. Nur die Gier zählt.«

Wer sich um mich kümmert ...

(aus einem chinesischen Internet-Forum)

Der Chef der Personalabteilung: Wer sich um mich kümmert, um den kümmere ich mich ebenfalls. (Dem besorgt man einen besseren Posten.)

Der Chef der Disziplinarabteilung: Wer sich nicht um mich kümmert, um den werde ich mich kümmern. (Dem macht man Schwierigkeiten.)

Der Chef der Propagandaabteilung: Wer sich um mich kümmert, um dessen gute Seiten kümmere ich mich. Wer sich nicht um mich kümmert, um dessen schlechte Seiten kümmere ich mich.

Der Chef der Parteizelle: Wer sich um mich kümmert, um den soll sich der Personalchef kümmern. Wer sich nicht um mich kümmert, um den soll sich der Disziplinarchef kümmern.

Von der Polizei ist keine Hilfe zu erwarten

Herr W., 67, Rentner, Suzhou: »In unserem zehnstöckigen Hochhaus wird seit Monaten das Erdgeschoss umgebaut. Früher befanden sich dort mehrere Läden. Jetzt reißt man alle Wände heraus, um ein durchgehendes Restaurant zu schaffen. Da auch der Keller in das Restaurant integriert wird, reißt man zusätzlich die Böden auf und legt breite Zugänge. Das künftige Restaurant soll mit aufwendigen

Holzschnitzereien verkleidet werden, die alle im Erdgeschoss gefertigt werden. Seit fünf Monaten wird unentwegt gebohrt, gehämmert und gesägt. Morgens zwischen sieben und acht geht es los, bis abends um sechs, häufig auch bis acht oder neun. Am Wochenende ist es verboten, in Wohnhäusern Baulärm zu machen. Aber da es sich bei den Handwerkern um die üblichen Wanderarbeiter handelt, wohnen sie auf der Baustelle. Sie würden am liebsten durchgehend arbeiten. An Ruhe sind sie nicht interessiert, denn sie werden nach Projekt bezahlt und nicht nach Zeit. Je eher sie also fertig werden, desto schneller können sie zur nächsten Baustelle ziehen. Deshalb arbeiten sie auch am Wochenende, ebenfalls von morgens bis abends. Wir haben uns schon mehrmals bei den Handwerkern beschwert und auch bei der Polizei und beim Bezirksamt angerufen. Von dort sind sogar Vertreter gekommen und haben sich den Fall angeschaut. Das hat aber nichts genützt. Wieso auch? Jeder in der Nachbarschaft weiß, dass der Unternehmer, der das Gebäude ursprünglich errichten ließ und die unteren Etagen besitzt, über sehr gute Verbindungen zur Polizei verfügt. Man hat ihn mehrmals mit Polizeivertretern in teuren Restaurants gesehen. Auch aus den Nachbarhäusern kommt Protest, denn es schallt bis in ihre Häuser hinüber. Man könnte natürlich klagen und würde sogar recht bekommen. Aber das kümmert weder Arbeiter noch Unternehmer. Man müsste dann noch den Polizeieinsatz einklagen. Das würde dann wahrscheinlich wirken. Aber dann hätte man ein anderes Problem: Schon oft war zu hören, dass diese Art von Unternehmern solche Fälle auf eigene Weise löst. Man wird auf dem Weg nach Hause verprügelt, oder es wird in die Wohnung eingebrochen und alles verwüstet. Der Unternehmer steckt angeblich auch mit der Schwarzen Gesellschaft unter einer Decke, was ebenfalls nicht dazu ermutigt, gegen ihn Klage zu erheben. Die Leute in unserem Haus haben resigniert und sich mit dem Lärm abgefunden. Doch die Wut bleibt, und die entlädt sich dann bei anderer Gelegenheit, die nicht unbedingt etwas mit dem Umbau zu tun hat.«

Von Korruption und Amtsmissbrauch

Korruption und Amtsmissbrauch sind zwei alte Bekannte in der chinesischen Geschichte. Sie haben zum Niedergang von Dynastien beigetragen und das Ende der ersten Republik unter Chiang Kaishek mit beschleunigt. Heute bedrohen sie das Land ein weiteres Mal. In Meinungsumfragen wurde die Korruption von über achtzig Prozent der Befragten als größtes Problem Chinas bezeichnet.

Das Erschreckende an der heutigen Korruption ist das Ausmaß. Sie hat alle Bereiche des täglichen Lebens erfasst. Für viele Menschen ist sie zur Normalität geworden, und doch beklagen sich alle über sie. »Die Korruption ist das Schmieröl unserer Gesellschaft«, sagt ein Unternehmer in Sichuan. »Ohne sie läuft nicht viel. Sie schmiert die Beziehungen zwischen den Menschen, die Kontakte zwischen Bürgern und Behörden, zwischen Unternehmen und Regierung. Alle wissen, dass die Korruption unsere Gesellschaft krank macht. Aber leider sind Partei und Regierung nicht in der Lage, sie zu bremsen. Das könnten wahrscheinlich nur freie Medien.«

Die Korruption ebnet und verkürzt die Wege. Das für China so wichtige Netzwerk persönlicher Beziehungen leistet ihr oft Vorschub. Die Grenzen zwischen Korruption und Freundschaftsdienst sind oft fließend.

Die meisten Chinesen bringen die Korruption in Verbindung mit den Wirtschaftsreformen. Durch sie sei sie erst möglich geworden, denn unter Mao hätte es sie nicht gegeben, was nicht ganz stimmt.

»Alle kritisieren die Korruption«, sagt uns ein Student in Beijing. »Aber kann denn Kapitalismus ohne Korruption funktionieren? Fordert das kapitalistische System die Korruption nicht geradezu heraus? Wie können die Beamten dabei zusehen, dass die Geschäftsleute immer reicher werden und sie selbst leer ausgehen. Da ist es nur natürlich, dass sie sich die Taschen vollstopfen wollen.«

Es gibt sogar Menschen, die der Korruption durchaus positive Seiten abgewinnen können, wie eine pensionierte Filmemacherin in Shanghai: »Viele Menschen beklagen die Korruption in unserem

Land. Aber ich finde, dass sie auch einen Vorteil hat. Das Tempo, mit dem sich unsere Wirtschaft entwickelt, ist hauptsächlich der Korruption zu verdanken. Nehmen wir zum Beispiel lästige Behördengänge. Um einen Stempel für eine Baugenehmigung zu bekommen, konnte man früher gut und gern zwei Jahre warten. Mit ein bisschen Bestechung bekommt man heute den Stempel sofort.«

Für viele Menschen ist es schwieriger, der Korruption zu widerstehen, als einfach mitzumachen. Wenn in einer Gruppe Funktionäre alle außer einem bestechlich sind, wird der Unbestechliche für die anderen zum Problem. Es ist leichter, wenn alle mitmachen. Deshalb bleibt es vielleicht auch so, wie es ist. Denn wenn alle ihre Karten auf den Tisch legen müssten, hätte jeder etwas zu verbergen.

Von kleinen und großen Fischen

Ein chinesischer Kaufmann mit deutscher Staatsangehörigkeit lebt mit Frau und Kind in Hamburg, fliegt aber wenigstens alle zwei Monate geschäftlich nach China. Er lässt sich deswegen immer ein einjähriges »Multiple-Entry-Visa« ausstellen. Bequemer wäre für ihn eine unbefristete Aufenthaltserlaubnis, eine Art »Green Card«, für seine chinesische Heimatstadt. Dann könnte er auch ohne Visum beliebig ein- und ausreisen. »Mein Vater hat sich genau erkundigt und mit verschiedenen Leuten in den entsprechenden Behörden Kontakt aufgenommen. ›Alles kein Problem‹, sagte er schließlich zu mir und übergab mir ein Antragsformular. Daran angefügt hatte er eine Liste mit Namen von Personen, die ich zum Essen einladen oder denen ich Geldgeschenke machen sollte. Das sei so üblich und nicht zu umgehen, meinte er. ›Warum sollten sie dir sonst eine Aufenthaltserlaubnis ausstellen?‹ Für ihn war es logisch, dass man für ein Recht, das einem eigentlich zusteht, zu zahlen hat. Er war daran gewöhnt, ich aber nicht mehr, und deshalb hatte ich zu solcher Prozedur auch keine Lust. Es geht mir einfach gegen den Strich. Darum reise ich weiterhin lieber mit Visum ein.«

In einer mittelgroßen Stadt in der Provinz Zhejiang wollte eine junge Frau heiraten und suchte seit Wochen nach einer geeigneten Eigentumswohnung. Das kam einem Bauunternehmer zu Ohren, der häufig mit ihr zu tun hatte, weil sie Mitarbeiterin der Baubehörde war. Kurz darauf teilte er ihr mit, dass zufällig noch eine Wohnung in einem seiner Neubauten günstig zu haben sei. Sie entsprach in jeder Beziehung den Vorstellungen der jungen Frau, bis auf den Preis. Er lag bei 5000 Yuan pro Quadratmeter. Sie bekam die Wohnung für den halben Preis. Wie das?, wunderte sie sich. Die Preise wären wegen des lokalen Überangebotes kurzfristig gefallen, hieß es. Daraufhin griff sie sofort zu. Noch am selben Tag hörte ihre Kollegin davon und kontaktierte umgehend den Bauunternehmer. Zufällig konnte er ihr ebenfalls eine Wohnung zu denselben Bedingungen anbieten. Gut für den Bauunternehmer war, dass es nur zwei Mitarbeiterinnen in der Abteilung gab, denn gleich darauf lag der offizielle Quadratmeterpreis wieder bei 5000 Yuan. Ob die beiden jungen Frauen dem Bauunternehmer jemals eine Genehmigung verweigern werden? Wohl kaum.

Ein Arzt für traditionelle Medizin arbeitete in einem Armee-Krankenhaus in der Provinz Jiangxi. Deshalb wohnte er mit seiner Familie im Viertel für Armeeangehörige. Er war sehr angesehen. Die Patienten kamen oft noch abends zu ihm nach Hause, um sich beraten zu lassen, besonders die hochrangigen. Seine Frau war sehr kontaktfreudig und mit allen gut Freund. Im Zuge der Reformen wurde allmählich jede Art von Unternehmertum wieder zugelassen. Auch das, was eigentlich verboten war, zum Beispiel die Prostitution, wurde mit entsprechender Bestechung wieder möglich. Hunderttausende von jungen Frauen arbeiten heute in diesem Gewerbe. Als Wirtschaftsfaktor ist die Prostitution inzwischen viel zu wichtig, als dass ernsthaft gegen sie vorgegangen würde. Überall ist sie sichtbar, sie braucht sich nicht mehr zu verstecken wie früher, als es gerade mit der Reformpolitik losging.

Die Frau des Arztes beobachtete, dass sich im Dunstkreis des Militärs einiges an illegalen Geschäften entwickelte und sich mit Prostitution viel verdienen ließ. Sie mietete sich daraufhin ein paar Zimmer in einem Gästehaus der Armee, lockte einige Mädchen aus der Nachbarprovinz an und betrieb erfolgreich ihr neues Geschäft. Alle profitierten davon: Das Management des Gästehauses, das entsprechend geschmiert wurde, ebenso wie die Mitarbeiter an der Rezeption, die die interessierten Herren weitervermittelten. Niemand behelligte die Frau und ihr illegales Geschäft. Ihre engen Verbindungen zur Armee schützten sie vor Razzien und Verfolgung. Deshalb arbeiteten die Mädchen auch gern für sie. Ihr Etablissement galt als sicher. Polizeieinsätze in einem Gästehaus der Armee galten als unwahrscheinlich. Also drohten auch keine Verhaftungen. Inzwischen hat sich die Frau mit einem gemütlichen finanziellen Polster zur Ruhe gesetzt.

Wer immer mit den Anschlüssen von Strom, Gas oder Wasser zu tun hat, ist ein gemachter Mann. Welche Imbissbude, welches Restaurant, welches Hotel kann auf diese drei Dinge verzichten? Und je schneller die Anschlüsse gelegt werden, desto besser für das Geschäft. Ein Mitarbeiter aus der Shanghaier Stadtverwaltung, der in einem Stadtteil für Stromanschlüsse zuständig ist, nannte uns ein paar Restaurants und Salons für Fußmassage, in denen wir uns jederzeit auf seinen Namen kostenlos bedienen lassen könnten. Er könne die Zuwendungen gar nicht alle nutzen, die ihm seine Kunden gewährten, denn dazu fehle ihm schlicht die Zeit. Der arme Mann besitzt nämlich mehrere Wohnungen und Häuser, um die er sich neben seinem aufreibenden Job kümmern muss.

Herr K., 50, Sammler, Tianjin: »Ich kenne mehrere Beamte aus unseren Behörden, deren Kinder in England studieren. Jeder weiß, wie teuer ein Studium in England ist. Ich frage mich, wie sie das finanzieren. Von ihrem offiziellen Gehalt können sie höchstens Unterkunft und noch ein bisschen Verpflegung bezahlen. Also, woher kommt das Geld, mit dem sie ihre Kinder ins Ausland schicken?«

Als kenne er die Antwort selbst, erzählt uns Herr K. wenig später von seiner Zusammenarbeit mit der Polizeibehörde. »Ich kaufe ihr manch konfiszierte Kunstgegenstände ab. Kürzlich ging es um einen hochwertigen Edelstein. Offiziell sollte der Stein 50 000 Yuan kosten.

Für alle Experten ist das eine skandalöse Unterbewertung. Ich kaufte den Stein zum offiziellen Preis, zahlte aber 250 000 Yuan. 50 000 Yuan gehen an den Staat, 200 000 Yuan in die Taschen der beteiligten Beamten, und alle sind zufrieden. Ich auch, denn 250 000 Yuan war immer noch zu billig. Auf dem freien Markt bekomme ich wesentlich mehr.«

Für Herrn Z., 55, den Chefredakteur in Beijing, steht die Welt auf dem Kopf: »Man kann nicht behaupten, dass nichts gegen die Korruption unternommen wird. Es sitzen schon viele Leute wegen Korruption hinter Gittern. Einige wurden sogar mit dem Tode bestraft. Aber was nützen Todesstrafen, wenn sich das ganze Denken verändert hat? Die Menschen haben heute keine Angst mehr vor korrupten Handlungen, weil sich die Werte geändert haben. Früher durften die Soldaten den Bauern nicht einen Apfel wegnehmen. Die Disziplin der Volksbefreiungsarmee war mustergültig. Heute ist es normal, dass man den Beamten etwas schenkt.«

Ein Freund erzählt uns von einem Dorf in schönster Umgebung nahe Hangzhou. Kaiser Qianlong (1711 – 99) hätte den Ort einst besucht und sehr gelobt. Der Vorsteher des Dorfes ist ein alter Mann, der eigentlich längst in den Ruhestand gehen müsste. Trotzdem wollen die Leute ihn als Dorfvorsteher behalten, nicht weil er so fähig wäre, sondern weil seine Taschen bereits gut gefüllt sind. Kraft seines Amtes hatte er sich auf Kosten der anderen Dörfler zu seiner Zufriedenheit bereichern können. Käme jetzt ein neuer Vorsteher, würde das Spiel mit den Bestechungen von vorne losgehen. Jeder neue Beamte nutze sein Amt erst einmal, um in die eigene Tasche zu wirtschaften.

»Wir richten unser Land zugrunde, wenn sich die Korruption in diesem Tempo weiter ausbreitet«, sagt ein Geschäftsmann in Hongkong, 65, beteiligt sich selbst jedoch eifrig an dem Spiel. Er verkauft Rohstoffe. »Wenn ich meinen chinesischen Geschäftspartnern eine Einheit für hundert Hongkong-Dollar anbiete, sagen manche: Schreib das Doppelte auf die Rechnung. Sie zahlen mir dann den vollen Betrag, und ich überweise die Differenz auf ihr Konto im Ausland oder an einen Verwandten in Kanada, Australien oder Europa.

Manche lassen sich das Geld auch in bar auszahlen und bringen es dann nach Macau, der heute in dieser Region beliebtesten Waschanlage für heißes Geld. Man geht dort in eins der Spielcasinos, wechselt einen hohen Betrag heißen Geldes in Chips ein und spielt ein wenig, macht vielleicht sogar etwas Verlust. Dann tauscht man die Chips wieder in Geld ein und kann reinen Herzens sagen, dass man es aus dem Casino hätte.

Eine andere Möglichkeit, Geld zu waschen, ist der Juwelenkauf bei internationalen Nobelmarken. Ein Bekannter von mir ging mit einem dicken Koffer voll Geld in die Hongkonger Niederlassung eines bekannten Nobeljuweliers und sagte, er wolle das gesamte Geld ganz schnell in Juwelen umsetzen. Die schlossen daraufhin den Laden, um das Geld zu zählen. Mit den gekauften Juwelen ging mein Freund dann ins Ausland und tauschte sie dort in einer bereits informierten Niederlassung jenes Nobeljuweliers wieder ein, mit einem Abschlag von zwanzig Prozent. Für beide Seiten war das ein gutes Geschäft. Mein Bekannter hatte sein Geld im Ausland und der Nobeljuwelier mal eben zwanzig Prozent eingestrichen.«

Manchmal geraten Ausländer in Fälle von Korruption, ohne es zu bemerken. Sie werden nach China eingeladen, um für die Durchsetzung von Großprojekten zu werben. Solche ausländischen Gäste kommen gern, weil ihnen alles bezahlt wird und sie vielleicht sogar noch ein Tagegeld und ein Honorar für einen Vortrag erhalten. In Sichuan beispielsweise wollten lokale Funktionäre bei den Provinzbehörden den Umbau eines in seiner Bausubstanz gut erhaltenen Dorfes in ein Touristikzentrum mit weitläufiger Infrastruktur durchsetzen. Dazu veranstalteten sie ein Symposium, zu dem sie ausländische Experten in Sachen Denkmalschutz und Altstadtsanierung einluden. Die Experten kamen, denn schließlich wurde für Flug und Unterkunft gezahlt. Die meisten hatten sich sogar bestens vorbereitet und hielten ihre Vorträge in Italienisch, Englisch und in anderen Sprachen, wunderten sich jedoch, dass niemand übersetzte. Erst da bemerkten sie, dass sie nur Statisten waren. Die Provinzbehörden sollten durch das ausländische Interesse beeindruckt werden, damit sie den lokalen Behörden und Investoren die nötigen Genehmigungen gaben. Es ging nicht um Denkmalschutz, sondern nur um das große Geschäft.

Bestechliche Staatsdiener

Herr F., 54, Maler, Tianjin: »Alle wissen, dass wir Chinesen gern essen. Je teurer und luxuriöser, desto besser. Das gilt vor allem für die Beamten, die beim Bezahlen nur zu unterzeichnen brauchen, weil sie auf Staatskosten essen. Deshalb wollen auch alle Leute Beamte werden, denn ihnen winken viele Vorteile. Sie bekommen billige Häuser, bestes Essen und darüber hinaus reichlich Bestechungsgelder. Das war schon zur Kaiserzeit so. Bekam ein Mitglied der Familie einen Beamtenposten, war die ganze Sippe saniert. Heute wird die Zahl der Beamten immer größer.«

In dem gleichen Maße wie die Proteste gegen korrupte Parteifunktionäre zunehmen, nimmt das Vertrauen der Bevölkerung in die Kommunistische Partei und ihre Fähigkeit, der grassierenden Korruption Herr zu werden, ab. »Man kann der Partei nicht absprechen, dass sie sich bemüht, Missstände aufzuheben. Aber da sie nicht an die Wurzel der Probleme geht, ist sie auch nicht sehr erfolgreich in ihren Lösungsversuchen«, sagt Herr S., 38, Manager in Sanya.

Unmut und Wut über Ungerechtigkeit, Amtsmissbrauch und Korruption machen sich täglich in den Internetforen Luft. Niemand zeigt sich optimistisch, vielmehr vermuten viele Kommentatoren sogar, dass die meisten Kräfte in der Partei die Korruption gar nicht eindämmen wollen. Denn die Regierungsbeamten profitieren durch sie überdurchschnittlich vom Wirtschaftsboom. Manche Wirtschaftswissenschaftler glauben, dass erst die Korruption der Marktwirtschaft den Weg geebnet hat. Deng Xiaopings Devise »Lasst zuerst einige reich werden« müsse in diesem Zusammenhang ganz anders ausgelegt werden: Teile der politischen Elite und der Bürokratie, die sich durch die Reformen ihrer Vorteile beraubt sahen, gaben ihren Widerstand erst auf, als sie erkannten, dass sie und ihre Familien die eigentlichen Gewinner waren.

»Die Korruption übersteigt alle Vorstellungen«, sagt ein pensionierter Regierungsbeamter in Beijing. Man wagt die Zahlen kaum zu glauben: Angeblich sollen neunzig Prozent der lokalen Behörden von Korruption infiziert sein.

Die Formen der Bestechung sind vielfältig und der Phantasie keine Grenzen gesetzt. Industrieanlagen zu überhöhten Preisen einzukaufen und die Differenz zu kassieren, die durchaus die Hälfte ausmachen kann, ist nur eine Möglichkeit.

Das Paradebeispiel für die Korruption ist die Bodenspekulation. Der Boden gehört dem Staat bzw. den ländlichen Gemeinden. Wer ihn bebauen darf, entscheiden die Beamten. Diese verkaufen das Nutzungsrecht an die Investoren, und jeder im Lande weiß, dass sie dabei kräftig mitverdienen. Am elegantesten verfährt der Beamte, wenn er die Nutzungsrechte zu günstigsten Konditionen an die Firma eines Verwandten verscherbelt, die den Kauf mit einem Bankkredit finanziert und das Nutzungsrecht später für ein Vielfaches weiterverkauft. Früher konnte man davon ausgehen, dass das Nutzungsrecht für ein Stück Land mehrmals den Besitzer wechselte, bevor es zur eigentlichen Bebauung kam, und selbstverständlich verdienten alle daran, auch die Beamten und Notare, die mit Genehmigungen und Urkunden jeden Besitzerwechsel besiegeln mussten. Die Einführung von Auktionen sollte die Korruption beim Verkauf der Landnutzungsrechte stoppen, was jedoch nicht immer gelang. Mitbieter wurden bei Auktionen gezwungen, sich zurückzuziehen, teils durch Bedrohung, teils durch Überbietung. Private Bieter unterlagen Staatsbetrieben, wenn diese sich für dasselbe Objekt interessierten. Da Staatsbetriebe besseren Zugang zu Krediten haben, können sie mit ihren Geboten wesentlich höher gehen als private Unternehmen. Häufig passiert es, dass sich nach der Auktion etwas am offiziellen Bebauungsplan ändert. Waren für den Bau nur vier bis fünf Stockwerke zugelassen, entsteht durch entsprechende Bestechung ein fünfzehn bis zwanzig Stockwerke hohes Haus.

Goldene Zeiten herrschten, als staatliche Betriebe privatisiert wurden. Dies geschah ohne die entsprechende Öffentlichkeit, so dass sich bei den Umwandlungen beste Gelegenheiten zur Korruption boten. Ehemalige Funktionäre mauserten sich zu Direktoren oder leitenden Führungskräften der neuen Privatbetriebe. Manchmal waren es auch die Verwandten oder Vertrauten der Regierungsbeamten, denen die Betriebe zu niedrigsten Preisen verkauft oder sogar kostenlos übergeben wurden.

Wenn der Staat Aufträge erteilt, entscheiden die Funktionäre, mit welchen Betrieben zusammengearbeitet wird. Sind sich Direktoren und Behördenvertreter einig, profitierten beide Seiten. Die Funktionäre in den lokalen Behörden arbeiten in der Regel sehr gut mit den privaten Unternehmern zusammen. Nur schwer können ihnen Unregelmäßigkeiten nachgewiesen werden. Besonders einträglich sind Infrastrukturprojekte. Es wurden mehrere Fälle bekannt, bei denen Kinder hoher Provinzbeamter innerhalb weniger Jahre zu Yuan-Milliardären wurden. Der Staat zahlte beim Bau von Autobahnen pro Kilometer beispielsweise 120 Millionen Yuan, die echten Kosten lagen aber nur bei 70 Millionen. 50 Millionen wanderten in unbekannte Taschen.

Ebenfalls ein Erbe aus alter Zeit ist der Ämterkauf. In heutiger Zeit ist er weit verbreitet. Er setzt sich von oben nach unten fort und betrifft alle Bereiche einschließlich Justiz, Polizei und Staatsanwaltschaft. So vergibt etwa ein Bürgermeister die Leitung der ihm unterstellten Ämter gegen entsprechende Bezahlung an Vertraute weiter. Diese wiederum verkaufen die Stellen der nachgeordneten Stufe. Der Posten des Bürgermeisters einer bekannten südchinesischen Stadt soll mindestens 30 Millionen Yuan gekostet haben. Die Summe brachte der Mann nicht selbst auf, sondern er ließ sie durch Unternehmer finanzieren, die später Vergünstigungen von ihm erhielten.

Die aufmerksame Internet-Gemeinde vermeldet immer gern, mit wie vielen Frauen sich korrupte Beamte schmücken. Vom Bürgermeister einer bekannten Stadt in Sichuan hieß es, er habe mehrere Nebenfrauen im Alter zwischen sechzehn und zwanzig Jahren. Der

Parteichef eines Kreises in Fujian feierte mit seinen zweiundzwanzig Geliebten eine Party, in deren Verlauf die hübscheste ausgewählt und mit 300 000 Yuan belohnt wurde.

Gegenmaßnahmen

Schon aus höchsten Regierungskreisen kam die Forderung, dass die Jahreseinkünfte und Ersparnisse aller Parteiführer und Beamten offengelegt werden müssten, weil davon auszugehen ist, dass über neunzig Prozent der Funktionäre mehr Geld besitzen, als sie mit ihrem Gehalt verdienen konnten. Bisher ist diese Forderung immer wieder abgelehnt worden.

Manche Beamte schicken ihre Angehörigen vorsichtshalber ins Ausland, um sich bei drohender Überführung schnell absetzen zu können. Partei und Staatsrat beschlossen deshalb im Juli 2010 eine neue Regelung, nach der Partei- und Regierungsmitarbeiter, deren Frauen und Kinder emigriert sind, einer Überprüfung unterzogen werden, wenn sie einen Pass für die Ausreise beantragen. Bevor es zu Beförderungen kommt, will man künftig überprüfen, ob die Verwandten der Anwärter ins Ausland emigriert sind. Wenn Angehörige in Ländern leben, mit denen der Beamte dienstlich zu tun hat, soll er dies seinen Vorgesetzten berichten.

Das Zentralkomitee betrachtet die neuen Regelungen als wichtige Maßnahme im Kampf gegen die Korruption. Ob sie Wirkung zeigt, muss sich erst erweisen.

Wie ernst die Lage ist, machte Staatspräsident Hu Jintao im Januar 2011 erneut deutlich, als er während einer Sitzung der zentralen Disziplinarkommission konsequente Schritte zur Eindämmung der Korruption forderte.

Vom gefährlichen Zusammenspiel von Bürokratie, Kapital und organisierter Kriminalität

»Korrupte Beamte, gewissenlose Geschäftsleute und kriminelle Banden – diese drei Kräfte arbeiten heute eng zusammen. Das ist im Moment das Gefährlichste in unserer Gesellschaft.« Herr J., 90, der ehemalige Minister in Beijing, erinnert sich: »Korruption und Vetternwirtschaft gewannen mit Beginn der 1990er Jahre an Dramatik. Die Kommunistische Partei versäumte es, Maßnahmen dagegen zu ergreifen. So konnten sie sich in einem solchen Tempo ausweiten, dass sie heute nicht mehr gebremst werden können. Die heutigen Parteiführer sind nicht schlecht. Sie versuchen dem Geschehen Einhalt zu gebieten, aber das ist schwer. Als handele es sich um ein Krebsgeschwür, das im Körper wuchert. Wenn man es nicht früh genug erkennt und entfernt, nimmt es langsam vom ganzen Körper Besitz und bringt den Tod. Wir brauchen heute in China jemanden, der die Widersprüche und Probleme mutig aufgreift und sie mit starker Hand löst. Unter den heutigen Parteiführern wagen es die wenigsten, die Arbeit der anderen zu kritisieren. Es wird nur gelobt oder geschwiegen. Damit verschlimmern sie die Situation. Nur einer hat bisher aufbegehrt: Bo Xilai in Chongqing.«

Bo Xilai, Parteisekretär der regierungsunmittelbaren Stadt Chongqing, hat den Kampf gegen Korruption und organisierte Kriminalität in seiner Stadt aufgenommen. Bo Xilai ist nicht irgendwer, sondern ehemaliger Handelsminister und außerdem der Sohn von Bo Yibo (1908–2007), der zu den Spitzenpolitikern Chinas gehörte. Im Jahre 2009 ließ er Hunderte von Personen festnehmen, denen Vergehen wie illegales Glücksspiel, Prostitution und Drogenhandel zur Last gelegt wurden. Unter den Verhafteten waren neben Mitgliedern mafiaähnlicher Banden auch etliche Mitarbeiter der Polizeibehörden, die bei den schwarzen Geschäften kräftig mitgemischt hatten, darunter der ehemalige stellvertretende Polizeichef. Langjährige Gefängnisstrafen und Todesurteile wurden verhängt. Daraufhin ging ein Zittern durch alle Provinzen, ob das rigorose Beispiel Bo Xilais nun

Schule machen würde. Inzwischen ist die Aufregung etwas abgeebbt. Stattdessen sagt man Bo nach, er hätte sich mit seinem Vorgehen nur für höhere Staatsämter profilieren wollen. Auf jeden Fall ist er jetzt reich an Feinden.

Nicht jeder ist korrupt

Herr W., 49, Geschäftsmann aus Hongkong: »Es ist nicht schwer, gegen Korruption anzugehen. Man muss nur selbst anfangen und es nicht immer von den anderen verlangen.«

Der Mann leitet seit drei Jahren die Niederlassung eines großen Hongkonger Konzerns in der Provinz Jiangsu. »Ich habe nie Schmiergelder angenommen, habe das immer rundheraus abgelehnt, auch wenn man mich davon überzeugen wollte, dass dies hier so üblich sei. In Hongkong gab es in den 1970er Jahren eine umfassende Antikorruptionskampagne, die sehr wirkungsvoll war. Ich denke, so etwas wäre hier auch einmal nötig. Auf jeden Fall nehme ich nichts an, und ich gebe auch nichts. Diese Haltung habe ich zum Prinzip in unserem Betrieb gemacht, und siehe da, es geht auch ohne. Das hat die Erfahrung gezeigt. Ich würde sogar behaupten, dass meine Geschäftspartner diese Haltung an mir sehr schätzen und mir deshalb treu bleiben.«

Von Rede- und Meinungsfreiheit

In einer Diktatur darf man denken, ohne zu sprechen.
In einer Demokratie darf man sprechen, ohne zu denken.
In China darf man denken und sprechen, ohne zu schreiben.

Die alten Menschen in China blicken auf Jahrzehnte politischer Bewegungen zurück. Manche bezeichnen sich zum Spaß als »Sportler«: An jeder Bewegung mussten sie als Opfer teilnehmen, weil sie entweder aus den falschen Familien stammten oder sich zur falschen Zeit falsch geäußert hatten. Beispielsweise ermahnte ein Tanzlehrer Ende der 1950er Jahre eine Studentin, ihren Tanzpartnern nicht dauernd auf die Füße zu treten. Wie blamabel das sei, habe sogar Mao erfahren müssen, als er kürzlich einer Ausländerin auf die Füße getreten sei. Am nächsten Tag wurde der Tanzlehrer abgeholt und verschwand für viele Jahre als Konterrevolutionär in der Verbannung.

»Ich habe meine Meinung eigentlich nie geändert«, sagt ein Wissenschaftler, 79, in Beijing, der zu den alten »Sportlern« gehört. »Nur die Partei hat je nach politischer Richtung ihre Meinung zu mir geändert. Mal galt ich als angesehen, mal als schlecht.«

Die jungen Chinesen sind ohne politische Bewegungen aufgewachsen. Sie kennen die Kulturrevolution nur aus Erzählungen. Viele können kaum glauben, was ihre Eltern und Großeltern durchlitten haben. Allerdings wird dies auch nicht thematisiert, weder im Schulunterricht noch in den Medien. Sie wachsen in einem Klima auf, in dem sie sich frei fühlen, ihre Chancen nutzen und ihr Leben nach eigenen Wünschen gestalten.

»Deng Xiaoping hat unser Denken befreit«, hört man immer wieder. Die Chinesen können heute tun und lassen, was sie wollen, bis auf eines: Sie dürfen den Machtanspruch der Partei nicht öffentlich in Frage stellen.

Von zu viel und zu wenig Freiheit

»Wir haben während der Zeit der politischen Kampagnen viel durchgemacht«, sagt eine achtzigjährige Rentnerin in Wuxi. »Unter Mao gab es keine Freiheit. Für niemanden. Heute kann jeder seine Meinung sagen, ohne dass dir jemand wie früher den Hut eines Konterrevolutionärs oder eines Klassenfeindes aufsetzt. Die Zeiten haben sich geändert. Die Reform- und Öffnungspolitik war gut. Sie hat uns befreit. Trotzdem ist das Leben kompliziert geworden. Ich finde, dass wir inzwischen zu viele Freiheiten haben. Man kann schon fast von Anarchie sprechen. Es gibt Regeln und Gesetze, aber niemand hält sie ein. Jeder macht, was er will. Es herrscht ein wildes Durcheinander.«

»Wir haben in China ein interessantes Phänomen: Dort, wo es Freiheit geben sollte, gibt es keine, und wo es eigentlich keiner bedarf, gibt es zu viel«, sagt ein Kaufmann, 38, in Beijing. »Es sollte zum Beispiel mehr Presse- und Meinungsfreiheit geben. Wir sollten die Freiheit besitzen, Gesellschaft und Regierung zu kritisieren. Aber diese Freiheit gibt es nicht. Was hingegen unseren Straßenverkehr betrifft, so haben wir dort alle Freiheit der Welt. Alles wird geduldet, obwohl vieles eigentlich nicht erlaubt ist. Ebenso die Prostitution. Man begegnet ihr an jeder Ecke. Dabei ist sie eigentlich verboten. Was Geld bringt, wird geduldet. Meinungen bringen nur Ärger. Also duldet man sie nicht.«

Herr X., 48, Funktionär, Shanghai: »Der höchste Wert eines Menschen ist die Freiheit. Viele Menschen in China kämpfen heute für die Freiheit, allerdings wissen die wenigsten, dass meine Freiheit auch deine Freiheit sein muss und persönliche Freiheit deshalb ihre Grenzen hat.«

Herr H., 51, Restaurantbesitzer, Tianjin: »Manche Leute verwechseln Freiheit mit Gesetzlosigkeit. Jeder macht, was er will. Ein Nachbar in unserer Reihenhaussiedlung meinte, seinem Auto einen festen Parkplatz sichern zu müssen. Er stellte auf der allgemeinen Parkfläche vor seinem Haus einfach ein paar Pfeiler auf, brachte Ketten an und schrieb auf ein Schild, dass dies sein Parkplatz sei. Seinem direkten

Nachbarn, der selbst auch ein Auto besitzt, gefiel das nicht, und er geriet mit ihm darüber in Streit, und weil sie sich nicht einigen konnten, klagte er ihn schließlich an. Er bekam recht. Aber den anderen kümmerte das nicht. Er beließ »seinen« Parkplatz, wie er war. Der Nachbar hätte erneut auf Polizeieinsatz und gewaltsamen Abbau der Pfeiler und Ketten klagen müssen. Dann müsste das Gericht die Polizei schicken, um die Ketten zu beseitigen. Aber dann hätte der Nachbar einen Feind, der ihm vielleicht etwas ins Schloss oder in den Auspuff seines Wagens steckt. Darum klagen die meisten Leute in solchen Fällen erst gar nicht.«

Vom schwierigen Umgang mit kritischen Stimmen

Kritik von außen mag die Kommunistische Partei nicht. Wer gegen sie ist, ist gegen China und gegen den Willen des Volkes. Denn nach ihrem Selbstverständnis vertritt die Partei – und nur sie – den Willen des Volkes. Kritik an der Partei ist den meisten schlecht bekommen. Selbst wenn die Kritik erst aufgrund einer ausdrücklichen Aufforderung geäußert wurde, wie während der politischen Bewegung »Lasst hundert Blumen blühen«, als der damalige Parteivorsitzende Mao Zedong die Bürger aufforderte, die Arbeit der Kommunistischen Partei zu bewerten.

Kritik von innen mag die Partei ebenso wenig. Bei den siebzig Millionen Parteimitgliedern, die es heute gibt, handelt es sich nicht um eine homogene Masse, sondern um siebzig Millionen Individualisten, von denen aber nur wenige den Mut haben, ihre Meinung – sollte sie von der offiziellen Linie abweichen – öffentlich kundzutun. Genauso öffentlich könnte sonst der Parteiausschluss bekanntgegeben werden, wie zu Beginn des Jahres 1987, als der Journalist Liu Binyan, der Schriftsteller Wang Ruowang und der Naturwissenschaftler Fang Lizhi aus der Partei ausgeschlossen wurden.

Frau J., 47, Mitarbeiterin in einem Fernsehsender, Shanghai: »Wenn es unterschiedliche Stimmen in der Partei gibt, sind es in politischer Hinsicht meist die Linken, die sich durchsetzen. Wer zu viel über politische Reformen spricht, wird von den anderen gefragt: Was willst du eigentlich? Hinter dieser Frage klingt schon eine andere durch: Bist du gegen uns, bist du gegen die Partei? Dann bekommt man schnell eine Gänsehaut. Und weil das so ist, schweigen die Leute lieber.«

»Politisch gesehen haben wir die beste Zeit in den 1980er Jahren erlebt«, meint Herr Q., 53, Rechtsanwalt in Beijing. »Unter der Führung von Hu Yaobang wurden die Unschuldigen rehabilitiert, und es war Journalisten und Schriftstellern gestattet, ihre Kritik an der Partei relativ frei zu äußern. Deshalb kamen damals viele gute Bücher auf den Markt. Seit den Ereignissen des 4. Juni 1989 war es nur noch die Wirtschaft, die sich frei entfalten durfte. In politischer Hinsicht wurden die Zügel angezogen. Bei seinem Machtantritt konnte Deng Xiaoping die Kulturrevolution noch kritisieren. Später hörten wir solche Stimmen immer seltener.«

Im Feudalismus war man fortschrittlicher

Herr S., 55, Funktionär, Qingdao: »Im Kaiserreich wurden die kaiserlichen Berater dazu angehalten, anstehende Probleme vor dem Herrscher kontrovers zu diskutieren, damit sich dieser seine Meinung bilden und schließlich eine Entscheidung treffen konnte. Bis auf wenige Ausnahmen bestraften die Kaiser ihre Berater selbst dann nicht, wenn diese sich kritisch äußerten. Heute nennen wir die Kaiserzeit feudalistisch. Im Gegensatz zu den alten Kaisern mögen unsere heutigen modernen Herrscher aber keine kontroversen Meinungen hören. Im Gegenteil: Sie erzählen uns, was wir zu denken haben. Dann war man also im Feudalismus fortschrittlicher.«

Die Medien sind das Rückgrat der Partei

Jeder kennt die Bedeutung der Massenmedien. In einem Einparteiensystem sind sie einfach zu lenken. Die Regierung macht Vorgaben, an die sich die Medien zu halten haben. Auch die Kommunistische Partei Chinas weiß um die Bedeutung der Medien. Deshalb ließ sie in der Verfassung festschreiben, dass sie dem Volk und dem Sozialismus dienen müssten und dass der Staat für die Entfaltung der kulturellen Aktivitäten der Massen sorge. Das bedeutet, dass die Partei die Leitung des gesamten Medienbereichs für sich beansprucht. Auf dieses Recht will sie aus Angst vor einem Machtverlust nicht verzichten.

Eine junge Verwaltungsbeamtin in Hangzhou weiß Folgendes zu berichten: »Bei unseren Fortbildungen hören wir gelegentlich Vorträge von Gastdozenten, die früher als Journalisten gearbeitet haben. Sie werden von Firmen und Behörden zu Vorträgen eingeladen. Einer kam zu uns und sagte: Bei den Nachrichtensendungen im Fernsehen müsst ihr bis auf die Uhrzeit alles mit einem Fragezeichen versehen.«

Grundsätzliches zu den Nachrichten aus den zentralen chinesischen Fernsehsendern:
(aus einem chinesischen Internet-Forum)

Ein Kongress ist immer großartig,
das Ergebnis ist immer erfolgreich,
die Reden der Hochrangigen sind immer wichtig,
die Beschlüsse werden immer angenommen,
der Applaus ist immer begeistert,
die Zustimmung ist immer groß,
die politischen Führer sind immer besorgt,
die Probleme werden immer gelöst,
die Pläne werden immer übererfüllt,
die Erfolge sind immer großartig,

die Erwartungen werden immer übertroffen,
ein Empfang ist immer sehr persönlich,
die Beziehungen zwischen zwei Ländern sind immer freundlich,
die Verhandlungen sind immer zufriedenstellend.

Herr C., 53, Unternehmer, Chengdu: »Man sollte der Presse endlich mehr Freiheit geben. In den letzten dreißig Jahren wurde mit dem Wirtschaftsaufschwung Unglaubliches geleistet. Die Leute sind doch im Grunde genommen zufrieden. Allen geht es besser als früher. Wovor hat die Regierung Angst? Sie könnte die Medien nutzen, um die Korruption zu bekämpfen. Gerade die korrupten Beamten fürchten nichts mehr als die Medien. Früher dachte ich, dass das Internet diese Funktion übernehmen könnte, aber auch dort wird viel zu viel kontrolliert und gesperrt. Man muss schon sehr gewieft sein, um die Kontrollen zu umgehen. Deshalb hat das Internet nicht den Effekt, den ich mir ursprünglich davon erhofft habe.«

Frau H., 35, Chefredakteurin und Mitherausgeberin einer Wirtschaftszeitschrift, Shanghai: »Im Ausland heißt es immer, unsere Medien seien nicht frei, sondern staatlich gelenkt. Das stimmt nicht mehr ganz, denn auch die chinesischen Medien befinden sich längst auf dem Weg zur Privatisierung. Sie sind inzwischen den Marktregeln unterworfen und lösen sich langsam von der staatlichen Kontrolle. Im Rahmen der Reformpolitik wird an einer Medienreform gearbeitet, und es finden in verschiedenen Städten unterschiedliche Experimente statt. Man darf natürlich nicht zu viel auf einmal erwarten. Alles geht langsam. Aber immerhin, wir bewegen uns vorwärts. Auf jeden Fall sehe ich Hoffnung.

Die heutige Zeit bietet uns jungen Leuten unglaublich viele Chancen. Mir stehen alle Möglichkeiten offen. Ich kann mich entwickeln, wie ich will.

Meine Zeitschrift gehört zu neunundvierzig Prozent mir und zu einundfünfzig Prozent dem Staat. Entsprechend wird auch der Gewinn verteilt. Die Regeln sind klar. Ich kann tun, was ich will, niemand redet mir dazwischen. Über Inhalte, Autoren und Mitarbeiter entscheide ich allein. Dabei bin ich noch nicht einmal Mitglied der Kommunistischen Partei. Wir wissen, dass wir im Interesse des Landes handeln müssen. Dazu gehört auch das Äußern von Kritik an unserer Gesellschaft. Die Kritik muss konstruktiv sein und darf die Führung der Partei nicht in Frage stellen.

Ich kann nach eigenem Ermessen mit ausländischen Firmen und Medien Kontakt aufnehmen, was früher undenkbar gewesen wäre. Diese Freiheit gab es nicht. Heute gibt es sie, und ich habe freie Hand, meine Projekte zu entwickeln. Natürlich darf ich nicht gegen unsere Gesetze verstoßen. Das tue ich auch nicht. Ich bin Patriotin. Wenn ich ins Ausland gehe, verstehe ich mich als Botschafterin meines Landes. Ich möchte mein Land gut repräsentieren.

Meine Zeitschrift bekommt keine Zuschüsse. Sie ist von den Werbeeinnahmen abhängig. Je mehr Werbung ich bekomme, desto besser geht es mir und meinem Team. Meine Leser sollen meine Zeitschrift lieben. Dafür kämpfe ich und gebe mein Bestes. Ich versuche, mit meinem Team effizient und profitabel zu arbeiten. Durch uns sind schon manche in- und ausländischen Produkte auf dem chinesischen Markt bekanntgeworden. Ich genieße diesen Erfolg. Meine Arbeit bringt mir viel Spaß, aber ich investiere auch wahnsinnig viel Mühe und Zeit in meine Zeitschrift. Trotzdem bleibe ich für weitere neue Herausforderungen offen. Ich traue mir viel zu. Angst kenne ich nicht. Ich bin mutiger als die meisten anderen. Das mag daran liegen, dass ich bei meiner Großmutter auf dem Land ohne Regeln und Gesetze aufgewachsen bin. Meine Spielkameraden waren Dorfjungen, mit denen ich den ganzen Tag herumgetollt bin und viel Unsinn gemacht habe. In der Schule hatte ich nie Probleme. Ich war ziemlich gut, denn ich habe eine schnelle Auffassungsgabe und ein gutes Gedächtnis. Meine Großmutter brauchte sich nie um meine Hausaufgaben zu kümmern. Als ich zum Studium nach Shanghai kam, achtete ich auf keine Ampel und rannte quer über alle Straßen, so wie es auf dem Lande eben üblich ist. Die anderen Studenten fielen fast in Ohnmacht, als sie das an mir beobachteten, und brachten mir erst einmal die notwendigsten Regeln bei, die ein Überleben in einer Großstadt wie Shanghai sichern.

Ich kenne das Leben auf dem Land gut, denn schließlich bin ich dort aufgewachsen. Deshalb mache ich mir Sorgen über die dortigen Zustände. Die Leute in den Dörfern werden oft betrogen, wenn es um ihr Land und ihre Häuser geht. Sie kennen ihre Rechte nicht, und deshalb kommen sie auch nicht zu dem Geld, das ihnen zusteht. Aber sie wissen auch nicht, wie sie sich wirkungsvoll wehren können. Ich möchte in dieser Hinsicht Gutes tun. Ich bin überzeugte Christin, und viele Leute, mit denen ich zu tun habe, sind es ebenfalls. Wir haben bereits eine Stiftung ins Leben gerufen, die kranken Landkindern hilft. Wir planen noch weitere Aktivitäten.«

Von freien Autoren und vorsichtigen Redakteuren

Herr W., 45, Wissenschaftler, Shanghai: »Bei uns können die Schriftsteller schreiben, was sie wollen. Es gibt keine Beschränkungen für sie. Niemand sagt ihnen, dieses oder jenes darfst du nicht schreiben. Die Zensur setzt erst bei den Verlagen ein, in den Köpfen der Redakteure. Dort sitzt die Schere. Lassen sie etwas durchgehen, kann es ihnen später Ärger bringen und Posten und Karriere kosten. Dabei wissen sie häufig gar nicht, was alles Ärger bringen könnte. Denn nirgends steht geschrieben, was erlaubt ist und was nicht. Ärger gibt es erst, wenn sich jemand über etwas aufregt. Aus dieser Unsicherheit heraus gehen Redakteure auf Nummer Sicher und streichen oft kritische Passagen, selbst wenn diese gar nicht die aktuelle Politik betreffen. Kürzlich wurde der Bericht eines westlichen Reisenden, der China vor über hundert Jahren, also noch zur Kaiserzeit, besucht hatte, ins Chinesische übersetzt und zur Veröffentlichung an einen Verlag gegeben. Der verantwortliche Redakteur strich die Stellen, an denen sich der Berichterstatter über die brutale Behandlung von Straftätern ausgelassen hatte. Er meinte, dass sich einige Leser darüber aufregen könnten, weil mit der Schilderung ein zu negatives Bild von den Chinesen vermittelt würde.«

Chinesische Schriftsteller und Gelehrte sahen sich immer in gesellschaftspolitischer Verantwortung. Eine goldene Zeit erlebte die moderne chinesische Literatur in Shanghai in den 1920er und 1930er Jahren. Damals war die Stadt das Zentrum der chinesischen literarischen Avantgarde und zugleich das größte Presse- und Verlagszentrum Chinas. Ermöglicht hatte dies die damalige Situation in Shanghai. Einige wenige Stadtviertel standen unter der Verwaltung von Franzosen, Engländern und Amerikanern. Dort waren kritische Intellektuelle vor Verfolgung durch die damaligen Militärmachthaber und die Chiang-Kaishek-Regierung sicher. Schriftsteller und Gelehrte konnten ungehindert die gesellschaftlichen und politischen Missstände anprangern. Nie wieder hat es in späteren Jahren eine ähnliche Konzentration und Vielfalt an literarischem Schaffen wie damals in Shanghai gegeben. Seit 1949 standen die Schriftsteller unter einem erheblichen politischen Druck. Sie sollten ihre Arbeit ganz in den Dienst der offiziellen Ideologie stellen. Wer dem nicht genügte, die gültige Politik vielleicht sogar kritisierte, hatte einen schweren Stand. Während der Kulturrevolution machten die politischen Verhältnisse eine ernsthafte literarische Arbeit nahezu unmöglich.

Seit dem Ende des Maoismus haben sich die Bedingungen für Schriftsteller verbessert. Im Vergleich zum Internet und zu den Massenmedien Rundfunk und Fernsehen wird die Literatur inzwischen wesentlich weniger zensiert, weil sie nur verhältnismäßig wenige Menschen erreicht.

Kritik wird geduldet, solange sie nicht an den Grundfesten des Gesellschaftssystems rüttelt und die Legitimation der Partei in Zweifel zieht. Bestimmte politische Themen aus der jüngsten Vergangenheit sind tabu, wie etwa die Ereignisse auf dem Beijinger Platz des Himmlischen Friedens im Juni 1989. Wer das nicht beachtet, hat keine Chance auf Veröffentlichung, und wenn doch, dann nur außerhalb der Volksrepublik. Etliche Autoren veröffentlichen ihre Werke in Taiwan oder Hongkong. In Form von Raubdrucken sind sie dann häufig an kleinen Buchständen oder bei fliegenden Händlern auch in der Volksrepublik zu bekommen. Solche fliegenden Händler tauchen vor allem abends an den Straßenecken der Wohnviertel auf. Wir besuchten einmal einen ehemaligen chinesischen Botschafter in seiner Wohnung in Beijing. Im Laufe des Gesprächs kam die Rede auf die Autobiographie eines ehemals hohen, dann aber entmachteten Parteiführers. Sie war gerade in Hongkong erschienen, durfte in der Volksrepublik jedoch nicht vertrieben werden. Der Botschafter a. D. hatte sie bereits gelesen. »Wie das?«, fragten wir erstaunt. Er lächelte verschmitzt und wies aus dem Fenster. »Vor dem Eingang unserer Siedlung gibt es einen kleinen Buchladen. Wenn ihr dort nach dem Buch fragt, bekommt ihr es als Raubdruck und in China hergestellt. Der Ladenbesitzer zaubert euch alle subversiven Bücher, die zurzeit in aller Munde sind, unter dem Ladentisch hervor, und was er nicht vorrätig hat, besorgt er euch in den nächsten Tagen.«

Mehrere Versuche sind unternommen worden, allgegenwärtige Probleme wie Korruption, Vetternwirtschaft und Amtsmissbrauch in Beamten- und Regierungskreisen in langen Fernsehserien zu thematisieren. Mit unterschiedlichem Erfolg. Den wenigsten Ärger bekamen jene Serien, die die Problematik in einen anderen historischen Kontext setzten. Besonders beliebt sind Serien über boshafte und aufrechte Beamte der Qing-Dynastie (1644–1911), von denen manche geschickt auf heutige Verhältnisse anspielen. Ob das auch alle Zuschauer verstehen, sei dahingestellt.

Auffallend am chinesischen Fernsehen sind die vielen Musiksendungen und Shows. Nach dem Grund dafür befragt, erwiderte man uns im Spaß: »Weil es nichts Interessantes gibt, über das zu sprechen in den Massenmedien erlaubt ist.«

Ich bin wütend

Herr P., 50, Redakteur, Shanghai: »Wir leben in einem Land, in dem es die Freiheiten, die der Mensch zum Leben braucht, nicht gibt, nämlich Gedanken-, Meinungs- und Pressefreiheit, die Freiheit in Lehre und Forschung. Zweifellos erfreuen wir uns heute einer größeren Freiheit als noch zur Zeit der Kulturrevolution. Aber die Kulturrevolution sollte kein Maßstab sein, wenn es um unsere Freiheit geht.

Unsere politischen Führer, die Beamten und Funktionäre verstehen sich hervorragend aufs Schauspielern. Auch die Bevölkerung schauspielert. Wie es die Oberen halten, so halten es eben auch die Unteren. Wir sind alle mit Schattenboxen beschäftigt.

Mein Schwiegervater war in der Stadtregierung tätig. Als ich ihn nach seiner Pensionierung fragte, ob er seine Berufserfahrung kurz zusammenfassen könnte, erwiderte er: ›Bist du neu in einer Behörde, schau dich nach demjenigen unter den Funktionären um, der schnell Karriere macht, und hänge dich an dessen Fersen. Dann zieht er dich mit hoch.‹

Einer meiner Bekannten wurde als Beamter in eine ferne Provinz geschickt. Als er nach ein paar Jahren zurückkehrte, erzählte er mir von dem dortigen schwarzen Korruptionssumpf. Weil er nicht mittat, machten ihm die Kollegen das Leben schwer. Er sagte, er hätte nicht noch länger widerstehen können, wenn er geblieben wäre. Der Druck vonseiten seiner korrupten Kollegen sei einfach unerträglich gewesen.

Unser schönes Land wird zugrunde gerichtet. Wer sind die Kinder unserer heutigen politischen Führer? Es sind Kapitalisten, die sich in die Wirtschaft einmischen und sich schamlos bereichern.

Der berühmte Schriftsteller Lu Xun hat uns Chinesen in seinen Werken sehr gut beschrieben. Die meisten jungen Leute verstehen heute nicht, was er damit meinte. Er sah uns als Sklaven. Er sagte, jedes Volk sei für seine Regierung selbst verantwortlich. Den meisten Chinesen gefiele die Rolle der Sklaven. Sie wollten gar keine Freiheit, also ließen sie sich unterdrücken. In seinem *Tagebuch eines Verrückten* beschrieb er eine eiserne Kammer, in der die Menschen in einem Tiefschlaf steckten und nicht merkten, dass sie sterben. Erst wenn man sie weckte, würden sie den nahen Tod bemerken. Allerdings hätten sie dann auch die Chance, die eiserne Kammer zu zerschmettern. Ich bewundere Lu Xun. Seine Worte geben mir die Kraft, alles, was wir heute erleben, durchzustehen. Lu Xun ging es um die Rettung

173

unseres Vaterlandes. Nur wenn man die Menschen zum Umdenken bewegt, kann man sie von ihren Leiden befreien. Da helfen keine Therapien und Arzneien, sondern nur die Kraft der Worte. Nur Worte können das Denken verändern. Nur dann gibt es Hoffnung.

Doch heute wird alles an Büchern, was auf den Markt kommt, überprüft. Deshalb sind auch nur Bücher auf dem Markt, mit denen die Partei sozusagen leben kann. Zum sechzigsten Jahrestag der Gründung der Volksrepublik China wurden aus gegebenem Anlass viele Bücher zur Geschichte unseres Landes geschrieben. Aber weil es nicht so viele Zensoren gab, war man der Flut an Manuskripten nicht gewachsen, weshalb viele Bücher nicht erscheinen konnten. Sie im Nachhinein zu veröffentlichen machte keinen Sinn, deshalb verschwanden die Manuskripte in den Schubladen. Die Autoren haben umsonst gearbeitet.

Was ist die Aufgabe eines Schriftstellers? Ein Schriftsteller sollte ein Spiegel der Gesellschaft sein. Er trägt eine soziale und gesellschaftliche Verantwortung. Aber leider erfüllen unsere Schriftsteller in China ihre Aufgabe nicht. Sie vermeiden Kritik an der Gesellschaft. Sie schreiben um des Geldes willen. Sie haben eine Schere im Kopf, und ihr Niveau ist nicht besonders hoch. Manche Autoren werden in China auch gar nicht verlegt. Dennoch dürfen sie im Land leben. Andere werden in China verlegt, dürfen aber nicht im Land leben. Was ist das für eine Partei, die sich erdreistet, unbequemen und ihr unliebsamen Leuten die Rückkehr in ihre Heimat zu verbieten. Das Land gehört nicht der Partei, auch wenn sie selbst das glaubt.

Manchmal frage ich mich, was ist bloß los mit uns chinesischen Intellektuellen? Warum prangern wir diese Missstände nicht an? Die meisten sind schwach, weich und zum guten Leben verführt. Sie biedern sich bei unserer Regierung an, behaupten, China sei reich und stark, obwohl das gar nicht der Wahrheit entspricht. Seht euch doch das Land an! Wie geht es unseren Bauern? Ist ihr Lebensstandard mit dem deutscher Bauern zu vergleichen? Es gibt viele arme Leute in China, arbeitslose Bauern und arbeitslose Hochschulabsolventen. Normalerweise haben die chinesischen Intellektuellen mit den Armen, Schwachen und Unterdrückten immer sympathisiert. Heute schweigen sie. Sie schreiben nicht darüber. Allerdings macht es auch wirklich keinen Sinn, darüber zu schreiben, denn es würde ja sowieso nicht veröffentlicht werden.

Wenn ich an diese Dinge denke, bin ich wütend. Ich kann diese ganzen Idioten einfach nicht mehr ertragen. Ich verachte auch all jene Kollegen, die nur durch Schmeichelei hochgekommen sind und denen es an Qualität mangelt. Sie haben als Führungskräfte absolut kein Niveau und besitzen dennoch die Macht, Entscheidungen zu fällen, die das Wohl und Wehe unseres Verlagshauses entscheidend bestimmen.

Ich schreibe mir oft meinen Zorn von der Seele. Anders ist das alles gar nicht auszuhalten. Möglicherweise könnte ich die Texte im Ausland veröffentlichen. Aber was würde das meinem Land bringen? Nichts, denn niemand würde sie hier lesen können. Deshalb verschicke ich sie per E-Mail an meine vertrauten Freunde und Bekannten. Die wissen, wie ich denke, und sie selbst denken ähnlich.«

Ein unwillkommener Friedensnobelpreis

Innerhalb Chinas kennen ihn nur wenige, außerhalb Chinas ist er in aller Munde: Liu Xiaobo. Wer ist dieser Mann, der als erster Chinese den Friedensnobelpreis erhielt?

Liu, 1955 in der Provinz Jilin, im Nordosten Chinas, geboren, studierte Literatur, promovierte 1988 an der Pädagogischen Universität von Beijing und folgte dann Einladungen an die Universität von Oslo und Universitäten in den USA. 1989 beteiligte er sich an den Studentenprotesten auf dem Platz des Himmlischen Friedens, wofür er für fast zwei Jahre ins Gefängnis kam. Ende der 1990er Jahre kam er für drei Jahre in ein Arbeitslager. Danach lebte und arbeitete er als freier Schriftsteller in Beijing. Seit 2003 ist er Präsident des chinesischen PEN-Club. Vor allem aber gehörte er zu den Verfassern der »Charta 08«, eines Manifests, das im Dezember 2008 im Internet veröffentlicht wurde. Es forderte u. a. politische Reformen und eine Demokratisierung mit freien Wahlen, föderalen Strukturen und einer unabhängigen Justiz. Über 300 Erstunterzeichner unterstützten die Forderungen. Im Dezember 2009 wurde Liu als einer der Hauptautoren dieses Manifests und wegen Untergrabung der Staatsgewalt zu elf Jahren Haft verurteilt. Das Komitee in Oslo würdigte mit der Vergabe des Friedensnobelpreises seinen Kampf für die Menschenrechte in China.

»Was denkst du über die Verleihung des Friedensnobelpreises an Liu Xiaobo«, fragten wir eine Freundin, 48. Sie ist Marketing-Strategin in einem großen Industriebetrieb. Unsere Freundin hat von Liu Xiaobo zum ersten Mal im Zusammenhang mit der Meldung zur Entscheidung des Nobelpreiskomitees gehört. Wer er ist, was er geschrieben hat, wo er lebt, wusste sie nicht zu sagen. Auch von der »Charta 08« hatte sie noch nie gehört. Nur ein taktisches Ausweichmanöver? Wohl eher nicht. Liu Xiaobo ist in China nur einem kleinen Kreis Intellektueller bekannt. Wer mehr über ihn wissen will, erfährt nicht viel in den chinesischen Medien. Sein Name steht ebenso wie die »Charta 08« ganz oben auf der Streichliste der Kontrolleure.

Ein Mann, den sie wegen Untergrabung der Staatsgewalt für elf Jahre ins Gefängnis sperrt und als Kriminellen bezeichnet, erhält den Friedensnobelpreis? Für die chinesische Führung war die Entscheidung von Oslo ein großer Gesichtsverlust.

Fehler zuzugeben gehört nicht zu den Stärken von Chinesen, Japanern und anderen Asiaten. Sie werden lieber vertuscht, verschwiegen oder zerredet. Die Japaner schweigen zu ihren Verfehlungen im Zweiten Weltkrieg, die chinesischen Nationalisten und Kommunisten zu jenen aus ihrer Regierungszeit. Bis heute wagen es die chinesischen Politiker nicht, die Fehler Mao Zedongs offen zu kritisieren, obwohl die vielen Rehabilitationen von ehemaligen sogenannten Konterrevolutionären und Klassenfeinden dem Eingeständnis verfehlter Politik gleichkommt. Jahrzehntelang war die Marktwirtschaft als kapitalistisch verschrien. Mit der Reformpolitik Deng Xiaopings hat sie die Planwirtschaft abgelöst. Hätte Deng diesen Übergang nicht abgesegnet und sie als sozialistische Marktwirtschaft bezeichnet, würden sich die heutigen Führer nicht zu ihr bekennen. An den Konzepten der alten Autoritäten wird offiziell festgehalten, auch wenn man in der Realität längst eine andere Linie verfolgt.

Trotz seines großen Beitrags für die Entwicklung der chinesischen Wirtschaft zeigte sich Deng Xiaoping in Hinsicht auf politische Reformen nie experimentierfreudig. Er beharrte auf seinen »Vier Prinzipien« und dem Führungsanspruch der Kommunistischen Partei. Er entmachtete seine Anhänger und engen Vertrauten Hu Yaobang und Zhao Ziyang, weil sie eine moderate politische Linie vertraten. Bis heute weicht die Kommunistische Partei nicht von ihrem Anspruch auf absolute Führung ab. Die gesamte Politik, alle Gesetze und Prinzipien werden von den Parteiführern bestimmt. Wenn die Partei beschließt, keine politischen Reformen durchzuführen, bleiben diese tabu. In den vergangenen dreißig Jahren haben sich viele Probleme angehäuft. Dennoch verlangen die Parteiführer, dass nach vorn geschaut und die Lösung mancher Probleme den nächsten Generationen überlassen wird. Deng Xiaoping stellte diese Forderung; die heutigen Führer wiederholen sie. Auf diese Weise werden die Widersprüche und Konflikte innerhalb der Gesellschaft jedoch nur weiter verstärkt. Liu Xiaobo ins Gefängnis zu sperren ist eine Fortsetzung dessen, was seit Ende der 1970er Jahre bei Forderungen nach Demokratisierung zu beobachten ist und 1989 seinen Höhepunkt fand. Die Erinnerung an die Ereignisse vom 4. Juni 1989 schwebt wie ein Gespenst über China. Die heutigen Parteiführer möchten, dass die Menschen die Ereignisse vergessen. Aber alle wissen, dass das nicht möglich ist. Die Vierte-Mai-Bewegung von 1919 liegt fast einhundert Jahre zurück, und dennoch ist sie heute noch in den Köpfen präsent. Die Parteiführung muss Konsequenzen aus ihren Erfahrungen ziehen, wenn sie will, dass dieses Kapitel abgeschlossen und eine neue Seite im Buch der chinesischen Geschichte aufgeschlagen wird.

Die Verleihung des Friedensnobelpreises an Liu Xiaobo hat unter den Intellektuellen Chinas eine Diskussion entfacht. »Was ist los mit unserer Partei?«, fragen sich manche. Wieso macht die Partei immer wieder dieselben Fehler, indem sie sich empfindlich zeigt, wenn sie mit Großzügigkeit doch wesentlich mehr Sympathien gewinnen könnte. Andere verstehen die ganze Aufregung nicht. Elf Jahre Gefängnis sind in gewisser Weise schon ein Fortschritt, meinen sie. Unter Mao wäre dieser Mann längst tot.

Frau Z., 42, Betriebswirtin, Hefei: »Das gefällt den Politikern und Medien im Westen mal wieder, dass sie so richtig auf China herumtrampeln können. Der Friedensnobelpreis wird für besondere Verdienste in der Friedensarbeit vergeben. Was hat Liu Xiaobo mit dem Frieden zu tun? Die Entscheidung, ihn mit dem Friedensnobelpreis zu ehren, zeigt doch nur, dass jeder, der gegen den Kommunismus ist, im Westen als Friedensaktivist gilt. Würde ein Fall wie der des Liu Xiaobo in einem kleinen unbedeutenden Land passieren, kümmerte sich niemand um ihn. Weil es sich aber um China handelt, das einzige große kommunistische Land, nutzt man die Gelegenheit, seine Regierung zu beleidigen und anzuschwärzen.«

Herr G., 80, Pensionär, Beijing: »Wir Chinesen betonen immer, dass sich andere nicht in unsere inneren Angelegenheiten einmischen dürfen. Doch die Weltgemeinschaft rückt immer enger zusammen, und das Ausmaß der Globalisierung wird immer größer, so dass die Forderung nach Nichteinmischung nicht mehr in unsere Zeit passt. Auch wir müssen uns als verantwortungsbewusste Mitglieder der Weltgemeinschaft mit anderen Ländern beschäftigen und uns je nachdem in deren innere Angelegenheiten einmischen. Ob es uns passt oder nicht: Liu Xiaobos Fall geht alle an.«

Herr L., 63, Redakteur, Shanghai: »Als die Charta 08 auftauchte, wurde sie unter meinen Freunden heftig diskutiert. Ich wollte spontan unterzeichnen, aber einer meiner Freunde, der gute Kontakte zum Sicherheitsdienst unterhält, warnte mich. Lass das, sagte er, das bringt nur Ärger. Heute bin ich froh, dass ich nicht unterschrieben habe.«

Frau M., 49, Ärztin, Guangzhou: »Die Kommunistische Partei Chinas versteht es hervorragend, Helden zu schaffen. Mit seinen Thesen konnte Liu Xiaobo niemanden wirklich begeistern. Niemand würde über ihn sprechen, hätte die Regierung ihm nicht den Prozess gemacht und ihn ins Gefängnis gesteckt. Der Fall des Liu Xiaobo zeigt uns Intellektuellen, dass es nach wie vor besser ist, wenn wir den Mund halten. Offene Meinungsäußerungen sind gefährlich. Selbst unter Parteimitgliedern, die liebend gern etwas für unser Land tun möchten, setzt sich allmählich die Erkenntnis durch, dass es wohl besser ist, die Partei kaputtgehen zu lassen. Wenn dir jemand so sehr misstraut, dann ist er einfach nicht zu retten.«

Herr L., 48, Kalligraph, Tianjin: »Alle Chinesen, die denken können, wissen, dass ein demokratisches System gut ist für unser Land, aber alle wissen auch, dass China von heute auf morgen nicht demokratisch werden kann. Eine Demokratie lässt sich nicht importieren, sie kann nur in einem langwierigen Prozess erkämpft werden. Wir können von den Erfahrungen des Westens lernen, aber wir können kein fertiges System übernehmen. Wenn das allen klar ist, womit hat unsere Regierung dann ein Problem? Da es in diesem Land keine Plattform gibt, auf der solche Meinungen diskutiert werden können, blieb den Autoren gar nichts anderes übrig, als die Charta 08 zur Diskussion ins Internet zu stellen. Liu Xiaobo und die anderen Autoren haben nichts weiter getan, als der Regierung Vorschläge zu unterbreiten. Das ist doch eine gute Sache. Man sollte das ruhig einmal positiv sehen. Warum also diese Empörung vonseiten unserer Regierung?«

Frau C., 40, Dozentin, Beijing: »Ein guter Herrscher handelt im Interesse des Volkes, denn das Volk ist der Staat. Die heutigen Führer handeln nicht im Interesse des Volkes, sondern im Interesse ihrer Partei. Sie wollen die Herrschaft ihrer Partei schützen und damit ihre eigenen Interessen. In China regiert nicht das Gesetz, sondern das Wort der Parteiführer.«

Chinas kritische Internet-Öffentlichkeit

Nicht um das Recht auf freie Meinungsäußerung oder um Informations- und Pressefreiheit ging es der Regierung, als sie den Zugang zum World Wide Web freischalten ließ, sondern um den Anschluss an die Weltwirtschaft. Digitale Kommunikationsmittel zählten zu den Voraussetzungen, ohne die die chinesische Wirtschaft niemals den Höhenflug der vergangenen Jahre hätte schaffen können. Keiner der Regierenden ahnte damals, dass damit eine neue kritische Öffentlichkeit geschaffen würde: die Internet-Öffentlichkeit. Für Millionen Menschen wurde die direkte Kommunikation möglich. Jeder dritte Chinese hat heute Internet-Zugang, etwa 420 Millionen Menschen.

Die Möglichkeiten, die das Internet bietet, werden quer durch alle Altersgruppen und Gesellschaftsschichten in überwältigendem Maße genutzt. Für die in den 1980er und erst recht die in den 1990er Jahren Geborenen ist der Umgang mit den modernen internetgestützten Massenmedien eine Selbstverständlichkeit. Auch die Leute mittleren Alters sind online, und als wir in Beijing eine Seniorenresidenz besuchten, sahen wir selbst Hochbetagte stundenlang vor ihren Laptops sitzen.

Für die Chinesen ist das Internet zum wichtigsten Medium geworden. Presse und Fernsehen sind abgehängt, denn im Vergleich zu den Nachrichten der regierungsabhängigen Massenmedien ist das Vertrauen auf den Wahrheitsgehalt der Nachrichten aus dem Netz wesentlich größer. Auch was die Unterhaltung betrifft, bietet das Internet den verschiedenen Altersgruppen inzwischen mehr als das Fernsehen und das gedruckte Wort. Die Jugend mag auf Online-Spiele setzen, auf Musik und Filme aus dem Internet, die Verbraucher auf Informationsforen zu Qualität und Nutzen von Produkten, viele Ältere auf die kritischen Berichte aus den Anfangsjahren der Volksrepublik, als es noch ungleich schwerer war, etwas über die Beweggründe der handelnden Führungspersönlichkeiten aus Politik, Partei und Militär zu erfahren. Manches ist wahr, anderes nur Spekulation.

Beeindruckend für alle ist die Geschwindigkeit, mit der sich Nachrichten im Internet verbreiten. Während in den Zentralen von Presse, Radio und Fernsehen noch beraten wird, ob und wie man über Katastrophen, Skandale und Unglücksfälle berichtet, ist die Netzgemeinde längst informiert. Im Internet findet heute der Kampf gegen Kaderwillkür, Korruption und andere Ungerechtigkeiten in der Gesellschaft statt.

Am Internet wird nicht nur die Möglichkeit geschätzt, Informationen schnell weiterzugeben, sondern vor allem auch, anonym Kritik üben zu können. Faszinierend für die Nutzer und furchterregend für die Regierung ist die Tatsache, dass sich Hunderttausende von Menschen allein per Mausklick erreichen lassen. Themen aus Politik, Wirtschaft und Gesellschaft werden diskutiert, Umweltprobleme und Arbeitslosigkeit debattiert. Augenzeugenberichte von Unglücksfällen und Katastrophen werden verbreitet, ebenso Informationen über Korruption und Vetternwirtschaft ausgetauscht. Regimekritiker kommen zu Wort, Diskussionen über Menschenrechte und Demokratie sind möglich. Skandale wie jener über verunreinigte Milch lassen sich nicht mehr so einfach vertuschen. Beängstigende Informationen können auf diesem Wege soziale Unruhen auslösen. Aus schwachen Gegnern der Staatsgewalt und vereinzelten Stimmen macht das Internet eine ernstzunehmende Größe, weil sich die Menschen im Netz zusammenschließen können. Ein Aufschrei der Empörung ging beispielsweise durch die Netzgemeinde, als gegen eine Journalistin Haftbefehl erlassen wurde, weil sie über Unregelmäßigkeiten und Insiderhandel bei einem Industriebetrieb in der Provinz Zhejiang berichtet hatte. Der Betrieb sprach von Verleumdung und forderte Strafverfolgung. Der Druck durch die aufgebrachte Internet-Öffentlichkeit, die den Fall über den Blog der Journalistin verfolgte, war schließlich so groß, dass die Behörden den Haftbefehl aufheben mussten.

Die Internet-Öffentlichkeit hat inzwischen eine Macht erreicht, die die Regierung durchaus zu Zugeständnissen zwingen kann. Die Behörden tun alles, um die Netzwerke zu kontrollieren. Jedoch lässt sich der Zugang zu Informationen nur erschweren, verhindern lässt er sich nicht. Die Nutzer unterhalten eigene Netzwerke, über die sie per E-Mail-Verteiler ihre Nachrichten und Kommentare weiterleiten. Die Behörden bedienen sich eines ausgeklügelten Systems, das die Flut von abweichenden Meinungen und von – in ihrem Sinne – gefährlichen Informationen eindämmen soll. Ihre Maßnahmen reichen von automatischen Filtern über den Aufbau von Blockademauern bis zu Horden von menschlichen Überwachern, die regierungsfeindliche Kommentare in den Foren löschen und regierungsfreundliche einstellen.

Webseiten mit sensiblen Themen wie beispielsweise den Ereignissen um den 4. Juni 1989 oder der verbotenen Falungong-Sekte werden blockiert und geschlossen. Die Blockade internationaler Nachrichtenseiten wurde dagegen aufgegeben. So können Webseiten mit fremdsprachlichen Nachrichten selbst dann aufgerufen werden, wenn sie sensible Themen ansprechen.

Erste Anlaufstelle bei den Kontrollmaßnahmen der Behörden sind die Anbieter von Webseiten. Sie erhalten detaillierte Anweisungen, wie sie mit Inhalten umzugehen haben, ob sie bei bestimmten Ereignissen die offiziellen Meldungen übernehmen, Themen von der ersten Seite nehmen oder beispielsweise die Kommentar-Funktionen auszustellen haben. Und sie müssen Selbstzensur leisten.

Herr G., 27, Werbefachmann, Wuhan: »Die Online-Ausgabe einer britischen Zeitung veröffentlichte einen kritischen Artikel über ein Bergwerksunglück in China. Ein junger Chinese las den Artikel, übersetzte ihn ins Chinesische und stellte ihn ins Netz. Minuten später wurde der Artikel gelöscht. Der junge Mann protestierte und machte allgemein auf die Löschung aufmerksam. Er hätte anderthalb Tage an der Übersetzung gearbeitet. Es sei ungerecht, den Artikel einfach kommentarlos zu löschen. Daraufhin meldete sich einer der Zensoren mit dem Hinweis: Wenn ich deinen Artikel heute nicht lösche, löscht morgen die Regierung unsere Webseite.«

Ein uns bekannter Blogger stellte einen kritischen politischen Artikel ins Netz. Die Zensoren der entsprechenden Webseite reagierten mit der Meldung, den Artikel leider löschen zu müssen. Der Blogger ahnte den Grund: Im Titel wie auch im Text hatte er Mao Zedong in einem kritischen Zusammenhang genannt. Er formulierte daraufhin Titel und Artikel um, indem er Maos Namen strich. Der kritische Inhalt selbst blieb erhalten. Daraufhin wurde der Artikel nicht gelöscht.

Pfiffige Nutzer geben die Möglichkeiten und Methoden, wie man blockierte Seiten dennoch erreichen und die Zensur umgehen kann, per E-Mail oder per Mundpropaganda weiter. Wer genügend Geld hat, koppelt seinen Computer mit Hilfe modernster Technologie über verschlüsselte Verbindungen direkt an das Internet außerhalb der Zensurmauern an.

China verfügt inzwischen über die größte Bloggergemeinde der Welt. Blogs sind heute die favorisierte Form der öffentlichen Meinungsäußerung. Nicht nur Journalisten, Juristen, Schriftsteller und Wissenschaftler unterhalten ihre eigenen Blogs. Es wird davon ausgegangen, dass mehr als die Hälfte der städtischen Internetnutzer Blogs liest oder schreibt. Die Klickzahlen sind beeindruckend. Zwar werden auch Blogs gesperrt, wenn sie sich mit sensiblen Themen beschäftigen, doch hinkt die Zensur der Entwicklung oft hinterher. Das Bemühen um Kontrolle spornt die Nutzer geradezu an, Wege zu finden, um die Zensoren auszutricksen, indem sie Blog-Postings schneller verbreiten, als sie die Zensur aus dem Netz nehmen kann. Auch werden empfindliche Begriffe oft in Umschrift und nicht in chinesischen Zeichen geschrieben, um Kontrollrastern zu entgehen.

»Demokratie? Wir haben doch das Internet«

Frau C., 32, Literaturagentin, Beijing: »Das Einparteiensystem und der Mangel an Demokratie sind kein Problem für uns. Wir haben doch das Internet.

Ich habe mehrere Jahre in Europa und in den USA gelebt und festgestellt, dass die jungen Chinesen das Internet als Mittel der persönlichen Kommunikation wesentlich aktiver nutzen als die jungen Leute im Westen.

Es gibt heute zwei Extreme in unserer Gesellschaft: Auf der einen Seite steht die Regierung, auf der anderen das Internet. Das Internet ist in den letzten Jahren ungeheuer stark geworden, im Guten wie im Schlechten. Viele Nutzer glauben, nicht verantwortlich sein zu müssen für das, was sie dort äußern. Sie hetzen die Leute auf, sprechen ohne jede Logik, und trotzdem glaubt man ihnen. Der Regierung glaubt man nicht, egal was sie sagt, selbst wenn es der Wahrheit entspricht. Die Leute haben das Vertrauen verloren.

Man kann heute die politischen Führer im Netz kritisieren. Je krasser und unwahrscheinlicher die Kritik ausfällt, desto besser. Die Partei fürchtet solche übertriebene Kritik nicht, weil sie von den Lesern in Zweifel gezogen wird. Die Regierung fürchtet am meisten die Webseiten der Intellektuellen, weil diese oft sachlich fundiert argumentieren. Solche Seiten schließt sie gern.

Es werden Leute damit beauftragt, regierungskritische Beiträge aufzuspüren und diese zu löschen. Für die Löschung eines Beitrages bekommen sie fünfzig Cent. Wir nennen sie deshalb die 50-Cent-Partei. Sie löschen nicht nur Beiträge. Sie stiften auch Unruhe, indem sie übertriebene Behauptungen aufstellen, so dass man schließlich nicht mehr weiß, was wahr ist und was nicht. Damit disqualifizieren sie ganz bewusst das Internet. Auch greifen sie andere Leute in einem unverschämten Ton an und stellen unwahre Behauptungen über bekannte Persönlichkeiten auf. Ihre Ausdrucksweise erinnert an die Sprache der Kulturrevolution. Auch das stößt dann manche Leute vom Internet ab.«

Das Internet als vermeintlicher Wegbereiter einer Demokratisierung

Herr C., 52, Kunsthandwerker, Shanghai: »Viele junge Leute glauben, das Internet könne die Demokratie ersetzen. Wie naiv! Im Internet kann jeder kritisieren und schimpfen, und alles bleibt weitgehend anonym. Deshalb glaubt auch niemand Verantwortung tragen zu müssen für das, was er sagt. Das ist nicht demokratisch, das ist chaotisch und schadet einer künftigen Demokratie. Denn wenn die Leute das Internet mit Demokratie verwechseln, werden sie später auch kein Vertrauen in eine demokratische Regierungsform haben, denn sie wissen ja, dass im Internet Lug und Trug möglich und zudem sehr verbreitet sind.

Andererseits halten unsere führenden Funktionäre sowieso nichts von einer Demokratie. Denen geht es nur um ihren eigenen Machterhalt. Im Zentrum der Macht zu stehen ist ein Privileg, das sie niemals freiwillig aufgeben werden. Ganz gleich, wie im Internet geschimpft und lamentiert wird. Diese Leute bleiben oben, Kritik und Nörgelei ist ihnen egal.

Bis zu einer Demokratie ist es noch ein langer, beschwerlicher Weg. Andere Nationen haben Jahrhunderte gebraucht, um sie durchzusetzen. Ich halte deren Einführung bei uns in absehbarer Zeit für ausgeschlossen.«

Vom Eckensteher zur Nummer zwei der Welt

Im Jahre 2010 nominierte ihn das *Time*-Magazin für die Liste der hundert einflussreichsten Persönlichkeiten der Welt: Han Han aus Shanghai. Eine Übertreibung? Wohl kaum. Per Internetabstimmung kam er auf Platz zwei.

Han Han ist mit mehr als 400 Millionen Klicks auf seiner Webseite einer der erfolgreichsten Blogger Chinas. Vor allem den jungen städtischen Eliten ist der rebellische Mann ein Begriff. Für manchen ist er sogar ein Idol, denn er spricht aus, was viele nur zu denken wagen.

Han Han wurde 1982 geboren, gehört also der sogenannten Nach-Achtziger-Generation an, die die ersten dreißig Jahre in der Geschichte der Volksrepublik China mit den zahlreichen katastrophalen politischen Bewegungen – wenn überhaupt – nur aus den Erzählungen ihrer Eltern kennt.

In der Schule gefiel es ihm nicht. Er hasste das langweilige Auswendiglernen, brach die Schule ab und konnte sich deshalb auch nicht für die Aufnahme an einer Universität qualifizieren. Als Beruf kam für ihn nur eine sitzende Tätigkeit in Frage, denn er wollte nie wieder stehen, wie so oft in der Schule, wenn ihn die Lehrer wegen Aufmüpfigkeit zur Strafe in die Ecke verbannten. So wurde er Schriftsteller und Rennfahrer. Vor allem Ersteres mit großem Erfolg. Obwohl die Lehrer sein Chinesisch schlecht benotet hatten, gewann er mit siebzehn Jahren einen landesweiten Aufsatzwettbewerb. Sein Vater hatte ihn zu Hause mit den Werken berühmter chinesischer Autoren vertraut gemacht. Mit achtzehn veröffentlichte er seinen ersten Roman, eine Satire über das chinesische Erziehungssystem. Das Buch verkaufte sich über zwei Millionen Mal, denn Han Han traf damit den Nerv seiner Generation.

Wie so viele aus der Nach-Achtziger-Generation bedient sich Han Han ganz selbstverständlich des Internets. Seit 2006 kommentiert er auf seiner Webseite den chinesischen Alltag. Als sich kurz vor der Weltausstellung 2010 halb Shanghai über die in letzter Minute ausgeführten Straßenbauarbeiten und die dadurch verursachten massiven Verkehrsbehinderungen aufregte, gab Han Han die einleuchtende Erklärung: Hätte man die Straßen bereits ein Jahr vorher instand gesetzt, wären sie bis zur Expo wieder kaputt gewesen. Er greift auch sensible gesellschaftliche Themen auf wie Korruption, Zensur, Beamtenwillkür und Umweltzerstörung. Das tun viele, was Han Han jedoch auszeichnet, ist sein beißender Spott und sein spröder Humor. Deswegen genießt er inzwischen nicht nur bei den jungen Leuten Kultstatus, sondern erreicht mit seiner Scharfzüngigkeit auch die Herzen der Älteren. Manche sehen in ihm bereits einen zweiten Lu Xun, Chinas berühmtesten Schriftsteller der Neuzeit.

Seine große Popularität schützt ihn vor den Zensoren, denen sein Spott Kopfschmerzen bereitet. Han Han ist schwer angreifbar. Zwar nennt er die Dinge beim Namen, doch prangert er nicht an. Er appelliert lieber mit viel Witz an patriotische Gefühle. Manche seiner Kommentare werden als Bonmots weitergegeben, andere schon rasch nach Erscheinen von den Zensoren gelöscht. Han Han lässt sich davon nur wenig beeindrucken. Als er die Herausgabe eines Magazins für Essays, Poesie und Meinungen plante und ihm die Behörden die Publikationslizenz verweigerten, wich er kurzfristig auf Einzelausgaben in Buchform aus, deren Herausgabe nicht mehr blockiert werden konnte.

Die alten und neuen Werte

Über Jahrtausende bestimmten konfuzianische Werte und Moralvorstellungen das gesellschaftliche Leben und bildeten das Fundament von Zentralherrschaft und Beamtenbürokratie. Die Revolutionäre der Neuzeit fegten sie hinweg als Verkörperung von Rückständigkeit und feudaler Herrschaft. Heute sehnt man sich nach ihnen zurück, und vielerorts bemüht man sich um ihre Wiederbelebung, denn sie gaben den Menschen nicht nur Verhaltensnormen vor, sondern sie stifteten auch Identität.

Konfuzius (ca. 551–479 v. Chr.), der große Gelehrte Chinas, prägte mit seinen Gedanken wie kein anderer die chinesische Welt und beeinflusste darüber hinaus auch noch ostasiatische Länder wie Korea, Japan und Vietnam. Er lebte in einer Zeit, in der die Welt aus den Fugen geraten schien. Das Reich der Zhou-Dynastie (ca. 1100–221 v. Chr.) war in rivalisierende Teilstaaten zerfallen, die fünf Jahrhunderte lang erbittert um die Vorherrschaft kämpften. In dieser Zeit des Chaos und der Katastrophen entfaltete sich ein Geistesleben von einmaliger Vielfalt, wie es China nie wieder erleben sollte. Die berühmtesten Denker gingen aus dieser Epoche hervor. Es war die Blütezeit der chinesischen Philosophie.

Herr Z., 63, Banker, Shanghai: »Für mich ist das größte Problem in China der Verlust der grundlegenden Werte. Um es auf einen Nenner zu bringen: Es gibt keine Tugend mehr in China. Man könnte von einer tiefen Vertrauenskrise sprechen. Ständig wird man mit Situationen konfrontiert, in denen man sich fragt, ob man dem anderen trauen kann. Zum Beispiel: Kann ich den Handwerker ins Haus lassen? Was wird er denken, wenn er sieht, wie gut ich hier lebe? Kann ich meiner Putzfrau, meinem Dienst- oder Kindermädchen vertrauen? Manche Eltern fürchten um ihr Kind. Wird ein Handwerker oder ein Kindermädchen einen Tipp an eine Bande weitergeben, die das Kind entführt und nur gegen ein hohes Lösegeld hergibt? Überall bringt man Kameras an, die alles kontrollieren sollen, denn die Leute fragen sich, was die Dienstboten machen, wenn sie selbst außer Haus sind.

Bekannte von mir haben in drei Monaten sechs Dienstmädchen gehabt.«

Welches sind die Werte, nach denen sich die Menschen heute sehnen? Es sind die uralten universellen Konzepte, die ein harmonisches gesellschaftliches Miteinander ermöglichen und von denen man heute in der chinesischen Gesellschaft oft wenig spürt. Es sind die Vorstellungen von Mitmenschlichkeit, Rücksichtnahme, Verlässlichkeit, Aufrichtigkeit, Unbestechlichkeit und Verantwortungsbewusstsein für die Gemeinschaft – Werte also, deren Einhaltung Konfuzius mit seinen Lehrsätzen forderte.

Herr Z., 50, Amtsleiter, Qingdao: »Die letzten hundert Jahre sind geprägt durch eine katastrophale Kulturpolitik. Zuerst haben wir alles Konfuzianische verdammt und nur vom Ausland gelernt, dann haben wir alles Ausländische verdammt und darüber hinaus noch unsere alten Traditionen negiert. Was ist geblieben, und was ist neu entstanden? Nichts. Die heutige Jugend weiß nichts über unsere alte chinesische Kultur. Sie weiß auch nichts über die anderen Kulturen dieser Welt. Was kann dann aus unserem kulturellen Erbe werden? Wer liest heute noch die Klassiker unserer alten Literatur? Aber wir können der jungen Generation keinen Vorwurf machen, denn wir selbst, die heute Fünfzigjährigen, wissen als Opfer der Kulturrevolution auch zu wenig über unsere Kultur. Und unsere führenden Politiker? Die sind ebenfalls in der Kulturrevolution groß geworden. Was haben sie gelernt? Nicht viel. Selbst unsere sogenannte gebildete Elite hat nur noch einen oberflächlichen Eindruck von unseren kulturellen Wurzeln. Zu lange wurden diese missachtet, und wie es aussieht, wird dieser traurigen Entwicklung auch heute kein Einhalt geboten. Unsere Zeitungen und Fernsehprogramme sind voller niveauloser Inhalte. Anspruchsvolle Klassik wird nicht mehr vermittelt. An den Schulen wird die geistige Erziehung – im Sinne der Erhaltung unserer alten Kultur – völlig vernachlässigt. Auch mit unseren religiösen Traditionen haben wir gebrochen. Geht man heute in einen buddhistischen Tempel, schlägt einem nur Kommerz und Niveaulosigkeit entgegen. In den Tempeln wird keine Religion mehr praktiziert, sondern

Geld gemacht, und den Leuten, die dort beten und opfern, liegen vor allem die eigenen Karrieren und der materielle Reichtum am Herzen.

Die Kontinuität unserer chinesischen Kultur ist durch die Revolutionen und nicht zuletzt auch durch die Reformpolitik unterbrochen worden. Wer heute noch alte Kultur sehen will, muss ins Museum gehen.

Schauen wir dagegen nach Westen! Ich war mehrmals in Europa und habe festgestellt, dass es dort eine bewundernswerte kulturelle Kontinuität gibt. Alte Gebäude, alte Stadtviertel, ja sogar ganze Städte werden dort erhalten und geschützt. Jedes kommt zu seinem Recht – Altes genauso wie Modernes, während man bei uns alles Alte zerstört. In europäischen Städten kann man kulturelle Entwicklungen ausmachen, in den chinesischen nur kulturelle Brüche. In Europa achtet man auf alte Traditionen, schenkt Philosophie, Musik und Kunst große Beachtung. Wir haben vom Westen gelernt, aber wir haben nur das Falsche gelernt. Wir haben unsere eigene Kultur zerstört.«

Von einer Besonderheit der chinesischen Nation

Chinese zu sein bedeutet nicht, einer bestimmten Rasse oder Nationalität wie der Han anzugehören. China war und ist ein Vielvölkerstaat, deren Mitglieder sich in Sprache und Physiognomie stark unterscheiden. Chinese zu sein bedeutet auch nicht, einer bestimmten Religion anzugehören. In China gibt es viele Religionen, und die heute vorherrschenden – wie der Buddhismus und der Islam – kamen aus dem Ausland. Chinese zu sein bedeutet Grundsätze zu akzeptieren, die weitgehend auf konfuzianischen Traditionen basieren. Die Akzeptanz gemeinsamer Grundsätze und Idealvorstellungen stiftet eine Identität, die die Nation über mehrere Jahrtausende bis zum heutigen Tag hat überleben lassen und das Land trotz Teilungen, Spaltungen, Aufsplitterungen und Unterwerfungen durch fremde Völker immer wieder geeint hat. Es ist das starke kulturelle Zusammengehörigkeitsgefühl, das die Chinesen verbindet und ihrer Nation die Kontinuität verleiht. Das konfuzianische Denken ist die Essenz der alten chinesischen Kultur. Wer diesem Denken treu bleibt, fühlt sich auch dann noch als Chinese, wenn er bereits viele Jahre außerhalb seines eigenen Kulturkreises lebt und eine andere Staatsangehörigkeit besitzt. Erst die Loslösung vom konfuzianischen Erbe macht ihn emotional zum Mitglied einer anderen Nation.

Das Erbe des Goldenen Zeitalters

Von alters her galt in China der Himmel als oberste Autorität, in dessen Auftrag der Herrscher als Sohn des Himmels die Welt regierte. Der Herrscher war Mittler zwischen Himmel, Erde und den Menschen. War seine Regierung gut, herrschte Harmonie. War seine Regierung schlecht, zürnte der Himmel und gab durch Naturkatastrophen und außergewöhnliche Naturerscheinungen kund, dass er dem Herrscher den Regierungsauftrag, das sogenannte Mandat des Himmels, entzog.

In der frühen Zhou-Dynastie (um 1100 v. Chr.) hatte sich die Vorstellung von einem Idealstaat herausgebildet, dessen Herrscher nach moralischen und sittlichen Grundsätzen regierten und die Untertanen durch vorbildhaftes, tugendhaftes Handeln zu Sittlichkeit und Rechtschaffenheit anhielten. Die Epoche der frühen Zhou-Könige gilt als das Goldene Zeitalter Chinas.

Konfuzius suchte wie viele andere Gelehrte seiner Zeit nach einem Weg aus dem Chaos, hin zur Befriedung der Welt. Mit einer Rückbesinnung auf die Wert- und Moralvorstellungen des Goldenen Zeitalters glaubte er, die alte Harmonie zwischen Himmel, Erde und Menschen wiederherstellen zu können. Der Erfolg blieb ihm zu Lebzeiten versagt. Zwar hatte er mehrere Beamtenposten innegehabt, doch verschmähten die Fürsten seinen Rat. Seine Schüler indes schätzten ihn und scharten sich um ihn. Er bildete sie zu integren Fürstenberatern, Politikern und Beamten aus. Ebendiese Schüler schrieben seine Worte und Gedanken nieder. Spätere konfuzianische Philosophen ergänzten sie mit unzähligen Kommentaren, Texten und Interpretationen, so dass daraus eine Weltanschauung und Staatsphilosophie entstand, die nach dem großen Lehrer benannt wurde und als deren Schöpfer er gilt. Konfuzius selbst hielt sich nicht für den Begründer einer neuen Philosophie, sondern für den Bewahrer überlieferter moralischer Wertvorstellungen, die er in Lehrsätzen zusammenfasste und durch eigene Gedanken und Interpretationen ergänzte.

Im Zentrum seiner Lehre steht der edle Mensch. Edel wird man nicht durch vornehme Geburt, sondern durch moralische Erziehung, literarische Bildung und Selbstkultivierung. Der edle Mensch hält sittlich weniger entwickelte Menschen durch sein vorbildliches Handeln zur Nachahmung an.

Befragt nach dem, was edles Handeln ausmache, führte Konfuzius fünf Grundsätze auf: Höflichkeit, Großmut, Aufrichtigkeit, Eifer und Güte. Wer höflich ist, erfährt Achtung; wer großmütig ist, gewinnt Sympathie; wer aufrichtig ist, schafft Vertrauen; wer eifrig ist, erntet Erfolg, und wer gütig ist, kann anderer Menschen Lehrer sein.

Ein Weg zurück zu Frieden in der Welt und zu Harmonie in der Gesellschaft konnte nach Meinung des Konfuzius nur gefunden werden, wenn man die Ordnung des Goldenen Zeitalters wiederherstellte. Die Menschen müssten zu tugendhaftem und moralischem Verhalten erzogen werden und man müsse sie in einem Klima der gegenseitigen Achtung und Fürsorge leben lassen, Bedingungen also, die nur die Fürsten schaffen konnten. Entsprechend hoch waren die moralischen Ansprüche, die Konfuzius an einen Herrscher stellte, und ebenso vernichtend war sein Urteil gegenüber manchem seiner Zeitgenossen. Befragt nach einer Methode, wie man der Räuberplage Herr werden könnte, riet er einem hohen Beamten, zunächst seine eigene Habgier einzustellen. Kein Untertan würde rauben und plündern, wenn die führenden Autoritäten mit gutem Beispiel vorangingen.

Ein Herrscher hatte nach Konfuzius nicht nur Rechte, sondern vor allem Pflichten, und seine oberste Pflicht lautete, sich für das Wohl des Volkes einzusetzen. Vorschriften und Verbote lehnte er ab. Es käme nicht auf die Demonstration von Macht und Gewalt an, sondern auf die menschliche Haltung der Herrschenden. Der wahre Herrscher regiere durch Beispielhaftigkeit. Gewaltsame Lösungen von Problemen lehnte er ab. Weder im eigenen Land sollte ein Herrscher Gewalt ausüben noch nach außen in Form von Angriffskriegen. Das Wichtigste für einen guten Herrscher sei das Vertrauen, das das Volk seiner Regierung schenke. Verlöre ein Herrscher das Vertrauen seines Volkes, könne seine Regierung nicht lange bestehen. Von den drei in einem Staat notwendigen Dingen – ausreichende Nahrung, ein schlagkräftiges Heer und allgemeines Vertrauen – ließe sich auf das Heer und sogar auf ausreichend Nahrung verzichten. Schwände jedoch das Vertrauen, ginge der Staat unter. Käme ein Herrscher seinen Pflichten nicht nach, konnte er nach Konfuzius durchaus sein Amt verlieren. Da er den Geburtsadel ablehnte, kam für ihn nur der Weiseste als Regent in Betracht.

Ein weiterer Schwerpunkt seiner Lehre waren die fünf menschlichen Beziehungen, mit denen Konfuzius den Umgang der Menschen im öffentlichen und privaten Leben regeln wollte: die Beziehung zwischen Herrscher und Untertan, Vater und Sohn, Mann und Frau, älterem und jüngerem Bruder, älterem Freund und jüngerem Freund. In diesem System hatte jeder Einzelne seinen Platz mit Rechten und Pflichten. Die Übergeordneten sollten den Untergeordneten durch tugendhaftes Handeln ein Vorbild sein. Die Untergeordneten mussten die Autorität der Übergeordneten anerkennen, hatten zugleich aber das Recht auf deren Fürsorge und Beistand. Handelte eine Autorität unangemessen und sogar gewalttätig, konnte der Untergeordnete ihm die Gefolgschaft und den Gehorsam verweigern. Wenn sich jedes Mitglied einer Gemeinschaft entsprechend seiner Rolle verhielt und sich in Bescheidenheit und Mäßigung übte, war dies der Weg zu Harmonie und Frieden. Erst spätere Generationen von konfuzianischen Gelehrten machten aus diesem Beziehungssystem ein Instrument der Unterdrückung, indem sie sklavischen Gehorsam gegenüber den übergeordneten Autoritäten verlangten.

»Am Anfang ist der Mensch gut ...«

»Am Anfang ist der Mensch gut ...«, *ren zhi chu xing ben shan*, begann ein Lehrgedicht in den Schulen der Kaiserzeit. Die kleinen Jungen sprachen die Worte ihrem Lehrer nach, ohne den Sinn recht zu verstehen, und lernten sie auf diese Weise auswendig. Nicht nur die Worte eines einzigen Textes, sondern viele Texte, ganze Bücher, den ganzen Kanon der konfuzianischen Klassiker. Mancher behielt sie ein Leben lang im Gedächtnis.

»Mein Großvater war ein rechter Konfuzianer«, erzählt uns ein heute über Achtzigjähriger. Er saß wegen Unterstützung der Gruppe um Mao Zedongs Frau Jiang Qing, der sogenannten Viererbande, siebzehn Jahre im Gefängnis, darunter etliche Jahre in Einzelhaft. »Dass ich in den Jahren der Einzelhaft nicht verrückt geworden bin, habe ich allein meinem Großvater zu verdanken. Als kleiner Junge musste ich unter seiner Anleitung die konfuzianischen Klassiker auswendig lernen. Ich habe sie nie wirklich begriffen, bis ich schließlich in Einzelhaft kam. Da wurde mir plötzlich bewusst, dass ich eine ganze Bibliothek im Kopf hatte, und ich erkannte die Bedeutung der Inhalte. Ich habe mit diesen Texten gearbeitet, sie analysiert und interpretiert. Als ich wieder freikam, habe ich mehrere Bücher darüber verfasst und veröffentlicht.«

Die Lehrsätze des Konfuzius und auch die Texte anderer konfuzianischer Philosophen wie die des Menzius, von dem die eingangs zitierten Worte stammen, wurden zu einem Kanon zusammengefasst und bildeten die Grundlage der klassischen Erziehung und der Ausbildung von Gelehrten und künftigen kaiserlichen Beamten.

Obwohl sich Konfuzius in den frühen Aufzeichnungen human und tolerant zeigte, formten spätere Denker und Gelehrte den Konfuzianismus zu einer starren Staatsdoktrin um, mit der sich dank des geforderten absoluten Gehorsams gegenüber den Autoritäten die Herrschaft sichern ließ. Die Beamten hatten dem Herrscher Gehorsam zu leisten, die Söhne den Vätern, die Frauen den Männern. Dieses System der Unterdrückung setzte auf Bewahrung von Erreichtem und stand allen Neuerungen wie der Entwicklung moderner Wissenschaften und Forschung misstrauisch gegenüber. Es war diese Haltung, die zum Niedergang des chinesischen Kaisertums entscheidend beitrug.

Das Vakuum

Die Reformer des beginnenden 20. Jahrhunderts und die aufständische gebildete Jugend von 1919 lehnten den Konfuzianismus als ein Instrument jahrhundertelanger Unterdrückung ab. Zweitausend Jahre lang hatte er dem Kaiserreich als staatstragende Doktrin gedient, als Grundlage für Verwaltung, Erziehung und Ethik, und weil er mit dem Kaisertum so eng verflochten war, wurde ihm eine Mitschuld am Niedergang und Verfall von Staat und Gesellschaft gegeben. Der Konfuzianismus hatte den Herausforderungen und Problemen der modernen Zeit nichts entgegensetzen können. Umso entschiedener riefen die aufgebrachten jungen Patrioten nach Modernisierung und Fortschritt. Traditionelle Werte sollten durch westliche ersetzt und eine an westlichen Vorbildern orientierte Gesellschaft aufgebaut werden.

Frau X., 72, Pensionärin, Beijing: »Die Modernisierung Chinas begann mit der Vierte-Mai-Bewegung von 1919, als wir anfingen, uns von unseren kulturellen Wurzeln zu trennen. Wir glaubten, dass alles aus dem Westen gut sei, und deshalb lehnten wir unsere eigenen Traditionen ab. Nach 1949 gingen wir sogar noch weiter, indem wir die Gedanken von Konfuzius und Laozi als rückständig und konterrevolutionär bezeichneten. Mao verlangte von uns, die alte Welt zu zerstören und eine neue zu schaffen. Das taten wir. Doch wie sah unsere neue Welt aus? Noch schlimmer als die alte. Heute versuchen wir, den Westen zu kopieren, und viele von uns bedienen sich bei der Bewertung unserer eigenen Konzepte westlicher Maßstäbe. Wir haben bis heute eins nicht begriffen: Wie ein Baum nicht ohne seine Wurzeln kann auch eine Gesellschaft nicht ohne ihr kulturelles Erbe leben. Wir dürfen unsere Kultur nicht ablehnen. Wir müssen

196

zu ihr stehen, uns mit ihr auseinandersetzen und sie weiterentwickeln.«

Die Revolutionäre von 1949 waren begeisterte Anhänger des Marxismus, jener großen Lehre von der Gleichheit aller Menschen und Völker, die die Unterdrückten stärkte und die Unterdrücker schwächte. Mit ihren politischen Kampagnen und dem Klassenkampf führten sie den Kampf fort, den die Jugend von 1919 gegen die traditionellen Werte begonnen hatte. Sie erschütterten die alte chinesische Kultur in ihren Grundfesten. Die Großfamilie als Solidargemeinschaft zählte nicht mehr. Der Gehorsam gegenüber Eltern, die Ehrfurcht vor Lehrern und Älteren wurden aufgehoben. Die Kommunistische Partei war die alles beherrschende Macht. Ein Lied aus den 1950er Jahren, das noch heute manchmal zu hören ist, beginnt mit den Worten: »Zwar hat mir meine Mutter das Leben geschenkt, doch meine Wurzel ist die Partei.« Auch der Leitfigur der konfuzianischen Philosophie, dem literarisch gebildeten Edlen, ging es an den Kragen. In der »Anti-Rechts-Kampagne« von 1957 und in der Kulturrevolution wurden Hunderttausende Intellektuelle verfolgt. Keine Gelegenheit wurde ausgelassen, Konfuzius in einem negativen Licht darzustellen, um den Menschen das traditionelle Erbe ein für alle Mal aus den Köpfen zu treiben. Noch in der Kulturrevolution galt Konfuzius als Symbol des Feudalismus. Man nannte ihn einen hartnäckig am Sklavensystem festhaltenden Denker.

Mit Beginn der Öffnungs- und Reformpolitik setzte die politische Führung auf materiellen Reichtum, die Wirtschaft auf den Egoismus des Einzelnen. Heute wird allerorten der dramatische Werteverlust beklagt, der mit der rasanten Wirtschaftsentwicklung und dem schnellen materiellen Fortschritt einhergegangen ist. Nach gut hundert Jahren der Modernisierung, Revolutionen und Reformen sind die alten Werte außer Kraft gesetzt und der Glaube an die neuen kommunistischen zerstört. Zurück bleibt ein Vakuum und ein Volk, das verzweifelt versucht, dieses Vakuum zu füllen.

Herr Q., 78, ehemaliger Direktor eines Hotelkonzerns, Shanghai: »Die Leute von heute sprechen nicht mehr über Geistesbildung. Unsere Umgangsformen liegen danieder. Es gibt keinen Respekt mehr, kein Vertrauen, keine gegenseitige Hilfe und Unterstützung. Selbst die Zentralregierung spricht nicht mehr von den alten Werten. Warum sollen wir dann noch auf unsere jahrtausendealte Kultur stolz sein? Wir sind dabei, unsere kulturellen Wurzeln zu verlieren.«

Galten die alten konfuzianischen Werte früher als Hindernis für eine Modernisierung, verlangen heute viele Chinesen die Rückbesinnung auf ebendiese Werte. Die Haltung zum Konfuzianismus verändert sich, indem die überlieferten Lehrsätze des Konfuzius von dem später entstandenen nach ihm benannten Dogmatismus unterschieden werden. Die toleranten und in mancher Hinsicht sogar progressiven Gedanken des großen Weisen finden wieder Beachtung und scheinen durchaus in die moderne Zeit zu passen. Es sind die zeitlosen sittlichen Werte wie Mitmenschlichkeit und Rücksichtnahme, die heute in China angemahnt werden. Zugleich erfolgt mit der Rückbesinnung auf das konfuzianische Erbe angesichts drohender Verwestlichung und Entfremdung die Suche nach den kulturellen Wurzeln und nach der chinesischen Identität.

Einige führende Politiker haben in den letzten Jahren die Identifikation mit der konfuzianisch geprägten Kulturtradition und den Aufbau einer harmonischen Gesellschaft beschworen. Funktionieren konnte dieser Appell nicht, weil eine grundlegende konfuzianische Forderung nicht erfüllt wurde: Jedes Mitglied der Gemeinschaft muss sich seiner Rolle entsprechend verhalten. Die Autoritäten leiten die Untergeordneten durch ihr tugendhaftes Vorbild. Zu den konfuzianischen Tugenden zählen – wie oben bereits aufgeführt – Mitmenschlichkeit, Rücksichtnahme, Unbestechlichkeit und Ehrlichkeit. Doch gerade diese Tugenden vermissen viele Chinesen bei ihren politischen Führern und Parteifunktionären.

Ein Wochenende unter konfuzianischen Geschäftsleuten

Was bringen die Ideen des Konfuzius dem heutigen China? Über diese Frage wird viel diskutiert, sowohl in den chinesischen Medien als auch an Universitäten und in privaten Zirkeln, im Inland wie im Ausland. Jedes Jahr finden überall im Land Konferenzen, Symposien und Workshops mit entsprechenden Fragestellungen und Vorträgen statt. An einer solchen Veranstaltung nahmen wir teil. Es handelte sich um einen Wochenend-Workshop mit Mitgliedern der Vereinigung konfuzianischer Kaufleute sowie Professoren und Studenten der Zhejiang-Universität in Hangzhou.

Schon seit einigen Jahren gibt es unter den Kaufleuten den Trend, sich mit den alten konfuzianischen Gedanken zu beschäftigen. Herr F., 55, Unternehmer aus Fuzhou: »Wir konfuzianischen Kaufleute finden, dass der Begriff der Mitmenschlichkeit in unserer Gesellschaft wieder mehr beachtet werden sollte. Es ist nicht gut, als Unternehmer immer nur an Profit zu denken. Wir haben in China die westliche Theorie von der freien Marktwirtschaft gelernt. Ein Unternehmer muss egoistisch denken, will er erfolgreich sein. Egoismus und Erfolg gehören zusammen. Das widerspricht der chinesischen Moral, die auf Harmonie setzt. Harmonie bedeutet Balance, das heißt, dass ein Unternehmer ein ausgewogenes Verhältnis zu seinen Arbeitnehmern unterhält. Nur dann kann in seinem Betrieb Harmonie herrschen.«

Etwa dreißig Vertreter aus Wirtschaft und Wissenschaft und noch einmal so viele Studenten versammelten sich und lasen ausgewählte Textstellen aus den konfuzianischen Klassikern. Für manche der teilnehmenden Kaufleute war es das erste Mal, dass sie klassische konfuzianische Literatur im Original lasen und sich mit dieser Thematik auseinandersetzten. Manche Textstellen bestanden aus zwei, drei Sätzen, andere waren etwas länger. Nach jedem Verlesen einer Textstelle konnten sich die Teilnehmer spontan dazu äußern und Assoziationen und Eindrücke wiedergeben, die nicht unbedingt etwas mit dem Text zu tun haben mussten. Daraus entwickelte sich dann eine zum

Teil leidenschaftliche Diskussion. Zum Schluss einer jeden Sitzung ergriff der leitende Professor das Wort, indem er die Textstellen seinerseits interpretierte und die anschließenden Diskussionen kommentierte.

Eindrücke aus dem Workshop:

Ein Zitat aus den Klassikern wird verlesen: »Der edle Mensch geht den mittleren [harmonischen] Weg, der gemeine [sittlich ungebildete] Mensch lehnt ihn ab. Den mittleren Weg zu gehen macht den edlen Menschen aus.«

Zu jenen, die sich spontan äußern, gehört ein Fabrikant aus der Provinz Jiangsu. Konfuzianische Kaufleute besäßen ein höheres kulturelles Selbstbewusstsein und Wissen als andere, sagt er. Er könne dies täglich in seinem Geschäft spüren. Es mache einen großen Unterschied, ob man es mit einem konfuzianisch geprägten Betrieb zu tun habe. Mit konfuzianischen Kaufleuten verliefen Verhandlungen in einer entspannteren Atmosphäre und führten für alle zu besseren Ergebnissen. »Konfuzianer empfinden eine starke soziale Verantwortung gegenüber ihren Mitarbeitern und Kunden. Auch der Umwelt gegenüber verhalten sie sich verantwortungsvoller.«

Ein anderer prangert die riesigen Einkommensunterschiede an, die zu der gewaltigen Kluft zwischen Arm und Reich geführt haben. Das könne nicht gutgehen. »Wir sollten von Japan lernen, wo die Unterschiede nicht so groß sind.« Konfuzius hätte Genügsamkeit gelehrt und die Reichen aufgefordert, sich auf einen bescheidenen Wohlstand zu beschränken. Luxus und Verschwendung hätte er abgelehnt. Das zeige einmal mehr, wie aktuell die Lehre des großen Weisen noch immer sei.

»Wenn wir nicht den Weg der Mitte gehen, gerät die Welt in Chaos«, ergänzt ein weiterer Teilnehmer: »Wenn die Welt in Chaos gerät, kommt es zu Umweltkatastrophen, Chaos in der Wirtschaft führt zu globalen Krisen, Chaos in der Familie zu Trennung und Scheidung, Chaos im Körper zu Krankheit. Wir müssen korrigieren und ausgleichen. Wir müssen dem Weg der Mitte folgen und Extreme meiden.«

Ein nur kurzes Zitat des Konfuzius wird verlesen: »Füge niemandem etwas zu, was man dir nicht zufügen soll.«

»Was ich von den anderen verlange, muss ich selbst auch zu leisten bereit sein«, meldet sich eine junge Dame, die in der chinesischen Repräsentanz eines amerikanischen Unternehmens arbeitet. Das Thema Korruption wird angesprochen. Dagegen soll schwer anzugehen sein? Nicht für ernsthafte Anhänger der konfuzianischen reinen Lehre, meint sie. Man müsse nur bei sich selbst anfangen und es nicht immer nur von den anderen verlangen. »Wir sollten von Hongkong lernen«, schlägt jemand vor, der seit einigen Jahren dort lebt. »In Hongkong gibt es den sogenannten Sonnenschein-Test, das heißt, dass die Hongkonger Beamten jederzeit bereit sein müssen, Rechenschaft über ihre Arbeit abzulegen. Was nützen die vielen Forderungen, die im Kampf gegen die Korruption von unserer Führung in Beijing gestellt werden, wenn sie doch nicht für alle gleich gelten.«

Ein weiteres Zitat aus den konfuzianischen Klassikern wird verlesen: »Der Weg des Edlen gleicht einer weiten Reise, die man in der Nähe, und der Besteigung eines hohen Berges, die man von unten beginnen muss.« Ein Mann erhebt seine Stimme, der während der vorangegangenen Stunden nur geschwiegen hat. Schnell wird klar: Er ist kein Mann der Bücher. Möglicherweise ist das konfuzianische Textbuch das erste dieser Art, das er in seinem Leben in den Händen hält. Aber das ist nicht wichtig. Wichtig ist nur, dass ihn die Worte inspiriert haben. Etwas umständlich beginnt er zu erzählen, bis ihm schließlich eine gerade gewonnene Erkenntnis über die Lippen kommt. »Du musst dorthin gehen, wo die Menschen leben, wenn du sie verstehen und beurteilen willst.« Er sei ein Bauer aus der Provinz Shandong, sagt er. Jeder in der Runde weiß, dass Shandong einst zu den ärmsten Gebieten des Landes gehörte. Aufgrund seines fortgeschrittenen Alters kann sich auch jeder vorstellen, dass er dort die katastrophalen Hungerjahre miterlebt hat. Nachdem Deng Xiaoping seine Reformpolitik durchgesetzt hatte, sei er aus Shandong fortgegangen und auf die im Süden gelegene subtropische Insel Hainan gezogen. Dort habe er Obst angebaut. Zunächst nur in kleinen Mengen, dann in immer größeren und mit Riesenerfolg. Heute bewirtschafte sein Unternehmen große Plantagen und beliefere den inländischen wie auch den ausländischen Markt. Langsam denke er an einen Rückzug aus dem Geschäft, zumal sein Sohn erfolgreich in die Firma eingestiegen sei. Sein ganzes Leben hätte er hart gearbeitet. Nun wolle er die Jahre, die ihm noch bleiben, genießen. Darum hätte er sich ein großes, komfortables Auto gekauft und bereits mehrere Touren durchs Land gemacht. Die letzte habe ihn von Sichuan die Berge hinauf nach Tibet geführt. Da er ein leidenschaftlicher Autofahrer sei, reizte ihn die Tour über gefährliche Hochstraßen und Pässe. »Ich hatte auf die Tibeter bisher herabgesehen. Ich habe sie nicht verstanden. Sie waren in meinen Augen rückständig und abergläubisch, während ich mich selbst als Mitglied einer fortschrittlichen, modernen Welt sah, in der das Computerzeitalter das Leben bestimmt, der Weltraum mit Raketen und Satelliten erforscht wird und der Mensch täglich seine Grenzen austestet. Dann machte ich für ein paar Tage Rast in einer Herberge mitten in der schneebedeckten Bergwelt. Schon nach drei Tagen erkannte ich, wie unbedeutend ich war. Der Mensch ist nichts angesichts der überwältigenden Natur. Als ich sah, wie die Menschen vor ihren Gottheiten niederknieten, drückte es auch mich zu Boden. Nach einer langen Reise quer durch Tibet kehrte ich als ein anderer nach Hainan zurück. Ich bin kein Buddhist geworden, aber ich denke heute anders über die Menschen in Tibet. Ich respektiere sie und bewundere ihre Kultur. Was ich gelernt habe, ist, vorsichtiger zu sein in meinem Urteil über andere Menschen und sie nicht aus Unkenntnis ihrer Traditionen und Kultur zu verurteilen.«

Die Menschen im Wandel der Zeit

Die Reform- und Öffnungspolitik hat das Leben der Chinesen dramatisch verändert und zu Gegensätzen geführt, wie sie größer nicht sein könnten. Städte wie Shanghai und Beijing sind im Informationszeitalter angekommen, während manch ländliche Gegenden nach wie vor an das Entwicklungsland erinnern, das China noch vor dreißig Jahren war.

Die junge Frau S. aus der Provinz Yunnan lernte über das Internet einen möglichen Heiratskandidaten kennen. Der Mann lebt in Chongqing, in der mit dreißig Millionen Einwohnern größten Metropole des Landes. Die junge Frau schickte ihm per E-Mail mehrere Fotos aus ihrem Heimatdorf in den Bergen. Der junge Mann traute seinen Augen nicht. »Lebt ihr dort noch in der Steinzeit?«, kam der spöttische Kommentar. Die junge Frau nahm es gelassen. Sie arbeitet in der modernen Provinzhauptstadt Kunming. Doch einmal im Jahr, zum Neujahrsfest, kehre sie in ihr Bergdorf zurück, schrieb sie ihm, wo Luft, Wasser und Nahrungsmittel noch rein sind und die Nachbarn einträchtig nebeneinander leben.

Dem raschen Wandel von der Plan- zur Marktwirtschaft, von Bevormundung zu Eigenverantwortung vermochten viele Menschen nicht zu folgen. Was die einen als die Chance ihres Lebens begreifen, empfinden andere als völlige Überforderung. Sie fühlen sich ihrer kulturellen Werte und ihrer gewohnten Welt beraubt. Nichts ist mehr, wie es früher war. Trotzdem kommt eine Rückkehr zu den alten Verhältnissen für sie nicht in Frage, denn das Leben hat sich für die meisten zweifellos verbessert. Es ist die Entfremdung, die sie verunsichert, die rasenden Veränderungen, die der Quantensprung in das Zeitalter von Hightech und Kommerz bewirkt hat. Alte Konzepte gelten nicht mehr, und neue haben sich noch nicht wirklich etablieren können.

Die Großfamilie war aus konfuzianischer Sicht die Basiseinheit der chinesischen Gesellschaft. Sie hatte die Bedeutung einer Solidargemeinschaft, in der jedes Mitglied Rechte und Pflichten besaß und zugleich Schutz und Unterstützung erfuhr. Nach Gründung der Volksrepublik wurden die festen Strukturen der traditionellen Großfamilie aufgebrochen und durch die Einheit, die *danwei*, ersetzt. Jeder Chinese gehörte fortan einer Einheit an, einem Staatsbetrieb, einem Kollektiv, einer Behörde oder einer Brigade. Die Einheit war das Instrument, mit dem Partei und Regierung ihre Macht und Kontrolle ausübten. Zugleich übernahm sie wie die ehemalige traditionelle Großfamilie die Wohlfahrtsfunktion, also die Sicherstellung der Versorgung ihrer Mitglieder. Doch die Einheiten wurden inzwischen nahezu aufgelöst. Sie haben ihre Rolle verloren, nachdem infolge des Reformprozesses Staatsbetriebe geschlossen und die Kollektivwirtschaft auf dem Land beendet wurden. Als Ersatz konnten Privat- und Marktwirtschaft jedoch noch keine zuverlässigen neuen Versorgungssysteme schaffen, und die Rückkehr zum Verantwortungssystem der traditionellen Großfamilie ist unmöglich. Dies allein schon durch die Ein-Kind-Politik, aber auch durch die riesigen Wanderbewegungen aus den Dörfern in die Städte und nicht zuletzt durch den jahrzehntelangen Kampf gegen die konfuzianischen Gesellschaftsstrukturen.

Herr D., 65, Professor, Hangzhou: »Das konfuzianische Prinzip von den fünf Grundbeziehungen in der Gesellschaft hatte durchaus seinen Sinn. Wer Kaiser wird, soll sich auch wie ein Kaiser verhalten, das Gleiche gilt für Beamte, für Väter und für alle anderen Mitglieder der Gesellschaft. Verhalte dich, wie es deiner gesellschaftlichen Rolle zukommt. So wollte es Konfuzius. In der Kulturrevolution wurden diese Grundwerte zerstört. Der rote Kaiser benahm sich nicht, wie es einem Kaiser geziemt. Die Beamten wurden gestürzt, neue stiegen auf und brachten alles durcheinander. Schüler schlugen ihre Lehrer, Söhne denunzierten ihre Väter, Männer ihre Frauen und umgekehrt. Die Gesellschaft kannte keine Mitmenschlichkeit mehr, keine Regeln und keine Normen. Nach der Kulturrevolution folgten Dengs Wirtschaftsreformen und die Öffnungspolitik. Es heißt, unser Denken sei befreit worden. Ich frage mich, wovon es befreit wurde. Auch das letzte bisschen kulturelle Tradition, das bei manchen noch vorhanden war, wurde zerstört. Westliche Gedanken strömten ins Land. Aber diese westlichen Gedanken repräsentieren nicht unbedingt die wirklich guten westlichen Werte. Deshalb hat sich durch die Reformpolitik zwar die Wirtschaft enorm entwickelt, aber unser Denken gleicht einem Riesendurcheinander. Alte Verhaltensnormen, Regeln und Gesetze gelten nicht mehr. Jeder macht, was er will. Unsere Regierung beeilte sich in den letzten dreißig Jahren, ein nach westlichem Vorbild funktionierendes Rechtssystem aufzubauen. Ein solches Vorhaben umzusetzen kostet jedoch Zeit, und selbst wenn man es endlich erreicht hat, müssten sich zuallererst die obersten politischen Führer daran halten und es akzeptieren. Genau das ist unser Problem. Die Führungselite respektiert die Gesetze nicht, sondern ändert sie nach Belieben, und solange dies so ist, wird es in China keinen Rechtsstaat geben, und wir werden weiterhin mit unserem geistigen Durcheinander leben müssen.«

Herr W., 58, Geschäftsführer, Shanghai: »Man weiß heute überhaupt nicht mehr, ob China westlich oder chinesisch ist. Man fühlt sich weder in China noch im Westen. Schauen wir doch auf das äußere Erscheinungsbild unserer Politiker. Sie kleiden sich westlich, Schlips und Kragen sind ein Muss. Die traditionelle Kleidung ist verpönt, als schämten sie sich ihrer eigenen Kultur. Sie färben sich ihre grauen Haare schwarz, weil sie nicht alt erscheinen möchten, obwohl wir Chinesen doch gerade das Alter respektieren.

Die westliche Welt ist unser Vorbild. An ihren Werten messen wir uns. Je ausländischer unsere Städte aussehen, desto besser. Ein Haus im westlichen Stil erzielt einen höheren Preis als eins im chinesischen. Alles Alte wird abgerissen und durch Neues ersetzt.

Es ist furchtbar, wenn ein Land seine kulturellen Wurzeln verliert. In der chinesischen Tradition gibt es einige schöne Dinge, die wert wären, erhalten zu bleiben, zum Beispiel die Ehrerbietung gegenüber den Eltern. Ich glaube jedoch, dass ich zur letzten Generation gehöre, die den Eltern noch Achtung entgegenbringt. Die uns folgende Generation der Einzelkinder ist ganz auf sich selbst konzentriert. Sie hält nicht viel von Respekt und Hochachtung und stellt nur Forderungen an die Eltern.

Es ist schade, dass die alten Traditionen verlorengehen. Andererseits haben wir selbst dazu beigetragen, indem wir unsere Kultur demontierten, und das heutige Erziehungssystem trägt wenig dazu bei, diesen Trend umzukehren. In den Schulen werden die alten Werte nicht mehr gelehrt. Wir haben die Verbindung zu unserer eigenen Kultur verloren, und wir wissen auch nicht, in welche Richtung sie sich entwickeln soll.«

Frau H., 78, Pensionärin, Beijing: »Die Entwicklung der Wirtschaft verlief zu schnell. Wir kamen mit unserer geistigen Entwicklung gar nicht so schnell mit. Anders ausgedrückt: die Hardware ist okay, aber die Software entspricht noch nicht den Anforderungen. Man sieht es allein an den wunderbaren Fünf-Sterne-Hotels und -Restaurants, die wir bauen. Sie sind imposant anzusehen, und ihr Luxus beeindruckt, doch mit dem Service ihres Personals erreichen sie nur drei Sterne. Das größte Problem für unsere Gesellschaft ist die geistige Überforderung. Viele Leute erwarten, dass die politische Führung alle Probleme regelt. 1,3 Milliarden Menschen wollen satt werden, sich kleiden und angemessen wohnen. Sie wollen arbeiten und an Fortschritt und Wohlstand teilhaben. Das können Politik und Wirtschaft aber nicht auf einmal leisten. Deshalb kommt es zu Unzufriedenheit und Unruhen. Die Wirtschaft hebt ab, aber viele Menschen bleiben zurück, weil sie keine Arbeit haben. Moderne Produktionsmethoden in Landwirtschaft und Industrie schaffen Arbeitsplätze eher ab, als neue entstehen zu lassen, und das gerade in unserem Land, das vor allem reich an billigen Arbeitskräften ist. Das wird in Zukunft noch zu großen Problemen führen.

Wir können angesichts der vielen Probleme in unserem Land froh sein, dass die politische Lage noch relativ stabil ist. Der heutigen politischen Führung scheint es relativ egal zu sein, wie viel Kritik an ihr geübt wird. Sie hält die Zügel fest in der Hand, und das ist gut so. Auch wenn viele Leute unzufrieden sind, die Stabilität ist das Wichtigste für unser Land. Die gewaltigen Veränderungen in Wirtschaft und Gesellschaft haben unglaublich viele Probleme verursacht, mit denen früher niemand gerechnet hätte. Allein der Kampf gegen die Korruption wird uns noch einiges abverlangen. Aber wir müssen diesen Kampf gewinnen, und unsere Waffen heißen Recht und Gesetz. Wenn wir der Korruption nicht Herr werden, kann man den Aufbau einer stabilen Gesellschaft vergessen.«

Man könnte stundenlang schimpfen

Herr C., 53, Lehrer, Shanghai: »Drei Berge lasten heute auf uns: die Kosten für die Ausbildung unserer Kinder, für den Kauf einer Wohnung und für die medizinische Versorgung. Da wir über kein stabiles soziales System verfügen, haben wir alle Angst. Denn was passiert, wenn es zu einem Wirtschaftseinbruch und folglich zu großer Arbeitslosigkeit kommt? Werden dann nicht Unruhen und Chaos herrschen? Wer sorgt dann für uns? Wer zahlt unsere Gehälter und Renten? Weil das niemand weiß, versucht jeder, auf welche Art auch immer, Geld zusammenzukratzen, um die eigene Zukunft zu sichern.

Es gibt zurzeit so viele Probleme in unserem Land, dass man stundenlang schimpfen könnte. Zum Beispiel über die gierigen Beamten. Immer wieder werden haarsträubende Fälle bekannt, die einen vor Wut zum Platzen bringen können. Kürzlich wurde von einem Shanghaier Beamten berichtet, der neunundzwanzig Wohnungen besitzt. Bei keiner einzigen konnte er nachweisen, dass er sie auf legalem Wege erworben hat. Aber das ist kein Einzelfall. Zur selben Zeit hörte ich von ähnlichen Fällen, und ich bin sicher, dass dies nur die Spitze des Eisberges ist.

Es gibt also Leute in unserem Land, die unglaublich viele Wohnungen besitzen, welche aber meist leer stehen, weil sie nur der Spekulation dienen, während die meisten anderen Leute nicht genug Geld haben, sich eine Wohnung zu kaufen, in die sie einziehen könnten. Der Staat baut inzwischen Sozialwohnungen und stellt sie den bedürftigen Menschen zur Verfügung. Aber diese Wohnungen befinden sich in den Vorstädten. Von dort zum Arbeitsplatz zu gelangen ist umständlich und ungeheuer zeitaufwendig.

Doch ich will nicht nur schimpfen. Es gibt auch vieles, was sich verbessert hat. Unsere Freiheit zum Beispiel. Davon haben wir heute wesentlich mehr als früher. Ich kann von einer Bekannten erzählen, die für zwei Jahre in die ausländische Niederlassung einer staatlichen Firma geschickt wurde. Schon nach einem halben Jahr hielt sie es dort vor Heimweh nicht mehr aus und wollte zurückkommen. Die Firma war einverstanden, und heute arbeitet sie wieder im Mutterhaus in Beijing. Dass man auf persönliche Wünsche Rücksicht nimmt, wäre früher völlig ausgeschlossen gewesen. Damals war es normal, dass Ehepartner über viele Jahre getrennt lebten, weil die Behörden den Mann hierhin und die Frau dorthin schickten, ohne dass sich die Betreffenden dagegen wehren konnten. Man durfte seinen Arbeitsplatz und Wohnort nicht selbst wählen. Das kann man sich heute gar nicht mehr vorstellen. Aber so war es.«

Klagelieder über den moralischen Verfall

Wir fuhren im Taxi durch Beijings Innenstadt. Es war früher Abend. Der Feierabendverkehr war bereits abgeklungen. Überall glitzerten bunte Neonlichter und Leuchtreklamen, und die Leute drängten sich auf Straßen und in Restaurants. »Wie friedlich die Stimmung ist. Wie gut es den Menschen geht«, sagten wir. Der Fahrer wandte sich nach uns um: »Das scheint nur so. Sie sehen nur die glitzernde Oberfläche. In Wirklichkeit geht es den Menschen nicht gut, weil sie oberflächlich und gierig sind. Sie sind nur noch am Vergleichen: Wenn du im Monat 3000 Yuan verdienst, dann will ich 4000 verdienen, aber mein Nachbar will dann 5000 haben. Die Leute kaufen sich Autos, weil die anderen auch welche haben. Ein Auto zu besitzen ist heute für viele ungeheuer wichtig. Damit fahren sie dann zur Arbeit, obwohl sie eine U-Bahn vor der Tür haben und damit viel schneller vorwärtskämen. Aber nein! Lieber verstopfen sie mit ihren Wagen die Straßen. Sie tun es, um zu zeigen, was sie sich leisten können. Das ist ihnen wichtig, sonst nichts. Es ist die reine Oberflächlichkeit, die die Menschen heute beherrscht.«

Frau G., 48, Schriftstellerin, Beijing: »Unser Lebensstandard ist in den vergangenen dreißig Jahren enorm gestiegen. Vom Niveau unseres geistigen Lebens kann man das nicht behaupten. Es ist in derselben Zeit gesunken. Unser Alltag ist anstrengend und hektisch. Alles wird zur Last, weil es nur noch ums Geld geht. Die Kommerzialisierung hat alle Bereiche des Lebens erfasst, auch Bildung, Gesundheitswesen und Religion. Ganz gleich ob in buddhistischen Tempeln und Klöstern oder in christlichen Kirchen, es wird nur noch ans Geldverdienen gedacht. Um Geld verdienen zu können, muss man gute Kontakte zu den Behörden unterhalten, und das bedeutet, dass man den Beamten schmeichelt. Wenn die Beamten mit dir zufrieden sind, ergeben sich für dich mancherlei Vorteile. Das sieht man allein schon an den fliegenden Händlern an Straßenecken und vor Supermärkten oder an den Devisenwechslern vor Banken: Was die machen, ist Schwarzhandel, der verboten ist. Dennoch stehen die meisten Polizisten tatenlos daneben und scheinen nichts zu sehen. Da fragt man sich doch, wie das kommt.

Heute zählen nur noch Geld, Macht und Profit. Das ist das Wichtigste. Das Recht zählt nicht, die Moral auch nicht. Das spiegelt unser Alltag täglich wider, und das ist es, was bei den Menschen Unruhe und Nervosität stiftet. Alle sind angespannt und unzufrieden mit ihrer Situation. Entsprechend ruppig ist der Umgangston. Ich finde, dass man in Deutschland viel höflicher miteinander umgeht. Unsere Gesellschaft steckt noch mitten in einem Umbruch und Entwicklungsprozess. Die Wirtschaft ist angekommen, unsere geistige Entwicklung hinkt hinterher.«

Herr B., 52, Maler, Suzhou: »Alles ist Geld. Geld regiert unsere Welt. Früher gab es noch Ideale, jetzt nicht mehr. Die in den 1980er und 1990er Jahren Geborenen interessiert nur, wie viel Geld sie verdienen können. Sie sind durch ihre Eltern an einen hohen Lebensstandard gewöhnt, den sie unbedingt sichern wollen. Sie denken deshalb nur in materialistischen Kategorien. Wir, die wir in den 1960er Jahren geboren wurden, waren in allem viel naiver. Während unserer Kindheit und Jugend ging kostbare Zeit durch die zehnjährige Kulturrevolution verloren. Wir hatten einen großen Nachholbedarf hinsichtlich unserer Ausbildung. Deshalb interessierte uns nur, welche Möglichkeiten der universitären Ausbildung und beruflichen Laufbahn sich uns boten. Wir hatten noch Ideale. Geld spielte nur eine untergeordnete Rolle.«

Frau S., 65, chinesischstämmige Musiklehrerin aus den USA: »China leidet heute an drei Problemen. An schlechten Umgangsformen, Umweltverschmutzung und der mangelnden Bereitschaft der Parteiführung, Fehler einzugestehen. Wir fuhren kürzlich mit dem Auto zum Haus unseres Neffen in einer der feinsten Straßen Shanghais. Vor dem Haus hielten wir an und wollten parken. Da kam eine Frau aus der Nachbarschaft angeschossen und startete ein großes Geschrei. Wir dürften dort nicht parken. Das sei verboten. Mein Mann schob ihr einen Geldschein in die Hand. Daraufhin verstummte sie, und der Fall war erledigt. Mit Geld ist in China alles machbar.«

Loyalität ist selten geworden

Frau Y., 62, Unternehmerin, Shanghai: »Alle denken ans Reichwerden. Loyalität zählt nicht mehr, vor allem nicht in der Branche, in der ich tätig bin, in der IT-Produktion. In dieser Branche verläuft die Produktentwicklung schneller als in jeder anderen. Die Konkurrenz ist groß, ebenso die Personalfluktuation. Es gibt zu wenig qualifizierte Kräfte. Wer unter den Konkurrenten ein bisschen mehr Gehalt bietet, zu dem gehen sie, ganz gleich wie gut das Betriebsklima bei uns ist.

Meine Spitzeningenieure verdienen im Monat ca. 70 000 Yuan (ca. € 7900). Kürzlich wollte einer zur Konkurrenz wechseln. Ich fragte ihn nach dem Grund, weil ich ihn bisher nur als zufriedenen

Mitarbeiter kannte. Er meinte, seine 150 m² große Wohnung, in der er mit Frau und Kind lebe, sei ihm zu klein geworden. Er wolle sich eine größere kaufen und da käme ihm das Angebot unseres Konkurrenten gerade recht. Dass er sich bisher bei uns immer sehr wohl gefühlt hatte, zählte nicht. Da sein Team gerade ein neues Produkt entwickelt hatte und ich fürchtete, dass er seine Kenntnisse mit zur Konkurrenz nehmen würde, ging ich auf ihn ein und bot ihm genauso viel wie der Konkurrent, was nicht viel mehr war, als was er bei uns verdiente. Tief im Herzen hoffte ich, er würde ablehnen, weil ich von ihm enttäuscht war. Er sagte aber zu und blieb. Eigentlich war ich nicht besonders froh darüber.

Loyalität ist selten geworden. Man identifiziert sich nicht mehr mit seinem Betrieb. Sogar die Mitarbeiter, die wir ausgebildet haben, bleiben uns nur selten treu. Oft hört man, dass sie lieber wechseln wollten, weil sie bei uns nichts mehr lernen würden. Das ist einerseits ihr gutes Recht, andererseits bezahle ich die Leute doch dafür, dass sie für mich arbeiten, und nicht dafür, dass ich ihnen etwas beibringen darf. In Hongkong war das anders. Dort kannten wir diese Probleme nicht. Die Leute blieben jahrelang. Ich glaube, das liegt am Glauben. Dort gab es viele Buddhisten und Christen unter unseren Mitarbeitern. Solche Menschen denken anders. Sie haben eine andere Moral.

Ich frage mich manchmal, wie ausländische Unternehmer mit ihren chinesischen Mitarbeitern zurechtkommen. Die können sich doch lange nicht so gut in sie hineinversetzen wie wir. Wir können unsere eigenen Landsleute viel besser einschätzen, und trotzdem haben wir viele Schwierigkeiten.

Auch gehört es heute zu unserem Alltag, dass Technik ausspioniert und zur Konkurrenz mitgenommen wird. Moralische Skrupel gelten als dumm. Wenn etwas zu Geld gemacht werden kann, sind alle Mittel recht. Wir müssen das als Tatsache akzeptieren und uns davor zu schützen versuchen.«

Vom kulturellen Amoklauf der Mao-Ära

Frau L., 35, Architektin, Beijing: »Was ich sehr bedaure, ist, dass es in China keine wirklich anspruchsvolle Kultur mehr gibt. Früher gab es sie. Sie wurde von der gebildeten Elite geprägt und getragen. Doch das Bewusstsein dieser Elite und ihre Kultur wurden durch die politischen Kampagnen und die Kulturrevolution ausgelöscht. Das Empfinden für Schönheit und für ein anspruchsvolles Niveau ist weg. Die Kulturrevolution hat eine Kultur der Massen propagiert, und dies auf niedrigstem Niveau. Davon hat sich unser Land bis heute nicht erholt. Das sieht man allein schon am äußeren Erscheinungsbild und am Auftreten. Wo sieht man heute noch einen Mann mit gepflegter Erscheinung und Ausstrahlung? Es gibt solche Männer, das weiß ich, aber das sind Ausnahmen, und man begegnet ihnen höchst selten. Also wurde selbst diese Art von Kultur, die Pflege des äußeren Erscheinungsbildes, durch die politischen Kampagnen vernichtet. Die meisten Männer, die man heute sieht, stellen nichts dar. Sie sind farblos und uninteressant. Bei den Frauen ist die Situation schon etwas besser. Sie haben sich schneller von dem kulturellen Amoklauf der Mao-Ära erholen können.«

»Wir haben heute eine Fastfood-Kultur«

Frau C., 45, Redakteurin, Shanghai: »Viele junge Autoren fragen sich, warum sie überhaupt noch schreiben sollen, wenn sie mit anderen Tätigkeiten doch viel mehr Geld verdienen können. Und viele von denen, die bereits als Autoren etabliert sind, schreiben besonders umfangreiche Bücher, weil sie nach Textlänge bezahlt werden. Was ist das für ein Denken!

Die meisten Leute sind heute nur an der Erfüllung ihrer materiellen Wünsche interessiert. Die Gesellschaft ist ihnen egal, unser Land auch. Eine solche Einstellung kann ich nicht nachvollziehen. Auch ich möchte mir meine materiellen Wünsche erfüllen, aber das allein

212

reicht mir nicht. Ich will mehr. Ich will mich auch für die Gesellschaft und unsere Kultur engagieren. Für mich ist China wie eine alte Mutter: Sie sah einmal gut aus, als sie jung war. Sie hat uns Kinder versorgt und aufgezogen, war immer für uns da und hat uns verwöhnt. Aber jetzt ist sie alt und krank. Da kann ich doch nicht sagen, nur weil sie alt und krank ist, will ich nichts mehr mit ihr zu tun haben. Ich muss doch trotzdem für sie da sein. Manchen geht die Entwicklung in unserem Land nicht schnell genug, und sie kritisieren die Regierung, weil diese die Erwartungen nicht erfüllt. Dabei sollte doch jeder bei sich selbst anfangen, wenn wir unsere Welt verbessern wollen. Ich versuche dies auf meine Weise zu tun, indem ich Bücher herausbringe, die sich mit der geistigen und religiösen Entwicklung der Menschen beschäftigen. Dieses Thema halte ich für außerordentlich wichtig. Da mich der Buddhismus sehr interessiert, habe ich mich auf dieses Thema spezialisiert.

Wir haben viele alte und viele neue Probleme in unserem Land, und es kommen täglich weitere hinzu. Aber ich glaube trotzdem, dass man sie allmählich lösen kann, solange jeder seinen Beitrag dazu leistet.«

Wenn nur noch das Geld regiert

Ein Taxifahrer in Beijing: »Wer Geld hat, hat Macht. Wer Macht hat, hat Geld. Wer keine Macht, aber Geld hat, kauft sich ein Amt. Dann hat er Macht. Wer kein Geld hat, hat auch kein Amt und keine Macht. Es sieht schwarz aus in China.«

Herr Y., 26, Mitarbeiter einer Werbeagentur, Shanghai: »Meine Generation interessiert sich nicht für Politik. Wir sind unpolitisch. Wir sind anders als jene, die die Bewegung von 1989 mitgemacht haben. Wenn ich mit meinen Freunden zusammenkomme, sprechen wir nie über Politik. Uns interessiert einzig und allein, wie wir Geld verdienen können, um ein Auto und eine Wohnung zu kaufen. Das ist wichtig für uns. Alles andere ist ohne Bedeutung. Deshalb lese ich im Internet auch nur Wirtschaftsnachrichten und die Blogs von bekannten Wirtschaftsjournalisten. Ich würde am liebsten in einer Investmentfirma oder bei einer Fondsgesellschaft arbeiten. Darauf arbeite ich hin. Das ist mein Ziel.«

Frau Y., 45, Journalistin, Shanghai: »Was die Leute in der Parteizentrale bestimmen, kommt den ärmeren Bevölkerungsschichten kaum zugute. Da verkündet die Regierung beispielsweise, dass sie die Kosten für die ärztliche Versorgung der Armen übernimmt. Das betrifft aber nur leichte Erkrankungen. Bei schweren Erkrankungen müssen sie ab einer gewissen Höhe die Kosten selber tragen. Dabei wäre für arme Menschen genau das Gegenteil wichtig. Für die leichten Erkrankungen können sie selbst aufkommen, aber nicht für die schweren.

In unserer Gesellschaft regiert der Kommerz. Schauen wir uns doch unsere geistige Elite an: die Professoren. Auch sie denken nur noch ans Geld. Sie halten ihre Vorträge am liebsten vor zahlendem Publikum. Bildung ist ein Privileg der Reichen geworden. Dabei sollte Bildung doch für alle da sein, vor allem für die Ärmeren, und zwar umsonst.

Ich sage euch, unsere Gesellschaft ist krank. Ständig hören wir von sogenannten moralischen Heldentaten, wie beispielsweise von einer reichen Taiwanesin, die quer durch China reiste und 6000 arme Kinder auswählte, denen sie eine Schulbildung finanziert. Ich finde das beschämend. Unsere Regierung hat genug Geld. Es dürfte kein Problem sein, allen Bedürftigen Bildung und Grundversorgung zu garantieren. Stattdessen verschwendet sie das Geld für sinnlose Prestigeobjekte wie die Formel-1-Rennstrecke in Shanghai, deren Bau etwa 2,6 Milliarden Yuan verschlungen hat und deren Instandhaltung pro Jahr zusätzlich viele Millionen Yuan kostet. Wie vielen Kindern hätte man mit diesem Geld eine Ausbildung finanzieren können? Oder sehen wir uns die Vorbereitungen zur Weltausstellung an. Wie viel Geld hat Shanghai investiert, um das oberflächliche Erscheinungsbild der Stadt zu verschönern? Überall wurden die Fassaden der Häuser auf Staatskosten hübsch angemalt, damit der äußere Schein gewahrt bleibt und die in- und ausländischen Expo-Besucher einen guten Eindruck von der Stadt erhalten. Welch eine Geldverschwendung! Im heutigen Shanghai denken die Leute nur noch an ein reiches Leben, an einen westlichen Lebensstil, an moderne Hochhäuser und schnelle Autos. Die Armen und Minderprivilegierten werden in die Vorstädte gedrängt und nicht beachtet. Wenn man sie aber immer weiter übersieht, vergrößert sich deren Unzufriedenheit, und das kann irgendwann gefährlich werden.«

Wenn man niemandem mehr traut

Herr Y., 73, Wissenschaftler, Chengdu: »Das Volk vertraut seiner Regierung nicht mehr, und die ihrerseits misstraut dem Volk. Als ich mein Studium an der Universität begann, haben wir unsere Studentenvertreter noch frei gewählt. Heute ist das nicht mehr möglich. Man traut den Studenten nicht zu, dass sie die richtigen Vertreter wählen. Die richtigen Vertreter sind in den Augen der Regierung jene, die von der Partei aufgestellt wurden. Bei den verschiedenen Wahlen in den untersten ländlichen und städtischen Verwaltungseinheiten soll nach meinen Informationen die große Mehrheit der von der Partei aufgestellten Kandidaten nicht gewählt worden sein. Das Volk will von den Parteifunktionären nicht viel wissen. Also ist es kein Wunder, dass die Partei dem Volk misstraut. Sie sollte sich doch lieber ein anderes Volk suchen.«

Täglich hört und liest man von Betrugsfällen. Die Kriminalität über Handy und Internet blüht. Eine SMS erreichte uns: Wir sollten dringend einem Bekannten mit dem Allerweltsnamen »Wang« mit einem fünfstelligen Geldbetrag aushelfen. Kontonummer und Bankverbindung waren mit angegeben. Wir kannten keinen Wang, der für diesen Notfall in Betracht kam. Stattdessen erfuhren wir, dass es ein gerade gängiger Trick war. Als wir gezielt nachfragten, erfuhren wir

215

innerhalb kürzester Zeit von mehreren Personen im Bekannten- und Verwandtenkreis, die Betrügern auf diese Weise zum Opfer gefallen waren und zum Teil erhebliche Summen verloren hatten.

Früher hätte es so etwas nicht gegeben, sagen die Älteren. Das ist sicher richtig. Damals gab es andere Gründe, den Mitmenschen zu misstrauen.

Misstrauen, Zweifel und Skepsis bestimmen heute den täglichen Umgang mit Fremden, von denen man nichts Gutes erwartet. Jemand wolle fünfzig Prozent seines Vermögens spenden, erzählte ein Freund bei einem Abendessen und fand das überaus lobenswert. Ein anderer Herr am Tisch hatte sofort eine Erklärung parat: »Der hat wohl zu viel schwarzes Geld verdient.«

Frau C., 65, Geschäftsfrau, hat zwanzig Jahre lang in Deutschland gelebt. Jetzt ist sie in ihre Geburtsstadt Shanghai zurückgekehrt: »Ich vermisse in China das Gefühl der Sicherheit. Man vertraut den anderen nicht mehr. Wenn ich zum Beispiel etwas kaufen will, weiß ich oft nicht, was ein angemessener Preis ist. Man verlangt von mir 8000 Yuan, aber vielleicht liegt der wirkliche Preis nur bei 2000 Yuan. Und einigte ich mich mit dem Verkäufer auf 2000 Yuan, hätte ich sofort das Gefühl, betrogen worden zu sein, denn vielleicht lag der angemessene Preis bei nur 1000 Yuan. Hier ist alles möglich. Man muss handeln. Das macht mich sehr unsicher.

Ich empfinde das Leben in Shanghai als sehr hektisch. In Deutschland ist es viel ruhiger, und man fühlt sich sicher. Aber weil meine alten Freunde aus der Studentenzeit hier leben, bin ich zurückgekommen. Anfangs war ich sehr angetan, weil die allgemeinen Lebensbedingungen wesentlich besser sind als früher. Häuser, Straßen, Verkehrsmittel, Supermärkte – das alles hat sich radikal verbessert. Man lebt in jeder Beziehung bequemer und angenehmer als noch vor zwanzig Jahren. Aber viele Menschen sind mit der schnellen Entwicklung nicht mitgekommen. Sie übertreiben in allem. Es gibt jetzt sehr viele Neureiche. Die geben das Geld mit vollen Händen aus. Nichts ist ihnen zu teuer. Ständig schreien sie: billig, billig, billig. Zum Beispiel traf ich ein paar Leute aus der Provinz Zhejiang auf dem Frankfurter Flughafen. Die deckten sich mit Unmengen von Produkten berühmter Nobelmarken ein und tönten noch herum, wie billig alles sei. Ich fand das unglaublich peinlich und habe mich für sie geschämt. Sie hielten sich wohl für ganz besonders großartig. Ich sah solche Leute auch in der Innenstadt von Frankfurt, wie sie sich in den Nobelläden herumfläzten und die Füße auf die Tische legten, während ihre Begleiterinnen gar nicht genug einkaufen konnten. Solche Neureichen haben nichts, weder Erziehung noch Kinderstube. Nur eins haben sie: jede Menge Geld. Und das haben sie oft zu schnell verdient und darüber den Sinn für die Realität verloren. Wenn man sie zu Hause besucht, sieht man, dass sie alle westlich eingerichtet sind. Alles kommt aus Europa, bevorzugt aus Italien, Frankreich und Deutschland oder aus den USA. Kürzlich kaufte sich eine meiner Bekannten eine 300 m² große Wohnung in Pudong für 40 Millionen Yuan (ca. € 4,5 Millionen). Ich fragte sie, was sie mit so einer teuren Wohnung denn wolle und vor allem mit so einer großen, wo sie doch allein lebt. Darauf konnte sie mir keine Antwort geben. Ich glaube, es war ihr einfach nur wichtig zu zeigen, dass sie sich von uns allen die teuerste Wohnung leisten konnte.«

Wir nannten einem Taxifahrer in Beijing unser Fahrtziel. Er kannte die Adresse nicht und entschuldigte sich dafür. Er fahre erst seit drei Tagen Taxi. Wir kennen das Problem aus Shanghai. Auch dort haben Anfänger meist keinen blassen Schimmer vom Straßennetz, obwohl man doch eigentlich von einer entsprechenden vorherigen Ausbildung ausgehen sollte.

Der Taxifahrer in Beijing bemühte sich, Abhilfe zu schaffen. Er würde uns ein anderes Taxi suchen, hielt neben einem freien an und besprach den Fall mit dessen Fahrer. Mit dem neuen Taxi kamen wir dann schnell ans Ziel. Als wir den Freunden, eingefleischten Beijingern, davon erzählten, war für sie sofort klar, dass dem ersten Taxifahrer nur die Strecke zu kurz war und er uns mit seiner Anfänger-Ausrede belogen hat. Wir hatten diesen Eindruck nicht, konnten die Freunde aber nicht vom Gegenteil überzeugen.

Ein junger Student aus Südchina war auf Urlaub in Xi'an, im Nordwesten des Landes. Er kaufte sich an einem Stand in der Nähe eines Tempels einen Stempel und bezahlte mit einem Hundert-Yuan-Schein. Als Wechselgeld bekam er einen Fünfziger zurück. Dieser fühlte sich merkwürdig an. Der Student vermutete, dass er Falschgeld bekommen hatte, und überlegte, wie er reagieren sollte. So betrachtete er den Schein skeptisch, bis ihm der Händler einen anderen Fünfziger in die Hand legte und fragte: »Fühlt der sich besser an? Du musst nicht glauben, dass ich dich betrügen will.« Der Schein fühlte sich genauso abgegriffen an wie der erste. Der Student nahm ihn trotzdem und gab ihn bei nächster Gelegenheit wieder aus.

Wenn alle lügen

Herr W., 82, Wissenschaftler, Tianjin: »Wir sind heute frei und können gehen, wohin wir wollen, auch ins Ausland, was ich viel gemacht habe. Insofern bin ich sehr zufrieden. Andererseits bin ich enttäuscht. Ich trat erst nach der Kulturrevolution in die Partei ein. Damals warb man verstärkt um Wissenschaftler. Ich dachte, ich könne dort etwas bewirken. Deshalb trat ich ein. Doch leider merkte ich schon bald, dass man an meinen Ratschlägen gar nicht interessiert war. Ich konnte also doch nichts bewirken.

Die Probleme in unserem Land resultieren zum großen Teil aus der Tatsache, dass immer zu viele Menschen zur selben Zeit dasselbe erreichen wollen. Die Konkurrenz ist deshalb unheimlich groß, und viele Leute wenden Tricks an, um sich gegen die anderen durchzusetzen. Es wird gelogen und betrogen, dass einem schwindlig werden kann. Wer zuerst kommt, hat gewonnen. Die Leute verkaufen ihre Lügen als Wahrheit und werden dabei noch nicht einmal rot. Wir Alten sind anders. Wir werden rot, wenn wir lügen. Trotzdem haben auch wir gelogen. Uns blieb gar nichts anderes übrig. Wir logen, um am Leben zu bleiben. Heute lügen die Menschen, um Karriere zu machen und reich zu werden.

Das Einzige, was mich heute glücklich macht, ist die Tatsache, dass meine acht Geschwister und ich die schweren Zeiten überlebt und wir noch immer ein gutes Verhältnis zueinander haben. Ansonsten sind mir nur noch mein Klavier wichtig und mein Lieblingsgericht: rot gesottener Schweinebauch.«

Herr M., 35, Wissenschaftler, lebt in Japan. Was er an den Japanern besonders schätzt, ist der Respekt gegenüber ihrer eigenen Kultur und Tradition. »Junge Chinesen und Japaner ähneln sich in ihrem Denken, nur in einem unterscheiden sie sich: Die Japaner respektieren ihre alten Traditionen und schützen ihr kulturelles Erbe, was sich sehr deutlich in ihrem Verhalten widerspiegelt. Wir Chinesen haben in den vergangenen sechzig Jahren unsere alten Traditionen abgelehnt und zerstört. Deshalb sind wir heute auch viel freier als die Japaner. Wir haben keine Disziplin, wir machen, was wir wollen. Um Sitten und Gebräuche scheren wir uns nicht. Und unser Benehmen lässt auch sehr häufig zu wünschen übrig. Es ist allen zur Gewohnheit geworden, sich leerer Floskeln zu bedienen. Wir sind nicht ehrlich. Unsere Politiker geben Losungen aus, an die sie selbst nicht glauben und an die sie sich auch nicht halten. Sie sprechen beispielsweise von einer harmonischen Gesellschaft, handeln ihr aber zuwider. Kürzlich kam ich in eine kleine Dorfschule im Norden der Provinz Shanxi, die von meinem Vater finanziell unterstützt wird. An der Tafel stand in großen Zeichen ›Seid ehrlich und treu!‹. Das fand ich merkwürdig. Wenn man so etwas an die Tafel schreiben muss, bedeutet das doch, dass es bei den Kindern in dieser Hinsicht einiges zu bemängeln gibt. Andererseits deckt sich das mit den vielen Klagen, die heute bei uns zu hören sind. Es wird gelogen und betrogen, von ganz oben bis ganz unten, von der Hauptstadt bis ins kleinste Nest. Man kann niemandem mehr vertrauen.«

Ärzte im Stress

Nicht ohne Grund werden alle Bekannten und Verwandten abtelefoniert und mobilisiert, wenn ein Verwandter ins Krankenhaus muss. »Kennst du jemanden, der im Krankenhaus XYZ arbeitet? Hast du Beziehungen?« Es gibt hervorragende Ärzte in China und auch modern ausgestattete Krankenhäuser. Aber es gibt zu viele Patienten. Das chinesische Gesundheitswesen steht vor großen Problemen. Mit jeder Krankheit muss man ins Krankenhaus, auch wenn es sich nur um einen leichten Fall handelt. Etwa ein Fünftel aller Patienten hat nicht mehr als einen leichten grippalen Infekt. Es gibt noch kein flächendeckendes Netz privater Arztpraxen. Deshalb ist der Ansturm groß, und lange Wartezeiten sind normal.

Herr S., 35, Kaufmann, Hamburg: »Ich war beruflich in China unterwegs, als ich einen grippalen Infekt bekam und deswegen sicherheitshalber in ein Krankenhaus ging, um mir ein paar Medikamente zu besorgen. In der Aufnahme herrschten chaotische Zustände. Ein Kommen und Gehen, die Bänke voller Menschen, manche saßen sogar auf dem Boden. Es war kalt und zugig. Man sagte mir, ich müsste mindestens drei bis vier Stunden warten. Alle Ärzte wären beschäftigt. So lange könnte ich nicht warten, sagte ich, weil ich schon in zwei Stunden wichtige Verhandlungen zu führen hätte. Die Krankenschwester horchte auf und stellte mir ein paar Fragen. So erfuhr sie, dass ich in Deutschland eine private Versicherung abgeschlossen hätte. Daraufhin schlug sie vor, mich in den VIP-Bereich zu bringen, wo ich gegen eine Gebühr von 500 Yuan sofort einen Arzt konsultieren könnte. Sie führte mich ein paar Flure weiter in einen ruhigen, sauberen Bereich, wo ich tatsächlich sofort einem freundlichen Arzt vorgestellt wurde. Zum Schluss zahlte ich neben der Gebühr auch noch kräftig für Medikamente, die selbstverständlich von der hauseigenen Apotheke verkauft wurden. Beim Hinausgehen kam ich erneut an den Leuten in der Aufnahmeabteilung vorbei, die geduldig seit Stunden auf eine Behandlung warteten, darunter ein kleines Mädchen, dem anzusehen war, wie schlecht es ihm ging.«

Viele Ärzte sind hoffnungslos überlastet, das Pflegepersonal ebenfalls. Es ist üblich, dass ein Patient bei einem stationären Aufenthalt von einem Verwandten oder einer kurzfristig angeworbenen Pflegekraft betreut und versorgt wird. Es ist die Ausnahme und gilt als bedauernswert, wenn kein Verwandter oder Betreuer zur Seite steht.

Da die Wirtschaftsreformen auch im Gesundheitswesen angekommen sind, wurden Subventionen gestrichen und die Krankenhäuser aufgefordert, ihr Geld selbst zu verdienen. Dies tun sie am einfachsten, indem sie teure Medikamente in großen Mengen in der hauseigenen Apotheke verkaufen. Absprachen mit Pharmafirmen erhöhen den Gewinn. Auch aufwendige und manchmal unnötige Untersuchungen und Operationen werden durchgeführt. Nach chinesischen Zeitungsberichten soll etwa ein Drittel bis die Hälfte aller stationär behandelten Patienten viel zu lange und teils überflüssigerweise im Krankenhaus liegen. Außerdem wirft man den Ärzten vor, zu schnell Erfolge sehen zu wollen und deshalb die Medikation zu hoch zu dosieren.

Die Zeiten, da der Staat für die medizinische Versorgung seiner Bürger zahlte, gehen langsam zu Ende. Nur die Kosten für die alten Veteranen werden noch komplett vom Staat übernommen. Wer heute nicht entsprechend versichert ist, muss selbst zahlen. Ganze Familien müssen zusammenlegen, wenn es gilt, die Kosten für teure Behandlungen aufzubringen. Wer die Aufnahmegebühr nicht zahlen kann, wird oft gar nicht erst aufgenommen, sondern gleich abgewiesen. Immer wieder hört man von Notfällen mit Todesfolge, weil Patienten wegen Geldmangel die Behandlung verweigert wurde. Mehrmals kam es daraufhin zu empörten Massenprotesten. Aber auch bei erfolgloser Therapie kann die Wut und das Misstrauen der Angehörigen so groß sein, dass es zu Handgreiflichkeiten kommt. Die Behörden sprechen von vielen Tausend Übergriffen auf medizinisches Personal vonseiten der Patienten oder deren Angehörigen. Dabei kam es zu schwersten Verletzungen. Selbst Tote waren zu beklagen. An einigen Krankenhäusern hat man inzwischen Wachpersonal eingestellt, das Ärzte und Pflegepersonal schützen soll.

Frau H., 22, Studentin, Chengdu: »Zweimal hat man meinen Vater an der Lunge operiert, obwohl sich inzwischen herausgestellt hat, dass dies gar nicht nötig gewesen wäre. Aber wenn die Ärzte merken, dass Geld vorhanden ist und die Verwandten alles tun, um dem Kranken zu helfen, raten sie immer zur teuersten Methode, auch wenn der Sinn zweifelhaft ist.«

Vom explosiven Gegensatz zwischen Arm und Reich

Nach der Revolution von 1949 waren alle arm. Privatbesitz wurde verstaatlicht und zu Kollektiveigentum umgewandelt. Inzwischen haben die Reformen und die Einführung der Marktwirtschaft alles wieder rückgängig gemacht. Staatsbetriebe wurden privatisiert, und die ehemals verdammten Kapitalisten sind heute wieder hoch angesehen. Sie werden sogar in die Kommunistische Partei aufgenommen. Für viele alte Parteimitglieder steht damit die Welt auf dem Kopf.

Die Wirtschaftsreformen haben wenige sehr reich werden lassen und gleichzeitig viele Millionen Menschen aus der Armut befreit. Doch gibt es nach offiziellen Angaben noch immer über einhundert Millionen Menschen, die unter der Armutsgrenze leben. In China heißt Armut heute, dass kein Geld für die Schulbildung der Kinder vorhanden, die medizinische Versorgung nicht gewährleistet ist und kein angemessener Wohnraum zur Verfügung steht.

Die Einkommensunterschiede sind enorm. Manche Arbeiter verdienen weniger als 1000 Yuan im Monat, manche Spitzenkräfte in Banken und Industrie hingegen mehr als zwei Millionen. Es gibt nicht wenige Menschen, die mit dreißig Personen in einem Raum leben. Wanderarbeiter zum Beispiel und Handwerker auf den Baustellen. Für diese Menschen leben selbst die Mitglieder der heutigen städtischen Mittelschicht in beneidenswertem Reichtum.

Alle sehen, dass es ununterbrochen aufwärtsgeht und der Lebensstandard sich ständig verbessert. Man braucht nur den Fernseher anzustellen, da wird es einem täglich vor Augen geführt. Aber nicht alle Menschen nehmen an diesem Aufschwung teil. Es liegen Welten zwischen Arm und Reich. Dieser gewaltige Unterschied birgt gefährliches Konfliktpotential.

Herr L., 44, Investor, Beijing: »Ich kann mich glücklich schätzen, dass ich zu den zufriedenen Chinesen gehöre. Ich habe genug Geld verdient, besitze mehrere Wohnungen und habe meine eigene Firma. Die Armen haben nichts. Die Kinder jener Bauern, die ihre Nutzungsrechte verkauft haben, haben noch nicht einmal Land, das sie bestellen können, wenn sie irgendwann ihre Arbeit in der Stadt verlieren und Zuflucht in ihrem alten Heimatort auf dem Land suchen. China ist nicht mehr kommunistisch. Die Armen werden uns Reiche irgendwann hassen, und dann gnade uns Gott!«

Wie man Arm und Reich erkennt:
(aus einem chinesischen Internet-Forum)

Wer sich privat Geld leiht, ist arm,
wer sich beim Staat Geld leiht, ist reich.
Wer beim Schnapstrinken nach dem Alkoholanteil fragt, ist arm,
wer nach der Marke fragt, ist reich.
Autoren sind arm, Raubkopierer reich.
Wer das Land beackert, ist arm, wer es kauft und verkauft, ist reich.
Die Frau, die sich einem anderen hingibt, ist arm,
der Mann, der mit den Frauen anderer schläft, ist reich.
Der Arme hält sich Hühner, der Reiche Hunde.
Der Arme pflanzt Getreide, der Reiche Rasen.
Der Arme sucht sich eine Ehefrau, der Reiche eine Geliebte.
Dem Armen ist die Ehefrau zugleich Sekretärin,
dem Reichen wird die Sekretärin zur Ehefrau.

Von alten und neuen Klassenunterschieden

Herr W., 55, Journalist, Beijing: »Die Klassenunterschiede in China sind inzwischen wieder genauso groß, wie sie einmal waren. Die Reichen gehen in Luxusrestaurants essen und bezahlen pro Mahlzeit viele Tausend Yuan, während die Leute, von denen sie bedient werden, nämlich die Söhne und Töchter von Bauern aus den fernen Provinzen, oft gerade mal 1000 Yuan pro Monat verdienen. Damit sind Konflikte vorprogrammiert. Hinzu kommt, dass es gerade unter den Reichen viele Leute gibt, die die Armen und Unterprivilegierten verachten und sie als Dienstboten schlecht behandeln. Sie denken, weil ich reich bin und du arm bist, bin ich besser als du. So einfach und zugleich so primitiv ist ihr Denken. Sie können auch nicht ›danke‹ sagen. Sie nutzen die Leute bis zum Letzten aus. Man hat ja bezahlt. Also fühlen sie sich mit ihrem Verhalten im Recht. Aber dieses Denken hat es bei uns immer schon gegeben. China hat sich nicht geändert. Auch nach 1949, als alle Menschen gleich arm waren, war es nicht besser. Die Gleichheit war erzwungen. Sie wurde notgedrungen akzeptiert, weil einem gar nichts anderes übrigblieb. Die Akzeptanz kam nicht von Herzen. Auch der jahrelange Klassenkampf hat nichts gebracht. Wer über dem anderen zu stehen meint, schaut verachtend auf ihn herab. So ist das in unserer Kultur. Die Mitglieder der Kommunistischen Partei verachten jene, die nicht in der Partei sind. Zwar wird ständig wiederholt, dass ein Kommunist über besondere Qualitäten verfügen müsse und dass Parteimitglieder besser seien als andere. Aber die Wirklichkeit sieht anders aus. Wie überall gibt es gute und schlechte Charaktere. Es gibt Arme, die auf die Reichen schimpfen, doch kaum sind sie selber reich, verachten sie die Armen genauso. Anderseits gibt es Reiche, die die Armen unterstützen und von diesen sogar noch beschimpft werden. Ende der 1960er Jahre nutzten die Leute die Kulturrevolution, um aufzusteigen. Rotgardisten schlugen Menschen, stahlen ihnen Geld und Wertgegenstände und wurden für ihren angeblichen Mut und ihr Klassenbewusstsein gelobt. Heute nutzen die Leute die freie Marktwirtschaft, um sich zu bereichern, und wenn sie erfolgreich sind, werden sie auch dafür bewundert und gelobt.«

Was braucht ein reicher Mann?

Das chinesische Internet weiß auf diese Frage eine Antwort: »Eine junge, schöne Frau, einen Lamborghini und eine Tibet-Dogge.«

Dank der Wirtschaftsreformen gibt es heute in China geschätzte 130 Dollar-Milliardäre. Vermutlich ist ihre Zahl jedoch erheblich höher, denn viele Reiche scheuen das Licht der Öffentlichkeit, vor allem die Söhne und Töchter der politischen Führung. In China nennt man sie die »Partei der Prinzen«.

Geschätzte 500 Personen verfügen über ein Durchschnittsvermögen von über 250 Millionen Dollar. 51 000 besitzen knapp zehn Millionen Dollar, 825 000 Menschen ca. eine Million.

Zu den reichsten Menschen im Land gehört eine Frau, die mit Altpapier ihr Vermögen machte. Ähnlich erfolgreich war ein Mann mit modernsten Autobatterien.

Herr S., 28, Chauffeur, Shanghai: »Ich arbeite als Chauffeur für eine reiche Familie in Shanghai. Wenn man mich tagsüber nicht braucht, bleibe ich häufig in der Tiefgarage des luxuriösen Apartmenthauses, in dem die Familie wohnt. Dort gibt es einen Aufenthaltsraum für uns Fahrer mit Blick auf den Fuhrpark. Es ist unglaublich, was für erstaunliche Beispiele westlicher Automobilkunst man dort sieht. Die Besitzer wagen sich nur selten mit ihren edlen Luxuskarossen auf die Straße. Ich glaube, sie wollen mit ihren Autos nur die reiche Nachbarschaft beeindrucken.«

Die Hersteller der internationalen Luxusmarken verzeichnen in China phänomenale Zuwachsraten. China ist nach Japan der weltweit zweitgrößte Konsument von Luxusgütern. Seien es Haute Couture, Spirituosen, Schmuck, Autos oder Möbel, ohne die Chinesen würde das Geschäft nur halb so gut laufen. Inzwischen treten sie auch als Käufer von teuren Immobilien im Ausland auf. Seit neuestem in den feinen Vierteln von London, wo viele Familien ihre Kinder studieren lassen.

Chinas neue Aristokratie

Eine gute Geschäftsidee zu haben ist ein erster Schritt in Richtung Reichtum. Eine andere wichtige Voraussetzung ist der Zugang zu Informationen, Macht und Kapital. Über diese Voraussetzungen verfügen die Kinder und Verwandten der politischen Führer, die »Partei der Prinzen«. Sie haben von den Reformen überdurchschnittlich profitiert. Da sie den direkten Draht ins politische Machtzentrum haben, dienen sie erfolgreich als Mittler zwischen ausländischen Investoren und inländischen Behörden und Staatsbetrieben. Ihre wohlklingenden Namen öffnen Türen und heben Beschränkungen auf, sie ebnen Wege für die Genehmigung und Umsetzung von Großprojekten. Die »Prinzen« ziehen riesige Importaufträge an Land und sichern sich bedeutende Anteile an ganzen Industriezweigen. 90 Prozent der 20 000 reichsten Chinesen verfügen über verwandtschaftliche und ähnlich enge Beziehungen zu hohen Regierungs- und Parteifunktionären. Die Revolution hat die alte besitzende Klasse enteignet und durch eine neue ersetzt. Die Kinder und Enkel der ehemaligen Revolutionäre und der hochrangigen politischen Funktionäre bilden heute die neue Aristokratie. Sie stellen die mächtigste Gruppe in China dar, in ihren Händen konzentriert sich das Kapital. Anders als jene Privatunternehmer, die über keinerlei Beziehungen zum politischen Machtzentrum verfügen, unterliegen die »Prinzen« nicht dem Risiko politischer Veränderungen, die ihre Pläne durchkreuzen und ihnen den Reichtum nehmen könnten.

Vom Gefühl der Unsicherheit

Herr T., 38, Beamter, Shanghai: »Unsere Generation hat zwar von der Reformpolitik profitiert, aber ein Gefühl der Sicherheit will sich nicht einstellen. Der Ein-Kind-Politik haben wir zu verdanken, dass die Altersverteilung in unserer Bevölkerung die Gestalt einer umgedrehten Pyramide angenommen hat. Früher gehörten zu jeder Familie mehrere Kinder und zwei Großelternpaare. Heute haben Mann und Frau vier Elternteile und ein Kind zu versorgen. Wenn das Kind erwachsen ist und heiratet, muss es sich um acht Leute kümmern. So will es unsere alte konfuzianische Tradition. Das ist aber nur zu schaffen, wenn man ordentlich Geld verdient, und deshalb spornen die Eltern ihr einziges Kind zu Fleiß und Leistung an. Kaum ist ein Kind drei Jahre alt, fängt der Konkurrenzkampf an. Zum Beispiel musste mein Kind mit vier Jahren schon mit plus und minus rechnen, hundert chinesische Schriftzeichen schreiben können und erste Lektionen in Englisch lernen. Kann so ein Leistungsdruck für ein Kind gut sein? Ich glaube nicht, und ich finde das furchtbar. Aber es ist eben nicht zu ändern. Es ist nun einmal üblich, die Eltern zu ehren und im Alter für sie zu sorgen. Auch wenn das in heutiger Zeit große Schwierigkeiten verursacht. Sind die alten Eltern krank, müssen wir für sie die ärztliche Behandlung zahlen. Infolge der Reformen hat sich alles extrem verteuert, und sie selbst verfügen nicht über ausreichende Ersparnisse. Auch um eine angemessene Wohnung für die Eltern müssen wir uns kümmern, wenn sie selbst keine kaufen konnten. Können wir das nicht leisten, haben wir ein schlechtes Gewissen, vor allem dann, wenn wir sehen, wie gut andere ihre Eltern versorgen. Dann können wir nicht ruhig leben. Das geht nicht nur mir so, sondern vielen anderen auch. Solch ein Druck wirkt sich negativ auf unsere Gesellschaft aus. Es ist abzusehen, dass sich unser Wirtschaftswachstum irgendwann verlangsamen wird. Schon heute ist das spürbar. Vor zwanzig Jahren fand man überall einen Job. Man konnte sogar wählen. Heute finden selbst Leute, die nach einem abgeschlossenen Studium aus dem Ausland zurückkehren, nur schwer eine angemessen bezahlte Arbeit.

Jeder muss kämpfen. Jeder muss sehen, wie er zurechtkommt und mehr Geld verdienen kann. Ich will künftig nicht zu einer Belastung für mein Kind werden. Also muss ich vorsorgen. Das kann ich aber nicht mit meinem Gehalt. Da muss ich schon andere Wege finden.«

Frau Y., 34, Ingenieurin, Shanghai: »Als ich noch in Deutschland lebte, sagten meine Verwandten: ›Bleib bloß draußen. Wenn du zurückwillst, dann nur auf Urlaub.‹ Sie trauen unserer politischen und wirtschaftlichen Entwicklung nicht, und sie hätten es gern gesehen, wenn wir ein Ausweichdomizil im Ausland besäßen. Ich bin trotzdem zurückgekommen. Ich sehe hier wesentlich bessere Chancen, mich beruflich und persönlich zu entfalten.«

Der neue Trend zu wohltätigem Engagement

Herr Y., 56, Unternehmer, Shanghai: »Unsere Gesellschaft ist von einer schweren Krise betroffen: Das materialistische Denken beherrscht unser Leben. Wir haben uns in Egoisten verwandelt. Wir denken nur noch an Geld und an unseren eigenen Vorteil. Wurde unser Leben dadurch glücklicher? Nein, ganz im Gegenteil. Es wurde eher schlechter. Ständig ziehen wir Vergleiche. Wie geht es mir? Wie geht es den anderen? Und natürlich muss es mir besser gehen als den anderen. Der Nachbar hat ein Haus? Also muss mein Haus besser sein als seins. Der Kollege schickt seinen Sohn zum Studium nach Australien? Dann soll meiner in den USA studieren. Mancher, der das nicht erreichen kann, weil es ihm an Geld mangelt, spekuliert an der Börse in der Hoffnung, die anderen auf diese Weise einzuholen. Viele Menschen können sich nicht mehr kontrollieren und geraten auf diese Weise in einen Teufelskreis. Aber zum Glück gibt es auch solche, die darüber nachdenken, wie man diese Tendenzen stoppen kann. Sie regen zum Umdenken an und beeinflussen auf ihre Weise einen kleinen Kreis ihrer Mitmenschen. Aus diesem kleinen Kreis wird ein mittlerer und dann ein großer.«

Herr Y. betätigt sich in seiner Freizeit als Hobbyphilosoph. Seine Gedanken, Erfahrungen und Erkenntnisse bringt er zu Papier. Schon mehrere Bücher sind von ihm erschienen. »Ich werde häufig zu Vorträgen eingeladen, dadurch komme ich im ganzen Land herum. Meist spreche ich vor Geschäftsleuten. Ich bin ja selber einer. Darum akzeptieren sie mich und meine Ratschläge. Diese Leute haben Geld. Viel Geld. Aber inzwischen spüren viele von ihnen, dass Geld nicht sinnstiftend ist. Wer arm ist, sucht einen Weg zu Wohlstand und Glück. Wer reich ist, sucht nach dem Sinn seines Lebens. Viele Reiche fühlen sich nach dem langen Kampf um Wohlstand und Glück paradoxerweise leer und unglücklich. Ich versuche ihnen zu helfen, indem ich sie an die guten Seiten unserer chinesischen Tradition erinnere und sie dazu anrege, sich für das Gemeinwohl zu engagieren und wohltätig zu werden.«

In China basiert Wohltätigkeit auf den alten konfuzianischen und buddhistischen Tugenden von Mitmenschlichkeit und Barmherzigkeit. Sie ist aus der chinesischen Tradition nicht wegzudenken. In den ersten Jahrzehnten nach 1949 geriet sie jedoch weitgehend in Vergessenheit, weil der Staat die soziale Grundversorgung der Menschen übernahm. Sie wurde aber weiterhin von den Chinesen im Ausland gepflegt. Unzählige Bildungseinrichtungen, von Grundschulen bis zu Universitäten, sind in den vergangenen Jahrzehnten durch die großzügigen Spenden auslandschinesischer Privatpersonen unterstützt worden. Mit dem gesellschaftspolitischen Wandel innerhalb der Volksrepublik wird die Wohltätigkeit nun wiederentdeckt. Eine der ersten Einrichtungen dieser Art war die Stiftung »Projekt Hoffnung«. Chinesen spenden im Allgemeinen gern für Bildungseinrichtungen. Die Stiftung »Projekt Hoffnung« blieb dieser Tradition treu, indem sie in wenig entwickelten Landstrichen Schulen baute und Kindern aus armen Familien auf diese Weise zu einer elementaren Bildung verhalf. In den letzten Jahren unterstützt sie zunehmend auch Kinder von Wanderarbeitern, die bisher kaum Zugang zu einer geregelten Schulbildung hatten.

Da die Tätigkeit von Wohlfahrtsorganisationen stark reglementiert ist und meist in enger Zusammenarbeit mit staatlichen Behörden stattfindet, war die Spendenbereitschaft der allgemeinen Bevölkerung lange gering, weil sie davon ausging, dass letzten Endes doch die Regierung die Probleme lösen würde. Ein Umdenken und eine ungeheure Spendenbereitschaft löste das Erdbeben von Sichuan im Mai 2008 aus, als im Fernsehen täglich Bilder des Grauens gezeigt wurden. Aus allen Teilen Chinas strömte Hilfe ins Katastrophengebiet. Was Rang und Namen hatte, spendete öffentlich große Summen. Der bekannte Blogger Han Han brachte seine Spende höchstpersönlich ins Katastrophengebiet und erntete damit viel Zustimmung. Aber auch einfache Schüler und Studenten überboten sich an Hilfsbereitschaft.

Inzwischen gibt es immer mehr private Zirkel gutsituierter Menschen, die eigene Projekte ins Leben rufen, um Bedürftigen zu helfen. So etwa ein Freundeskreis von Investmentbankern, die in den ländlichen Gebieten im Westen des Landes Schulen für tibetische Kinder unterstützt.

Während einige lieber ohne viel Aufhebens Gutes tun, ist Wohltätigkeit für andere ein Marketinginstrument geworden. Wir nahmen im Mai 2010 an einer Wohltätigkeitsveranstaltung für Katarakt-Erkrankte teil. Eine illustre Gesellschaft aus finanzkräftigen und einflussreichen Persönlichkeiten traf sich zu einem Festessen. Im Laufe des Abends fand eine Versteigerung von kostbaren Objekten statt, die von Firmen und Privatpersonen gespendet worden waren. Vor laufenden Kameras überboten sich die Teilnehmer und sorgten dafür, dass an jenem Abend ein Betrag zusammenkam, der mehreren Tausend Bedürftigen eine Katarakt-Operation ermöglicht.

Ein Land verändert sein Gesicht

Bis in die frühen 1980er Jahre hinein lebten etwa achtzig Prozent der chinesischen Bevölkerung auf dem Land. Keine dreißig Jahre später sind es nur noch etwas über fünfzig Prozent, mit weiter abnehmender Tendenz. Ein gewaltiger Urbanisierungsprozess ist im Gange, der die chinesische Landschaft radikal verändert.

Jahrzehntelang hatte sich städtebaulich nicht viel getan. Nach 1949 bemühte sich die neue sozialistische Führung, aus den Städten Industriezentren zu machen. Gut bekommen ist das den Städten nicht. Privateigentum von Häusern und Wohnungen wurde verstaatlicht, jede Bautätigkeit den staatlichen Einheiten vorbehalten. Niedrige Mieten ließen der Instandhaltung wenig Spielraum. Viele Altbauten verfielen, Neubauten entstanden, zweckdienlich angelegt und ganz auf die Bedürfnisse einer anspruchslosen Bevölkerung zugeschnitten. In politisch stürmischen Zeiten stagnierte der Wohnungsbau, so dass es infolge der dramatisch wachsenden Bevölkerung zu großer Wohnungsknappheit kam, die oft mehrere Generationen dazu zwang, auf engstem Raum zusammenzuleben. Erst mit den Wirtschaftsreformen begann ein Wandel. Der Städte- und Wohnungsbau wurde zu einer Triebfeder des Wirtschaftswachstums. Ein gewaltiger Bauboom setzte ein, getragen von in- und ausländischen Investorengruppen und örtlichen Behörden. Innerhalb kürzester Zeit wurden ganze Straßenzüge und Stadtviertel abgerissen und neu gebaut, Brücken-, Hochstraßen- und U-Bahn-Systeme angelegt und neue Vorstädte aus dem Boden gestampft. Immer höher und glänzender ragen die architektonischen Meisterwerke aus Glas, Stahl und Beton in den Himmel empor. Wohin man auch kommt, die neuen Metropolen Chinas beeindrucken mit ihren glitzernden Bürotürmen, den weitläufigen Plätzen, breiten Straßen, schicken Einkaufszentren, modernen Supermärkten und Hochhaussiedlungen. Kleine und mittlere Städte versuchen diesem Trend zu folgen, indem sie sich ein großstädtisches Flair verpassen und mitten im flachen Land Wolkenkratzer in den Himmel ragen lassen. Es gibt Ortschaften, die einzelne

Stadtviertel komplett im ausländischen, etwa im englischen Stil, anlegen, so dass sich der unvorbereitete Besucher eher in England als in China wähnt. In schönen Gegenden entlang den Küsten, an Flüssen, Seen und in Bergregionen hat der Bauboom unzählige Dörfer vernichtet und durch riesige Ferien- und Apartmentanlagen ersetzt.

Chinesische Stadtplaner im Geschwindigkeitsrausch

Ein Ende dieser Entwicklung ist nicht in Sicht. Die Urbanisierung geht weiter. Bis zum Jahre 2015 sollen zweiundfünfzig Prozent der Chinesen in Städten wohnen, bis 2030 sogar fünfundsechzig Prozent. Das sind etwa 850 Millionen Menschen, wenn man von einer Gesamtbevölkerung von 1,3 Milliarden ausgeht. Die Volkszählung von 2010 wird die genaue Zahl der Gesamtbevölkerung wahrscheinlich noch nach oben korrigieren. Da im Jahre 2009 erst 622 Millionen Menschen in den Städten lebten, müssen in den verbleibenden zwanzig Jahren weitere städtische Anlagen für rund 230 Millionen Menschen entwickelt werden. Dies soll vorzugsweise in den weiten zentralen und westlichen Regionen des Landes geschehen. Experten rechnen damit, dass allein dieses ehrgeizige Ziel die Wirtschaft für mindestens fünfzehn bis zwanzig Jahre weiter auf Wachstumskurs hält.

Die vielen Menschen, die in diesen Städten angesiedelt werden sollen, sind infolge der Wirtschaftsreformen mit der größten Wanderbewegung in der Geschichte der Menschheit aus den ländlichen Gebieten in die Boomregionen gespült worden. Anfangs waren es die Sonderwirtschaftszonen, allen voran Shenzhen, die massenhaft Arbeitskräfte aus dem ganzen Land anzogen. In dem einstigen Reisbauern- und Fischerdorf lebten 1979 nur 30 000 Einwohner. 1980 wurde Shenzhen zu einer der ersten Sonderwirtschaftszonen erklärt. Seitdem hat sich der Ort zu einem Zentrum der Elektronik- und Telekommunikationsindustrie mit etwa zwölf Millionen Einwohnern gemausert.

Herr C., 57, Geschäftsmann, Guangzhou: »Bei uns verläuft die Planung nach Amtszeit der Politiker, Funktionäre und Beamten. Jeder will innerhalb seiner Amtszeit ein Projekt durchboxen, um seine Fähigkeit unter Beweis zu stellen und einen Sprung nach oben auf der Karriereleiter zu machen. Dadurch entsteht dieses irrsinnige Tempo, das immer noch weiter unterboten wird. Du schaffst das Projekt in fünf Jahren? Ich schaffe es in vier, der Nächste in drei, ein anderer in einem Jahr. Deshalb wird ein Plan nicht lange diskutiert. Er muss sofort umgesetzt werden. Jeder denkt nur an seine Karriere und nicht an die Folgen für die Gesellschaft und das Stadtbild. Erfolg wird allein in Zahlen ausgedrückt. Geschwindigkeit und Quantität gehen vor Qualität. Dadurch passieren viele Pannen, wie etwa in der Stadt Wenzhou, die man an das innerchinesische Schienennetz angeschlossen hat. Obwohl der Bahnhof noch nicht fertig war, nahm man den Zugverkehr bereits auf, und Züge hielten dort. Das bedeutete, dass die Reisenden mit ihrem gesamten Gepäck über Stock und Stein eine beträchtliche Strecke laufen mussten. Die Rollen an den Koffern und Taschen machen das natürlich nicht mit und gingen kaputt. Alle schimpften, aber nichts passierte.«

Herr T., 46, Designer, Shanghai: »In China haben wir keine Zeit, Städte in Ruhe zu planen. Man setzt die Stadtplaner unter Druck. Alles muss immer in kürzester Zeit, möglichst sofort, fertig sein. Deshalb ist es den chinesischen Architekten und Designern kaum möglich, etwas Eigenes zu planen und einen eigenen Stil zu entwickeln. Sie müssen die Ideen von anderen kopieren, wenn sie die Pläne rechtzeitig abliefern wollen. Unsere Städte ähneln deshalb nicht nur westlichen Städten, sie gleichen sich auch untereinander. Sie haben alle ihren individuellen Stil verloren.«

Die Städte verlieren ihre Seele

Shenzhen, die junge Metropole im tiefen Süden Chinas, aber auch Shanghais neuer Stadtteil Pudong und selbst die alte Kaiserstadt Beijing stehen exemplarisch für eine Stadtarchitektur, die überall im Land anzutreffen ist. Mit ihren breiten Boulevards und riesigen Kreuzungen scheinen sie für Menschen angelegt, die sich nur noch mit dem Auto, aber nicht mehr zu Fuß fortbewegen. Viel zu breit und zu befahren sind die Straßen, als dass man sie bequem überqueren könnte. Und überall herrscht derselbe Modernismus, ob in der Inneren Mongolei, in den Küstenregionen, im Nord- oder im Südwesten.

Der Slogan der Weltausstellung in Shanghai 2010 »better city, better life« erfüllt sich für die Menschen, die dort leben, nur mit Einschränkungen. Die Besucher aus ländlichen Regionen sind sprachlos angesichts der schillernden Pracht moderner chinesischer Städte. Auch die Stadtbewohner sind zunächst einmal zufrieden, in modernen Wohnungen leben zu können, doch beklagt eine zunehmende Zahl, dass die Wohnsituation sich zwar verbessert, die Lebensqualität aber eher abgenommen hätte. Denn mit dem Abriss der alten Stadtviertel ging all das verloren, was den Charakter und Charme alter chinesischer Städte ausmachte und das Leben erleichterte, wie Märkte, Bazare, Garküchen, Krämerläden und verwinkelte Gassen. Stattdessen gibt es saubere breite Straßen, sterile Supermärkte und ummauerte, bewachte Gruppen von Wohntürmen. Die Chinesen liebten ihre quirligen Stadtzentren. An den heißen Sommertagen fand ein Teil des Lebens auf den Straßen statt. Heute kehren die Menschen, die in den Stadtzentren arbeiten, abends in ihre Wohnungen an den Stadtrand und in die Vorstädte zurück, und die Bewohner der Stadtzentren verschwinden in ihren teuren, klimatisierten Apartmenthochhäusern. Viele moderne Innenstädte wirken in den Abendstunden wie ausgestorben. Das fröhliche Gewusel in engen Straßen gibt es nicht mehr. Doch was des einen Leid, ist des anderen Freud. Es gibt genügend junge Städter und Autobesitzer, die die neuen Stadtviertel ganz bewusst den alten vorziehen. Es sei viel angenehmer, dort zu leben, wo die Straßen breit und nur wenige Menschen zu Fuß unterwegs sind, wo es genügend Parkmöglichkeiten gibt und man das Haus am liebsten nur im Auto verlässt – ein wunderbares Lebensgefühl in einem übervölkerten Land.

Von Kulturzerstörung und Kulturrekonstruktion

Denkmalschützer haben in China einen schweren Stand. In den letzten drei Jahrzehnten sind Zehntausende historischer und erhaltenswerter Bauwerke dem Bauboom zum Opfer gefallen. Das architektonische Erbe und lokale Eigenheiten sind weitgehend verlorengegangen. Die Städte haben ihr individuelles Gesicht verloren. Der laute Protest der Denkmalschützer verhallte ungehört. Ein paar engagierte Fotografen versuchten das einstige kulturelle Erbe für die Nachwelt zu erhalten, indem sie es vor dem Abriss noch einmal fotografierten. Viele Häuser hätten mit entsprechender Renovierung und Sanierung überleben können, weil ihre Bausubstanz noch akzeptabel war. Aber auch sie wurden abgerissen. Für die Entscheider in den Behörden und für Investoren gilt, dass nur schön sein kann, was modern aussieht. Insofern wurde mit dem Abriss nicht nur historisches Erbe zerstört, sondern auch viel Baumaterial verschwendet.

Herr X., 52, Architekt, Shanghai: »Ein schmuckes kleines Viertel in der Innenstadt Shanghais sollte erhalten bleiben, weil es als denkmalschutzwürdig galt. Leider freuten wir uns zu früh. Ein Mitglied der ›Partei der Prinzen‹ erkannte die überaus verkehrsgünstige Lage des Viertels. Also wurde es abgerissen und mit modernen Apartmenthochhäusern bebaut. Wegen ihrer verkehrsgünstigen Lage gingen die Apartments sofort für teures Geld weg.«

Von dem Abrissboom besonders betroffen ist Beijing. Noch heute betrauern viele Beijinger den Abriss der Stadtmauer und der vielen Schmucktore, die ihrer Stadt ein unverwechselbares Aussehen gegeben hatten. Dies war bereits in den 1950er Jahren geschehen, aber man hat aus diesen Fehlern bis heute nicht gelernt. Mit dem Wirtschaftsaufschwung setzte in der Hauptstadt ein beispielloser Abriss- und Bauboom ein, der von der einstigen Kaiserstadt nicht viel übrig gelassen hat. Beijings einmaliges Flair ist verlorengegangen. Von den vielen Stadtvierteln mit ihren typischen engen Gassen und klassischen grauen Hofhäusern existieren nur noch wenige. Nur die wichtigsten und wertvollsten Kulturrelikte haben überlebt.

Inzwischen kritisieren auch Regierungsmitglieder den übereilten Abriss wertvoller Bausubstanz und den Bau identisch wirkender Städte.

Dem Trend der Kulturzerstörung stellt sich in letzter Zeit ein gegenläufiger Trend der Kulturrekonstruktion entgegen: Straßen werden originalgetreu restauriert und alte Stadtviertel saniert. Doch der aufwendigen Restaurierung von Vorhandenem zieht man vielerorts den kompletten Abriss vor, um neue Stadtteile im Stil historischer Vorbilder wie etwa aus der Ming- oder Qing-Zeit aufzubauen. Ehemals abgerissene oder auch nie vorhandene Stadtmauern tauchen wie aus dem Nichts neu auf. Es geht bei diesem Trend nicht so sehr darum, Altes zu erhalten oder Zerstörtes wiederherzustellen, sondern darum, neue Einnahmequellen zu erschließen. Die neu entstandenen Altstadtviertel ziehen Hunderttausende chinesischer Touristen an, denen oft gar nicht klar ist, dass es sich um Neubauten handelt. Die ehemaligen Bewohner werden mit neuen Wohnungen in den Vorstädten abgefunden. Sie kehren höchstens als Pächter von Souvenirgeschäften oder als Mitarbeiter in Hotels und Restaurants in die neu entstandenen Viertel und »Altstädte« zurück. Beispiele dieses Trends sind in Wuzhen, Hangzhou und Datong zu besichtigen.

Die neu errichteten Touristenzentren werden vor allem für die inländischen Touristen geschaffen. Mit wachsendem Wohlstand haben immer mehr Chinesen das Bedürfnis, in ihrer Freizeit Ausflüge und Reisen zu unternehmen, und das machen sie inzwischen am liebsten mit dem eigenen Auto. Damit beginnt für sie das Problem, weil es zu viele Privatautos und zu wenig Plätze gibt, die man besuchen könnte. Auf den Straßen steht man im Stau. Hat man das Ausflugsziel endlich erreicht, schiebt man sich mit den Massen durch die Sehenswürdigkeiten. Mehr Reiseziele für inländische Touristen zu schaffen ist deshalb ein Ziel, das von den örtlichen Behörden mit großem Elan angegangen wird, weil damit einträgliche Geschäfte winken. Für die Investoren und beteiligten Funktionäre sind solche Projekte allemal ein gutes Geschäft.

Vertreibung aus den Stadtzentren

Wenn die alten Wohnviertel in den Stadtzentren abgerissen und beispielsweise durch neue Hochhaussiedlungen mit teuren Apartments ersetzt werden, müssen die ursprünglichen Bewohner in die Vorstädte weichen. Als Normalverdiener können sie sich kein hochpreisiges Apartment in ihrem ehemaligen Viertel leisten, und auch die Abfindung, die sie für ihren Auszug bekommen, reicht dazu nicht aus. Die Innenstädte der großen Metropolen Shanghai und Beijing werden inzwischen von wohlhabenden Chinesen bewohnt, die von überall her dorthin ziehen.

Ein Taxifahrer in Beijing: »Wir einfachen Leute aus Beijing kommen mit dieser Entwicklung nicht mehr mit. Die Wohnungen in den neuen Hochhäusern werden von Neureichen gekauft, und die kommen aus allen Teilen Chinas und aus dem Ausland. Ich schätze, dass es sich dabei um etwa achtzig Prozent der Käufer handelt. Wir Beijinger machen keine Geschäfte. Wir sind die ursprünglichen Bewohner der Hauptstadt. Wir arbeiten für den Kaiser. Echte Beijinger sind in Behörden, in der Regierung und in anderen staatlichen Organisationen tätig. Wir beziehen ein Gehalt. Oder wir sind Taxifahrer wie ich. Ich bin jetzt über vierzig. Es liegen also noch knapp zwanzig Jahre vor mir. Mit sechzig gehe ich in Rente. Ich habe mir schon vor Jahren eine Wohnung gekauft. Damals waren die Preise noch bezahlbar, heute sind sie es nicht mehr. Sie haben astronomische Höhen erreicht. Die gleiche Wohnung könnte ich mir heute nicht mehr leisten. Ich verdiene 5000 Yuan im Monat. Wenn ich alles sparen und nichts für Essen und Unterkunft ausgeben würde, könnte ich mir nach zehn Jahren in derselben Lage, in der ich heute wohne, nur ein größeres Badezimmer kaufen. Das ist ungerecht. Wie soll ich jetzt meinem Sohn eine Wohnung kaufen? Leider ist es heutzutage üblich, dass die Eltern dem Sohn zur Hochzeit eine Wohnung schenken. Wovon soll ich das bezahlen? Wenn sie zu klein ist, verlierst du dein Gesicht, weil sich die Verwandten und Bekannten größere Wohnungen leisten können. So ist das heute: Jeder möchte besser sein als der andere, um zu zeigen, wie fähig er ist und was er kann. Die heutige Gesellschaft ist wirklich aus den Fugen geraten. Wenige Reiche werden superreich, die Armen bleiben arm. Ich verstehe das alles nicht mehr.«

In Shanghai heißt es heute im Scherz, dass in der Innenstadt in Zukunft nur noch Englisch, in den Randgebieten Hochchinesisch und in den Vorstädten Shanghai-Dialekt gesprochen würde. In der Innenstadt wohnen die Gutsituierten, von denen viele aus dem englischsprachigen Ausland zurückkehren, und jene, die für ausländische Firmen arbeiten und ausgezeichnet bezahlt werden. Auch Ausländer wohnen dort, sogenannte Expats, die in ausländischen Niederlassungen arbeiten und deren Firmen für die Mieten aufkommen. In den Randgebieten leben die aus dem Binnenland zugezogenen Chinesen, die bestens ausgebildet sind und in Shanghai gut verdienen. In den Vorstädten leben die echten Shanghaier, Normalverdiener, die aus ihren engen Wohnungen im Stadtzentrum vertrieben wurden und die noch immer ihren Dialekt pflegen.

Von Zwangsumgesiedelten

Herr J., 38, Polizeibeamter, Shanghai: »Es bringt nichts, immer nur über die großen Themen der Politik zu reden. Reden wir mal von den kleinen Leuten und deren Sorgen. Was sich da zusammenbraut, kann irgendwann das ganze Land erschrecken. Es ist wie ein Haar, das man jemandem ausreißt und das den ganzen Körper zusammenzucken lässt.

Vor einigen Tagen hatte ich in einer Polizeistation am Stadtrand von Shanghai zu tun. Die Bewohner der dortigen Siedlungen lebten früher zumeist im Zentrum. Aber weil ihre alten Wohnviertel zugunsten moderner Hochhäuser und neuer Straßen abgerissen wurden, entschädigte man sie mit neuen Wohnungen am Stadtrand. Dort leben sie jetzt, fernab ihrer vertrauten Umgebung. Zwar steht ihnen mehr Wohnraum zur Verfügung, und auch die sanitären Einrichtungen sind besser als früher, doch sind die meisten unzufrieden, weil sie arm sind und manche sogar arbeitslos. Sie waren schon arm, als sie noch im Zentrum lebten, doch boten sich dort bessere Möglichkeiten zur Bewältigung der täglichen Probleme. Da draußen am Stadtrand fühlen sie sich von der Gesellschaft vergessen und als Verlierer der Wirtschaftsreformen.

Ich folgte in der Polizeistation einem Gespräch von sieben Hilfspolizisten. Sie hatten gerade einige Leute von den Gas-, Strom- und Wasserwerken begleitet, die bei den Verbrauchern die Zählerstände ablesen und die Gebühren eintreiben sollten. Die Begleitung durch Hilfspolizisten war notwendig geworden, nachdem es in letzter Zeit vermehrt zu Übergriffen gekommen war. Die Ableser waren von wütenden Umsiedlern in die Flucht geschlagen worden. Der ›schwarze‹ Verbrauch von Wasser, Gas und Strom ist dort sehr verbreitet. Entweder manipulieren die Bewohner die Zähler, oder sie legen einfach neue Leitungen und Rohre, die die Zählerkästen umgehen. Ableser und Hilfspolizisten kommen den Leuten meist auf die Schliche, aber oft drücken sie auch ein Auge zu, weil bei den Leuten sowieso kein Geld zu holen ist. Wie mir der Polizeivorsteher später erzählte, schauen sich manche Hilfspolizisten sogar die Tricks der Betrüger ab und wenden sie selbst an, denn auch sie sind arm. Bevor sie zu Hilfsdiensten bei der Polizei anmusterten, waren die meisten von ihnen Arbeiter, die nach der Privatisierung ihrer Fabriken frühzeitig entlassen wurden. Sie bekommen 1000 Yuan Rente im Monat. Was kann man in Shanghai heute mit 1000 Yuan anfangen? So gut wie nichts. Können wir die Leute in den Siedlungen für ihre Betrügereien kritisieren? Nein, wir müssen sie sogar schützen. Man muss sich eher fragen, woher dieser Mangel an Respekt vor dem Gesetz eigentlich kommt. Ich denke, unsere Regierung hat in diesen Vierteln längst ihre Autorität verloren. Niemand zollt ihr Respekt.

Dabei sind die Probleme der Umsiedler kein auf Shanghai beschränktes Phänomen. Auch in anderen Städten hat man die Einwohner aus den Zentren in die Randbezirke umgesiedelt, wo sie jetzt mit ihren Familien in oft trostloser Umgebung leben. In unseren Medien werden diese dunklen Seiten unserer Gesellschaft nur selten gezeigt. Unsere Regierung erzählt uns lieber etwas über den hohen Durchschnittslebensstandard und die Profiteure der Wirtschaftsreformen. Über die Verlierer berichtet sie nur ungern.

Viele der Umsiedler sind um die fünfzig Jahre alt. Das heißt, dass sie der Generation angehören, die während der Kulturrevolution aufgewachsen ist. Diese Leute haben als Kinder und Jugendliche in den politischen Wirren jener Zeit nicht viel gelernt und später meist keine ordentliche Berufsausbildung bekommen. Man braucht mit ihnen nicht über Kultur und geistige Werte zu sprechen, dazu fehlt ihnen der Zugang. Und ihren Kindern und Kindeskindern droht ein ähnliches Schicksal. Auch sie haben nur wenig Chancen auf Bildung, denn wie kann ein Kind eine gute Schule besuchen und anschließend studieren, wenn Vater und Mutter jeweils nur 1000 Yuan im Monat nach Hause bringen? Dass unsere Regierung nicht an diese Leute denkt, ist eine völlig falsche Politik, denn irgendwann werden wir mit diesen unzufriedenen Menschen eine Menge Ärger bekommen. Wir wissen alle, dass die Lebensumstände einen Menschen formen. Sie wirken sich auf dessen Moral und kulturelles Niveau aus. Wir müssen uns fragen, wieso unsere Regierung in dieser Hinsicht so kurzsichtig ist.«

Von alten und neuen Stadtbewohnern und deren Konflikten

Mit den Wirtschaftsreformen entstand ein neues Phänomen, mit dem anfangs wohl kaum jemand gerechnet hatte: die gigantische Wanderbewegung aus den ländlichen Regionen in die Städte. Diese meist aus Bauernfamilien stammenden Menschen besitzen in der Regel eine mangelhafte Schulbildung. Sie machen inzwischen ein Drittel der städtischen Bevölkerung aus. Es waren zunächst die Frauen, die ihre Dörfer verließen und sich in den Städten als Haushaltshilfen und Kindermädchen verdingten. Heute dienen sie in allen Servicebereichen des städtischen Lebens. Sie leisten für wenig Geld die schmutzige Arbeit, für die sich die Städter inzwischen zu fein sind.

Den Frauen folgten die Männer. Ihre Zahl ist in den letzten dreißig Jahren geradezu explodiert. Waren es 1980 nur etwa zwei Millionen Menschen, schätzt man ihre Zahl heute auf über 230 Millionen, und man geht davon aus, dass es bis 2015 wohl 300 Millionen sein werden. Sie verlassen ihre Heimatorte in den ländlichen Regionen, weil es dort keine Arbeit gibt, und sie kommen mit der Hoffnung in die Städte, so viel Geld zu verdienen, dass sie sich und ihre Familien durchbringen und vielleicht noch etwas sparen können. Es sind diese vielen Millionen Menschen, die die alten Stadtviertel niederreißen und neue aufbauen, die in Bergwerken und Fabriken schuften und unter oft haarsträubenden Arbeitsbedingungen und zu niedrigsten Löhnen die gefährlichsten und schwierigsten Aufgaben erfüllen. Sie haben mit ihrem Fleiß, ihrer Ausdauer, Duldsamkeit und Anspruchslosigkeit Chinas Aufschwung erst möglich gemacht.

Herr Y., 28, Elektriker, Shanghai: »Ich stamme aus einer Kleinstadt in Anhui. Dort verläuft das Leben noch ganz gemütlich und ohne Druck. Morgens um acht geht man zur Arbeit, mittags kommt man zum Essen nach Hause, macht ein Nickerchen und geht danach noch mal zur Arbeit. Das Leben ist billig. Auch die Immobilien sind bezahlbar. Deshalb besitzen die meisten Leute eine eigene Wohnung. Einen Job bekommt man nur durch Beziehungen, also durch Verwandte und Freunde. Ansonsten steht es schlecht um Arbeitsplätze. Deshalb gehen ja auch alle fort. Die Jungen wie die Alten. Nur einmal im Jahr, zum Neujahrsfest, kommen wir für drei, vier Wochen nach Hause. Dann wird in allen Häusern gefeiert. Nach Neujahr geht's wieder zurück in die Städte.

In den umliegenden Dörfern ist es genauso. Feldarbeit bringt kein Geld, weil die Preise künstlich niedrig gehalten werden. Die Jungen verlassen das Land, und sei es durch Heirat. Wenn sie zu Neujahr zurückkommen und von ihrem Leben in den Städten erzählen, dann wollen die anderen auch fort. So kommen auf einen, der zur Arbeit in die Stadt zurückkehrt, zwei, die mit ihm gehen, und auf zwei folgen drei. Aus den abgelegensten Dörfern werden die Leute zur Arbeit in die Städte abgeworben.

Außer dem großen Mangel an Arbeitsplätzen stört die jungen Leute vor allem, dass bei uns absolut nichts los ist. In den Dörfern sowieso nicht, aber auch in der Kleinstadt gibt es keine Abwechslung und kein Vergnügen. Die Leute gehen abends schon zwischen acht und neun Uhr ins Bett. Auch die Jungen. Was sollen sie sonst auch machen? Deshalb ist es uns egal, wie gut oder schlecht eine Arbeit in der Stadt ist. Hauptsache, wir kommen raus, verdienen Geld und können etwas erleben.

Das Beste, was einem Dorf passieren kann, ist die Ansiedlung einer oder sogar mehrerer Fabriken. Dann geht es den Bauern gut, weil sie entweder selbst dort arbeiten oder mit Garküchen, Pensionen, Wäschereien und Vergnügungsstätten den zugezogenen Arbeitern dienen können und nicht mehr auf dem Feld zu arbeiten brauchen.«

Einmal im Jahr leeren sich die Städte schlagartig. Bauarbeiten ruhen, in Hotels und Restaurants bricht ein wahrer Servicenotstand aus, Dienstleistungen müssen plötzlich warten, das Tempo des städtischen Lebens verlangsamt sich. Dann nämlich kehren die vielen Millionen Wanderarbeiter anlässlich des Neujahrsfestes für drei, vier Wochen in ihre Dörfer zurück, und die Städter merken, wie abhängig sie inzwischen von diesen Menschen geworden sind, und lernen sie nach langer Zeit mal wieder schätzen. Denn normalerweise hört man sie nur über die Wanderarbeiter klagen.

Herr H., 48, Maler, Shanghai: »Wir Shanghaier lieben unsere Stadt, wir pflegen und schützen sie. Aber die Leute, die vom Land kommen, um hier zu arbeiten, die Wanderarbeiter, empfinden nichts für unsere Stadt. Die schicken jeden Yuan nach Hause und leben hier unter primitivsten Bedingungen. Das macht ihnen nichts aus, sie bleiben ja nicht lange. Aber sie geben deshalb eben auch nichts aus und verschmutzen unsere Stadt. Sie fühlen sich nicht verantwortlich. Sie sind Bauern. Bauern fühlen sich nur für ihr Ackerland, für ihre Familie und ihre Tiere verantwortlich.

Zum Neujahrsfest fahren sie zurück in ihre Dörfer. Aber weil viele von ihnen meinen, nicht genug Geld verdient zu haben, bestehlen sie uns Stadtbewohner. Deshalb herrscht vor jedem Neujahrsfest bei Diebstahl und Raub immer Hochsaison. Das wissen wir inzwischen, und deshalb schützen wir uns entsprechend. Früher war das anders. Da ließen wir unsere Wohnungs- und Haustüren unverschlossen. Heute wird alles doppelt und dreifach verriegelt. Die Probleme fingen mit den Reformen an, mit den vielen Baustellen, für die man die Bauern aus den Dörfern anwarb. Trotzdem waren die Reformen natürlich richtig und notwendig. Aber die Leute vom Land sind einfach noch zu rückständig. Sie sind laut und schmutzig. Sie wissen nicht, wie man sich in der Stadt verhält. Sie leben hier genauso, wie sie es vom Land gewöhnt sind. Sie werfen ihre Abfälle aus dem Fenster und schütten ihr Schmutzwasser über ihren Balkon. Man sieht es den Häusern sofort an, wenn dort Wanderarbeiter wohnen. Das ist einfach so. Über 230 Millionen Wanderarbeiter leben inzwischen in unseren Städten. Die kann man gar nicht alle so schnell umerziehen. Das braucht Zeit. Dass es bisher noch so glimpflich ablief, ist eigentlich ein großes Wunder.«

Herr J., 42, Besitzer einer Möbeltischlerei, Shanghai: »Durch die Wanderarbeiter verwahrlosen unsere Städte, und die Regierung unternimmt nichts dagegen. Ein erfahrener Arbeiter verdient bei mir um die 3000 Yuan. Das ist viel Geld. Damit könnte er selbst in Shanghai bescheiden leben. Aber was macht er? Er haust mit acht, neun Leuten in einem kleinen Zimmer, weil es so billiger ist und er jeden Yuan für seine Familie sparen kann. Ich habe meinen Leuten schon vor Jahren gesagt, dass sie sich in Shanghai eine kleine Wohnung kaufen und dort mit ihrer Familie wohnen sollen. Meine Werkstatt befindet sich in einem Vorort. Damals waren die Preise dort noch niedrig und durchaus bezahlbar. Aber nein, sie wollen zurück in ihr Dorf. Deshalb vegetieren sie lieber in diesen provisorischen Unterkünften, und das nicht nur für ein, zwei Jahre, sondern für fünfzehn oder zwanzig Jahre. Ich frage mich, was aus einem Menschen wird, der zwanzig, dreißig Jahre lang in erbärmlichster Umgebung haust, obwohl er das eigentlich gar nicht nötig hätte. Im Alter von zwanzig fangen die

Leute an, fernab ihrer Dörfer zu arbeiten, und das machen sie, bis sie fünfzig sind. Dann wollen sie zurück. Doch bis dahin kehren sie wie all die anderen Millionen Wanderarbeiter einmal im Jahr oder sogar nur alle zwei, drei Jahre aufs Land zurück. Dort stehen ihre neuen Häuser, in denen kaum jemand lebt und die oft nur primitiv eingerichtet sind. Von außen betrachtet sehen sie groß und schön aus, und oft stehen sie in landschaftlich schöner Umgebung. Dieser Anblick und das Gefühl, dorthin einmal im Alter zurückkehren zu können, macht sie stolz und glücklich. Aber wie steht es um die Umgebung, in der diese Menschen in der Stadt leben? Die ist ihnen egal, und deshalb ist sie schmutzig und zugemüllt. Übertragen wir das doch mal auf deutsche Verhältnisse: Wenn ich in Berlin eine Arbeit annehme, denkt doch jeder normale Deutsche, dass ich dort auch wohne. Lebte ich aber die ganze Zeit in einem Loch, weil ich irgendwann einmal nach dreißig Jahren in meinem schönen Haus auf dem Land wohnen will, würden mich die Deutschen doch für verrückt halten. Das Leben in einem Provisorium wirkt sich auch auf ihre Kinder aus. Was soll aus ihnen werden? Ähnlich wie ihre Eltern entwickeln sie keine Lebensart.

Wenn wir das nicht ändern und ihren Lebensstandard nicht erhöhen, können sich unsere Städte nicht gesund entwickeln. Ich werfe unserer Regierung Planlosigkeit in ihrer Bevölkerungs- und Stadtentwicklungspolitik vor. Man muss dafür sorgen, dass Arbeitsplätze dort entstehen, wo die Leute leben. Es ist falsch, Millionen von Menschen in die Ballungszentren zu locken, wo sie jahrzehntelang im Müll leben. Es gibt genügend Industriezweige, die in ländlichen Gebieten angesiedelt werden können.«

Worüber klagende Städter gern hinwegsehen, ist die Tatsache, dass die Gesetzgebung die Integration von Wanderarbeitern erschwert und sie zu Außenseitern und Menschen zweiter Klasse macht. Nach dem Gesetz der Haushaltsregistrierung bleiben sie mit ihrem Bauernstatus in ihren Dörfern gemeldet, selbst wenn sie jahrelang in den Städten arbeiten und wohnen. Sie können sich nicht beliebig ummelden. Auch ihre Kinder, die in den Städten geboren werden, gelten als Bürger der väterlichen Gemeinden und sind dort gemeldet.

Für den Aufenthalt in der Stadt benötigen die Wanderarbeiter eine Aufenthaltserlaubnis, die sie beantragen müssen, ein bürokratisches Prozedere, das viele überfordert. Leider gibt es unter den Arbeitgebern etliche schwarze Schafe, die geschickt auszunutzen wissen, dass diese einfachen Menschen ihre Rechte nicht kennen, sich nicht zu helfen wissen und deshalb leicht zu betrügen sind. So werden viele Arbeiter ohne entsprechende Aufenthaltserlaubnis illegal beschäftigt. Immer wieder kommt es auch vor, dass sie um ihre ohnehin kargen Löhne betrogen und gnadenlos ausgebeutet werden. Sie leben in provisorischen Unterkünften, ernähren sich schlecht, und wenn sie krank werden, steht ihnen kein angemessener Versicherungsschutz zu. Verlieren sie ihre Arbeit, müssen sie gehen und in ihre Heimatdörfer zurückkehren.

Die Zuzugsbeschränkungen für Wanderarbeiter haben zwar verhindert, dass sich slumähnliche Gürtel um die Städte bilden, doch produzierten sie gewaltigen sozialen Sprengstoff, denn diese Menschen haben keinen Anspruch auf Sozialleistungen an ihrem Arbeitsort. Das bedeutet beispielsweise, dass ihre Kinder auch kein Recht auf den kostenlosen Besuch staatlicher Schulen in den Städten haben. Nach bestehendem Gesetz müssten sie die Schulen in ihren Heimatgemeinden besuchen. Lassen die Eltern ihre Kinder jedoch bei Verwandten auf dem Land zurück, kann es nicht nur passieren, dass sie sie jahrelang nicht zu Gesicht bekommen, sondern dass sie dort auch nur ungenügend gefördert werden, weil es in vielen kleinen und abgelegenen Dörfern an Schulen mangelt. Beides hat dramatische Auswirkungen auf die Entwicklung der nächsten Generation. Die Behörden sind sich der Brisanz dieser Situation durchaus bewusst. Die ehrgeizigen städtebaulichen Siedlungspläne für über 230 Millionen Menschen sollen ein Schritt sein, um die Wanderarbeiter-Problematik zu lösen.

Eine Entspannung der Situation könnte auch von anderer Seite kommen. Neueste Untersuchungen haben ergeben, dass die Ein-Kind-Politik den Zustrom an Menschen aus den ländlichen Regionen abgebremst hat. Schon heute herrscht in manchen Industrieregionen Mangel an billigen Arbeitskräften. Auch zeigt sich, dass die

Kinder der Wanderarbeiter nicht bereit sind, zu denselben Hunger-löhnen und unter ähnlich schlechten Bedingungen zu arbeiten wie ihre Eltern. Viele sind in den Städten aufgewachsen. Sie sind gebilde-ter, besser informiert und konfliktbereiter. Auch stellen sie höhere An-sprüche an ihr Leben, als ihre Eltern es jemals taten. Sie wollen keine Bürger zweiter Klasse mehr sein, sondern ein Leben wie die Städter führen, mit ähnlicher Arbeit, angemessener Bezahlung und selbstver-ständlich normalen Wohnbedingungen.

Wohnungseigentum geht über alles

Chinesen wohnen nicht gern zur Miete, weder in China noch im Ausland. Die meisten denken: Zur Miete wohnen lohnt sich nicht. Da verdient ja nur der Vermieter. Warum soll ich ihn mit meinen monatlichen Zahlungen reich machen? Lieber kaufe ich mir eine eigene Wohnung.

Solange die Wohnungen dem Staat bzw. den Einheiten gehörten, lagen die Mieten bei einem Bruchteil der monatlichen Einkünfte. Mit der Reformpolitik haben sich die staatlichen Einheiten von der Last befreit, ihre Mitarbeiter mit Wohnraum versorgen zu müssen. Die Wohnungen wurden in den 1990er Jahren zu niedrigen Preisen an die Mieter verkauft. Familien, die diese Chance nicht hatten oder verpassten, stehen heute vor dem Problem rasant steigender Mieten und Immobilienpreise. Verschärfend hinzu kommt der mangelnde Mieterschutz. Wer zur Miete wohnt, lebt in einem ständigen Gefühl der Unsicherheit. Der Vermieter kann jederzeit die Miete erhöhen.

Herr D., 25, arbeitsloser Akademiker, Shanghai: »Mietest du heute eine Wohnung für 1000 Yuan im Monat, kann sie ein Jahr später be-reits 2000 Yuan kosten. Wir haben kürzlich zwei junge Frauen in un-sere Wohngemeinschaft aufgenommen. Sie waren aus ihrer Woh-nung geflogen. Der Vermieter hatte die Miete unter fadenscheinigen Gründen um hundert Prozent erhöht. Das wollten die Frauen nicht bezahlen. Da warf er sie raus.«

Normalverdiener können sich nur niedrige Mieten leisten. Besitzer von teuren Immobilien sehen ihre Wohnungen eher als Spekulationsobjekte, mit denen sie in kurzer Zeit beträchtliche Wertsteigerungen erzielen wollen. Sie haben wenig Interesse daran, diese zu niedrigen Mieten abzugeben. Außerdem gehen sie davon aus, dass die Wohnung schon nach kurzer Zeit verwohnt und eine umfassende Renovierung notwendig ist. Also lohnt sich eine Vermietung nicht und der Leerstand von Apartments und Häusern ist entsprechend groß. Das gilt insbesondere in Zeiten steigender Immobilienpreise.

Wohnungseigentum gibt Sicherheit und gehört zu einem modernen Leben, finden die meisten jungen Leute. Für sie ist der Besitz einer eigenen Wohnung ein Traum, den sie sich am liebsten schon bei Arbeitsantritt, spätestens aber in Vorbereitung einer Verheiratung erfüllen würden, denn ohne Wohnung stehen die Heiratschancen schlecht. Diesem Wunsch steht entgegen, dass für mehr als achtzig Prozent der Bevölkerung die Immobilienpreise in unerreichbare Höhen gestiegen sind. Es gibt zu wenige Wohnungen in günstigen Lagen, die sich Normalverdiener leisten können, selbst wenn auch noch Eltern und Schwiegereltern ihr Geld beisteuern.

Der Wahnsinn der Immobilienspekulation

Frau S., 38, Managerin, Wuxi: »Als ich vor drei Jahren meinen Job in Wuxi annahm, waren die Immobilien dort traumhaft billig. Leider war ich damals noch zu sehr auf Shanghai fixiert, als dass ich die einmalige Chance erkannt hätte. Statt mir in Wuxi ein paar günstige Wohnungen zu kaufen, investierte ich mein Kapital in ein teures Apartment in Shanghai. Das bereue ich heute. Zwar sind die Preise in Shanghai – wie von mir erwartet – gestiegen, aber längst nicht so dramatisch wie in Wuxi. Hätte ich damals das Geld in Wuxi angelegt, könnte ich mich heute zur Ruhe setzen.«

Mehr als sechzig Prozent der Chinesen sorgen sich laut der auf

S. 16 erwähnten Umfrage über die hohen Immobilienpreise. Ihrer Meinung nach treiben Immobilienspekulanten die Preise in die Höhe. Das Nachsehen hätten die vielen Millionen Normalverdiener und damit der überwiegende Teil der Bevölkerung. Solche Zahlen beunruhigen auch die Zentralregierung. Sie hat deshalb mehrfach Maßnahmen gegen Immobilienspekulation angekündigt und ergriffen, allerdings ohne durchschlagenden Erfolg.

Herr Y., 28, Designer, Hangzhou: »In alle schwer zu lösenden Probleme unseres Landes sind die Interessen von Mitgliedern der Regierung und Partei und deren Familien verstrickt.«

Lange Zeit war in den Zeitungen zu lesen, der Grund für die rapide steigenden Immobilienpreise sei bei den neureichen Kaufleuten aus Wenzhou, einer jungen Industriestadt an der Küste Zhejiangs, zu suchen. Sie würden im ganzen Land Wohnungen kaufen, um mit ihnen zu spekulieren, und seien für die Preistreiberei verantwortlich. Von den Leuten aus Wenzhou ist heute nicht mehr viel zu hören.

Herr N., 38, Journalist, Hangzhou: »Es wird immer wieder behauptet, dass an den Preissteigerungen hauptsächlich Spekulanten schuld seien, aber das stimmt bei genauerer Betrachtung nicht. Wohnungen und Häuser sind Waren. Wer versucht nicht, durch Kauf und Verkauf zu verdienen? Das grundlegende Problem liegt bei Behörden und Banken. Der Boden gehört dem Staat. Die lokalen Behörden können über ihn verfügen und das Nutzungsrecht an ihm verkaufen. Man könnte die lokalen Behördenvertreter deshalb auch »rote Grundbesitzer« nennen. Sie bestimmen den Preis. Die Banken versorgen die privaten Investoren mit Krediten, um die Bodennutzungsrechte zu erwerben. Hinter den privaten Investoren stehen große Kapitalunternehmen, die oft mehrere Projekte gleichzeitig entwickeln. Ähnlich verhielt es sich in Hongkong vor der Rückgabe von 1997. Damals trieb die britische Kolonialregierung zusammen mit den Investoren die Preise in die Höhe und verdiente glänzend damit. Die chinesische Regierung protestierte damals. Heute passiert dasselbe bei uns, aber die Zentralregierung geht nicht dagegen an, weil dies den Interessen einflussreicher Leute widerspräche.

Wer verdient denn an den steigenden Immobilienpreisen? Nicht nur die Investoren, die Banken und die Bauunternehmen, sondern vor allem die lokalen Behörden. Sie kontrollieren das Angebot an Boden und halten es knapp. Der Markt spielt als Regulator keine Rolle. Weil zu wenig Boden zur Verfügung steht, steigen die Bodenpreise in Städten wie Beijing und Shanghai. Es ist, als stritten sich alle um dasselbe Stück Land. Das treibt die Preise hoch. Würde die Regierung genug Boden anbieten, könnten auch genügend Häuser gebaut werden, und die Preise stiegen nicht so rasant. Das würde Spekulation sofort uninteressant machen. Die einzige Möglichkeit, steigende Immobilienpreise zu verhindern, wäre die Privatisierung des Bodens und die Unterwerfung unter das Diktat von Angebot und Nachfrage.«

In Chinas Medien und in Internetforen wird sie immer wieder angeprangert: die Bodenspekulation, mit der die lokalen Regierungen glänzend verdienen. Etwa fünfzig Prozent ihrer Einkünfte stammen aus den Verkäufen von Landnutzungsrechten. Allein im Jahr 2009 konnten siebzig Städte durch diese Verkäufe ihre Einkünfte im Vergleich zum Vorjahr um hundert Prozent steigern. Besonders lukrativ ist die Erschließung von Industrie- und Gewerbegebieten. Die erfolgreiche Durchführung solcher Projekte verspricht den lokalen Funktionären über den Gewinn hinaus die Chance auf einen Karrieresprung.

Herr F., 43, Dozent, Hangzhou: »Eigentlich dürften die Preise für Land und Immobilien nicht weiter steigen, sondern müssten im Gegenteil sinken, weil es in den großen Städten bereits zu viel ungenutzten teuren Wohnraum gibt. Doch sinkende Immobilienpreise würden den Lokalregierungen empfindliche finanzielle Einbußen bescheren und widersprechen deren Interessen. Deshalb spielt es auch keine Rolle, wie laut die Menschen gegen steigende Preise protestieren. Selbst die Maßnahmen der Zentralregierung können die Entwicklung höchstens verlangsamen, aber nicht stoppen. Ich bin mir sicher, dass die lokalen Funktionäre sogar noch für weiterhin steigende Preise sorgen werden. Zu leicht ist auf diese Weise Geld zu verdienen.«

Wenn aus Schwarz Weiß wird

Da der Boden dem Staat und den ländlichen Gemeinden gehört, können diese auch beliebig über ihn verfügen. Es hat bereits zahlreiche Massenproteste gegen Land- und Hausenteignungen gegeben. Doch wenn es gilt, beschlossene Infrastruktur- oder Städtebauprojekte umzusetzen, hat die örtliche Bevölkerung keine Chance, diese zu verhindern, sondern kann sich glücklich schätzen, wenn sie fair entschädigt wird. Da hilft es auch nichts, wenn Bauern beklagen, ohne Ackerland keine Existenzgrundlage mehr zu haben. Die lokalen Behörden halten dagegen, dass der Boden Kollektiveigentum sei und die Bauern nur über die Nutzungsrechte verfügten. Allzu oft werden Letztere um ihr Land betrogen, und so ist immer wieder von Gewalttätigkeiten zu hören. Schlimm geht es in manchen Regionen zu, wo sich mafiöse Strukturen entwickelt haben und korrupte Beamte und kriminelle Banden eng zusammenarbeiten. Wer seine Nutzungsrechte nicht freiwillig verkauft, bekommt es mit Schlägerbanden zu tun. Mutige Journalisten berichten im Fernsehen und vor allem im Internet von dem blutigen Krieg um Bauland. Schon mehrmals machten Protestierende mit radikalen Methoden auf ihre Not und Verzweiflung aufmerksam, etwa ein 92-jähriger Bauer und sein Sohn, 62, die sich selbst in Brand setzten. Ein anderer Bauer feuerte mit selbstgebauten Raketen auf das nahende Abbruchkommando und wurde damit per Internet im ganzen Land bekannt. Seine Medienpräsenz wirkte sich schlagartig aus: Von allen Betroffenen der Gegend bekam er die höchste Abfindung.

Die Zentralregierung beobachtet die Landverkäufe der Lokalregierungen mit wachsendem Unbehagen. Wenn Agrarland an Investoren verkauft wird, die es mit Häusern und Fabriken bebauen, wird China irgendwann nicht mehr genügend Getreide produzieren können, um 1,3 Milliarden Menschen zu ernähren. Die Versorgung der Gesamtbevölkerung kümmert die Lokalregierungen jedoch nicht. Das ist in ihren Augen die Aufgabe der Zentralregierung. Und wenn es Bestimmungen gibt, die den Verkauf der Nutzungsrechte von Ackerland verbieten, dann wird aus diesem eben schnell Brachland gemacht. Die lokalen Behörden lassen sich vom Zentrum nicht mehr viel vorschreiben.

Ein häufig genutztes Mittel, sich gegen Unrecht zu wehren, ist das System der Petitionen, das es schon zur Kaiserzeit gab. Jeder, der sich durch lokale Beamte ungerecht behandelt fühlt, kann sich mit einer Eingabe an die Zentralregierung wenden.

Herr K., 39, Justizbeamter, Shanghai: »Denken wir doch mal an die vielen Bittsteller, die aus allen Teilen Chinas nach Beijing reisen, um sich bei der Zentralregierung über erlittenes Unrecht zu beschweren. Von diesen Leuten sind etwa siebzig Prozent zwangsweise umgesiedelt worden oder haben als Bauern ihr Land verloren. Der Andrang ist so groß, dass die Zentralregierung mit der Bearbeitung der Fälle völlig überfordert ist. Darum wurden von den Provinzen und Regionen Vertreter in die Hauptstadt geschickt, um die Beschwerdeführer aus ihren jeweiligen Gebieten gleich nach ihrer Ankunft in Beijing abzufangen und zurückzuschicken. Man nimmt diesen Leuten also auch noch das Recht, sich wenigstens zu beschweren und auf Genugtuung zu hoffen. Aber selbst wenn es ihnen gelänge, sich zu beschweren, kämen sie kaum zu ihrem Recht, denn viele unserer Gerichtshöfe dienen heute nicht mehr der Gerechtigkeit. Wenn du Beziehungen hast und die richtigen Leute bestichst, bekommst du recht, ganz gleich wie deine Ausgangslage ist. Allerdings muss ich zugeben, dass wir hier in Shanghai in dieser Hinsicht noch gut dran sind. Ich komme viel in den anderen Provinzen und auf dem Land herum. Was ich da an Missständen, insbesondere in der Justiz, gesehen und erfahren habe, ist haarsträubend. Die Zentralregierung erlässt ein Gesetz nach dem anderen und gibt Befehle und Anordnungen nach unten weiter. Aber die Funktionäre in vielen Lokalregierungen interessiert das überhaupt nicht. Sie unterhalten ihre engen Kontakte zu den Beamten auf der nächsthöheren Ebene und drehen mit denen ihr eigenes Ding. Die haben vor nichts Angst. Zusammenfassend kann man nur feststellen: Unsere Rechtsprechung schafft es, aus Schwarz Weiß zu machen und aus Weiß Schwarz. Wenn du die richtigen Leute bestichst, bekommst du, was du haben willst.«

Schüler, Studenten und ein Aufsatz über Großväterchen Deng

Die Zeiten, in denen politische Überzeugung und Übereinstimmung mit der politischen Linie höher bewertet wurden als fachliches Wissen, sind überwunden. Seit Beginn der Reform- und Öffnungspolitik setzt die Regierung auf Ausbildung, Forschung und Entwicklung. Viel Geld ist in den letzten drei Jahrzehnten in den Bildungssektor geflossen. Der Ausbau des Schul- und Hochschulwesens genießt Priorität. Etliche Schulen, Universitäten und berufsfördernde Bildungseinrichtungen wurden erweitert und neu gegründet, und seit das Bildungswesen im Rahmen der marktwirtschaftlichen Reformen kommerzialisiert wurde, haben auch in- und ausländische Investoren diesen Bereich als einträgliches Geschäft entdeckt. Es ist ein offenes Geheimnis, dass sich in China beste Geschäfte mit der Ausbildung machen lassen. Chinesen setzen auf die Zukunft ihrer Kinder, und so wird nicht an Ausbildung gespart, vor allem nicht in Zeiten der Ein-Kind-Politik.

Der Ansturm auf gute Schulen und Universitäten ist groß, ebenso groß ist der Konkurrenzdruck, und die Kosten, die die Familien für die Ausbildung ihrer Kinder aufbringen müssen, können beträchtlich sein.

Der Druck auf die jungen Menschen ist enorm. Er beginnt mit dem Eintritt in den Kindergarten und hört nach Abschluss eines Universitätsstudiums nicht auf. Denn vorbei sind die Zeiten der Planwirtschaft, als die Arbeitsplätze zugeteilt wurden und jeder Universitätsabgänger sicher sein konnte, einen zu bekommen. Jedes Jahr drängen mehr als fünf Millionen Hochschulabsolventen auf den Arbeitsmarkt, die alle am liebsten in den Großstädten bleiben möchten.

Das chinesische Bildungssystem

Bevor die Kinder mit sechs Jahren eingeschult werden, gehen sie meist in einen kostenpflichtigen Kindergarten, der vom Lernpensum her einer Art Vorschule entspricht. Anschließend folgen sechs Jahre Grund- und sechs Jahre Mittelschule, wobei Letztere in eine jeweils dreijährige Unter- und Oberstufe unterteilt ist. Der Unterricht ist ganztägig, neun Jahre Schulbesuch sind Pflicht. Obwohl dieser neunjährige Pflichtbesuch in staatlichen Schulen schulgeldfrei ist, werden vielerorts Gebühren erhoben, etwa für Bücher, Lehrerhonorare und Zusatzunterricht. Aus diesem Grunde wird die Schulpflicht in vielen ländlichen Gebieten nicht eingehalten, besonders dann, wenn eine Familie mehrere Kinder hat und es sich um Mädchen handelt. In den Bauernfamilien verlassen die Töchter meist schon früher die Schule und unterstützen mit ihrem Eintritt ins Arbeitsleben die Familie, und falls es einen Bruder gibt, dessen Ausbildung.

Etwa ein Drittel der Absolventen der Unterstufe setzt den Schulbesuch in der Oberstufe fort. Die anderen gehen in Berufsausbildungen. Der Besuch der dreijährigen Oberstufe ist kostenpflichtig und das Lernpensum auf ein einziges Ziel ausgerichtet: die erfolgreiche Teilnahme an der landesweiten Hochschuleintrittsprüfung.

Nicht einmal dreißig Prozent der Mittelschulabgänger eines Jahrgangs besuchen anschließend für zwei bis drei Jahre eine Fachhochschule oder für vier bis fünf Jahre eine Universität. Sämtliche Hochschulen erheben Studiengebühren. Danach folgen der Eintritt ins Berufsleben oder ein weiterführendes Studium von etwa drei Jahren.

Unerfüllte Wünsche

In manchen Familien ist das Trauma der »zehn verlorenen Jahre« noch immer präsent. In den Jahren zwischen 1966 und 1976 verpasste eine ganze Generation ihre Bildungschancen, als Schulen und Universitäten für mehrere Jahre geschlossen waren. Die Opfer der

Kulturrevolution nennt man die »verlorene Generation«. Mit jener Zeit sind keine guten Erinnerungen verknüpft. Viele Jugendliche mussten damals mit ansehen, wie ihre Eltern gedemütigt und verfolgt wurden. Andere wurden zu Rotgardisten gemacht und sollten als solche die Revolution in alle Teile des Landes tragen. Ende der 1960er Jahre beschloss die Partei, diese jungen Leute aufs Land zu schicken, weil sie in den städtischen Betrieben nicht unterzubringen waren. Millionen Jugendliche zogen daraufhin aus den Städten in die entlegensten Regionen, häufig in die Grenzregionen, wo sie von den Bauern und Arbeitern lernen sollten. Für die Bauern waren die jungen Leute keine Hilfe, sondern oft nur eine zusätzliche Belastung, denn sie waren das harte Landleben, die Arbeit und die Entbehrungen nicht gewöhnt. Sie waren außerdem zusätzliche Esser, die ihnen die knappen Lebensmittel streitig machten. Erst in den 1980er Jahren wurde ein Rückkehrprogramm eingeleitet.

Die »verlorene Generation« hatte Schlimmstes erlebt. Sie kannte keine Angst mehr, denn sie hatte gelernt, »Bitternis zu essen«. Manche gingen in den 1980er Jahren zum Studium ins Ausland, die meisten blieben. Einige gehören heute zu den Erfolgreichsten ihres Landes, doch viele andere hatten kein Glück, und diese Chancenlosen verloren noch ein zweites Mal, als die Wirtschaftsreformen griffen und die Staatsbetriebe privatisiert wurden. Als minderqualifizierte Mitarbeiter wurden viele von ihnen frühzeitig pensioniert. Sie übertrugen ihre unerfüllten Wünsche auf die nächste Generation. Für ihre Kinder und Enkelkinder wollen sie nur das Beste. Ihnen soll erspart bleiben, was sie selbst durchgemacht haben. Von Lehrern und anderen Autoritäten lassen sie sich nicht mehr einschüchtern.

Wenn sich die Hoffnungen einer ganzen Familie auf ein einziges Kind konzentrieren

Die Ein-Kind-Politik konnte hauptsächlich in den Städten durchgesetzt werden, wo Renten das Alter sichern. Auf dem Land widersprach die Politik der Notwendigkeit der Altersabsicherung. Solange es keine verlässlichen Rentenzahlungen für Bauern gibt, brauchen sie einen Versorger für den Lebensabend, also einen Sohn, und wenn das erste Kind ein Mädchen ist, wird weiter versucht, doch noch den ersehnten Sohn zu bekommen.

Es sind also hauptsächlich die städtischen Einzelkinder, auf denen ein gewaltiger Erfolgsdruck lastet und auf die sich alle Hoffnungen und Erwartungen von Eltern und Großeltern konzentrieren.

Für viele Eltern steht das Ziel fest: Das einzige Kind soll eine der besten Universitäten des Landes besuchen. Nur so kann es später in den begehrtesten Wirtschaftsbetrieben und Behörden unterkommen und erfolgreich Karriere machen. Die Konkurrenz ist groß, der Wettkampf unerbittlich.

Der Lernstress beginnt im Alter von zwei bis drei Jahren. Um das vorgegebene Ziel zu erreichen, müssen die Kinder in einen sehr guten Kindergarten gehen, wo sie für die Aufnahme in eine Elitegrundschule vorbereitet werden. Von dort ist der Sprung in eine Elitemittelschule zu schaffen, die das Kind auf die alles entscheidende Hochschuleintrittsprüfung hintrimmt. Kinder, die nicht zu den Überfliegern gehören, sitzen oft bis spät in die Abendstunden an ihren Hausaufgaben. An Freizeit ist kaum zu denken, und wenn doch, dann lernen manche noch ein Instrument zu spielen. Viele Kinder sind diesem Druck nicht gewachsen. Deshalb wurden Schulen inzwischen dazu angewiesen, versuchsweise einen hausaufgabenfreien Tag einzuführen.

Es sind nicht unbedingt immer die Eltern, die Druck ausüben. Vielfach sind es die leistungsorientierten Lehrer, denen durch gute Quoten Belohnungen winken. Manche besorgte Eltern ziehen aus dem Schulstress Konsequenzen.

Herr P., 40, Geschäftsmann, Shanghai: »Der Gedanke, dass meine Tochter im hiesigen Schulsystem untergeht, macht mich krank. Den Kindern wird alles nur eingetrichtert. Sie werden nicht dazu ermuntert, ihre eigenen Gedanken zu entwickeln. Das ist in allen Bereichen des Erziehungssystems so, vom Kindergarten bis zur Universität. Wenn Kinder nicht wissen, was die Lehrer hören wollen und wie man ihnen schmeichelt, bekommen sie Schwierigkeiten. Kürzlich fragte ein Lehrer meine Tochter nach dem Grund für den Untergang des letzten Kaiserreiches. Sie erwiderte: Die kaiserliche Qing-Regierung war korrupt. Das stimmt. Dies war einer von vielen Gründen. Doch der Lehrer bewertete die Antwort als falsch, denn er hatte den Kindern ein paar Tage zuvor den offiziell wahren Grund genannt. Die richtige Antwort wäre gewesen: Die Briten haben uns mit ihrem Opium kaputtgemacht.«

Herr L., 52, Schauspieler, Beijing: »Ich habe meine Tochter, 14, heute in einer internationalen Schule angemeldet, weil ich nicht will, dass sie diesem ganzen Notenwahnsinn in den chinesischen Schulen ausgesetzt ist.

Sie ist in den einzelnen Fächern unterschiedlich begabt, und ich möchte, dass sie auf den Gebieten, die ihr Spaß machen, gefördert wird. Es macht mir nichts aus, wenn sie in Fächern, die ihr nicht liegen, nur mittelmäßig abschneidet. Sie hat ihre klaren Vorlieben, und diese soll sie ruhig ausleben. Ich möchte ein glückliches, selbstbewusstes Kind haben und keinen Sklaven.

Kürzlich hatte sie als Hausaufgabe einen Aufsatz über Deng Xiaoping zu schreiben. Das Thema lautete: ›Großväterchen Deng.‹ Sie fragte mich, was sie schreiben soll. Zwar wusste sie, dass wir Deng Xiaoping die Öffnungs- und Reformpolitik zu verdanken haben, aber sie kannte ihn ja nicht persönlich. Deshalb wusste sie auch nicht, was sie zu seiner Person als Großväterchen schreiben sollte. Das wusste ich auch nicht, denn ich hatte ihn ja auch nie persönlich kennengelernt. Ich erwiderte, sie hätte nur zwei Großväter. Einer sei tot und der andere trüge unseren Nachnamen. Ein Großväterchen Deng gebe es in unserer Familie nicht und deshalb brauche sie den Aufsatz auch nicht zu schreiben. Sie wollte das zunächst nicht akzeptieren. Der Lehrer würde schimpfen, sagte sie. Wir könnten uns doch etwas über Deng als Großvater ausdenken. Ich schrieb daraufhin einen kurzen Brief an ihren Lehrer. Ich hätte nichts dagegen, wenn die Kinder einen Aufsatz über ihre Großväter oder auch über unseren großen Reformpolitiker schrieben. Man sollte sie aber nicht zu Lüge und Unwahrheit erziehen.«

Herr Y., 48, Schriftsteller, Beijing: »Als meine Tochter sechzehn war, hat sie sich geweigert, weiter zur Schule zu gehen. Sie war dem Druck nicht mehr gewachsen. Ich habe das zugelassen, weil ihre Gesundheit schwach ist. Jeden Tag saß sie bis zehn, elf Uhr abends an ihren Schularbeiten. Einmal sogar bis nachts um eins. Nachdem ich sie aus der Schule genommen hatte, übernahmen meine Frau und ich den Unterricht. Wir haben diesen Schritt nie bereut, obwohl ihr auf diese Weise der Oberstufenabschluss entgangen ist und sie deshalb keine Universität besuchen kann. Heute ist sie zwanzig. Sie ist literarisch sehr begabt und verschlingt alles an Literatur, was ihr in irgendeiner Weise interessant erscheint. Sie hat auch schon selbst ganz passable Texte zustande gebracht. Das Schreiben liegt ihr. Sicher wird sie sich auf diesem Gebiet weiterentwickeln können. Ich bin froh, dass ich ihr diese Freiheit damals gegeben habe. Sie ist inzwischen eine zufriedene und ausgeglichene junge Dame.«

Herr und Frau X. hatten sich für ein Leben in Australien entschieden. Sehr zum Ärger der Tochter, die mit ihren zwölf Jahren auf keinen Fall ihre Freundinnen verlassen wollte. Inzwischen sieht sie die Dinge anders. Als Mutter und Tochter nach einem Jahr zu Besuch ins heimatliche Shanghai kamen, befragten wir sie nach ihren Eindrücken. Es war die Schulsituation, die ihnen in Australien am meisten gefiel. »In China saß meine Tochter oft bis in die späten Abendstunden an ihren Schularbeiten, und trotzdem waren die Lehrer nur selten zufrieden mit ihr«, erzählte uns die Mutter. »Sie war sehr unglücklich darüber. Manchmal weigerte sie sich, zur Schule zu gehen. Es kostete mich große Überredungskünste, sie bei der Stange zu halten. Auf jeden Fall hatte ich jedes Mal Angst, wenn ich zu den Elternversammlungen ging. Nur ein einziger Gedanke ging mir dann durch den Kopf: Was würde ich wohl heute wieder zu hören bekommen? Mit hängenden Köpfen saßen wir Eltern dann vor dem Lehrer und mussten uns seine Beschwerden über mangelnden Fleiß, ungenügende Leistungen und schlechte Disziplin anhören. In Australien ist das anders. Auch dort gehe ich mit klopfendem Herzen zur Elternversammlung, und voller Besorgnis frage ich die Lehrerin: Kommt meine Tochter richtig mit? Hat sie Defizite? Aber als Antwort höre ich von der australischen Lehrerin nur Worte der Beruhigung. Sie versteht überhaupt nicht, worüber ich mir Sorgen mache. Meine Tochter sei fleißig, sagt sie. Sie habe keine Probleme. Die Sprachschwierigkeiten würde sie bald überwunden haben. Ich solle mir keine Sorgen machen. Mit einem Mal ist der ganze Stress weg, und meine Tochter lernt jetzt mit großer Begeisterung. Vor ein paar Tagen hat sie hier in Shanghai ihre alten Schulfreundinnen getroffen. Als sie sah, unter welchem Druck sie noch immer stehen, war sie uns unglaublich dankbar, dass wir uns für ein Leben in Australien entschieden haben.«

Herr Q. ist Ende vierzig und ein erfolgreicher Geschäftsmann. Zwei Jahre lang bereitete er seine Emigration nach Kanada vor. Er investierte die vorgeschriebene Summe und kaufte ein Haus in Vancouver. Nur etwa zwei Monate im Jahr plant er in Kanada zu leben. Die übrige Zeit will er pendeln und seinen Geschäften nachgehen. Wichtig ist ihm nur, dass Frau und Kind in Kanada leben. Seine elfjährige Tochter soll nicht länger dem Schulstress ausgesetzt sein und tagtäglich bis tief in den Abend hinein Hausaufgaben machen müssen. Die Tochter hielt zunächst nichts von den Auswanderungsplänen der Eltern. Doch als sie von den freundlicheren Bedingungen kanadischer Schulen erfuhr, konnte es ihr mit dem Umzug gar nicht schnell genug gehen.

Die jungen Leute von heute

Herr Zh., 55, Chefredakteur, Beijing: »Als die Universitäten nach der Kulturrevolution in den 1970er Jahren ihren normalen Betrieb wieder aufnahmen, haben die Studenten wie verrückt gelernt. Es galt, die verlorene Zeit aufzuholen und Wissen und Bildung zu erlangen. Das Ansehen der Studenten war ausgezeichnet. Sie wurden von allen bewundert, denn es war schwer, einen Studienplatz zu bekommen.

Die in den 1970er und frühen 1980er Jahren Geborenen hatten nur eins im Sinn: Sie wollten Karriere machen und Stärke zeigen. Ihr Slogan lautete: Sei kein Lamm, sei ein Wolf!

Die heutigen Studenten sind Einzelkinder. Sie haben keine Geschwister, mit denen sie konkurrieren mussten. Die meisten sind sehr unreif. Es macht ihnen nichts aus, wenn sie nach dem Studium noch von den Eltern abhängig sind. Sie nehmen nicht jede Arbeit an. Sie lassen sich Zeit. Dabei zeigen sie sich auch noch recht anspruchsvoll. Sie bekommen ja auch alles von ihren Eltern, sogar eine Wohnung. Das ist inzwischen so üblich. Diese jungen Leute sind längst nicht so ehrgeizig wie jene, die in den 1970er und 1980er Jahren geboren wurden. Sie versuchen den Konkurrenzkampf zu umgehen. Sie wollen keine Wölfe sein, sich aber auch nicht fressen lassen. Wie vermeidet man, gefressen zu werden?, das ist für sie die alles entscheidende Frage. Deshalb arbeiten sie auch nicht gern für andere Leute, sondern wollen lieber selbst den Chef spielen.«

Frau P., 64, pensionierte Lehrerin, Guangzhou: »Der heutigen Jugend geht es finanziell wesentlich besser als uns damals. Aber gefühlsmäßig geht es ihr schlechter. Sie ist von vielen Dingen abhängig. Wir hatten früher weder Handy noch Computer, SMS oder MSN. Wir mussten bei den Leuten persönlich vorbeigehen, wenn wir sie sprechen wollten. Wir mussten auch alles selber mit der Hand schreiben. Heute sitzen die jungen Leute einsam zu Hause vor ihren Computern und unterhalten sich mit Menschen, die sie nicht persönlich kennen. An den Schulen sind sie großem Druck und Konkurrenzkampf ausgesetzt. Das kannten wir früher nicht. Heute haben die Schüler kaum noch Freizeit. Es wird ihnen unglaublich viel Wissen vermittelt. Doch lernen sie nur mit dem Ziel, diese elende Hochschuleintrittsprüfung zu bestehen. Sie werden viel zu wenig auf ihr späteres Leben und die Erfordernisse des Arbeitsmarktes vorbereitet. Unsere Lehrpläne sind veraltet, die Klassen überfüllt und die gesamte Lehrmethode den modernen Zeiten nicht angepasst.«

Die kleinen Kaiser sind erwachsen geworden

Die Generation der Einzelkinder hat kein gutes Image. Sie gilt als verwöhnt, egoistisch und oberflächlich. »Kleine Kaiser« nennt man sie, denn sie herrschen über Eltern und Großeltern. Nicht mehr das älteste Mitglied der Familie ist das Oberhaupt, sondern der kleine Kaiser. Eltern und Großeltern nehmen ihm alles ab und machen ihn auf diese Weise häufig lebensuntüchtig.

Vom Kindergarten bis zur Universität hat man sie immer nur auf die Aufnahmeprüfung der nächsten Stufe vorbereitet. Im Kindergarten auf den Eintritt in die Grundschule, von dort in die Mittelschule und dann in die Universität. Alles wurde ihnen eingetrichtert, aber die wirklich wichtigen Dinge im Leben wie Anstand und gute Manieren – so beklagen es viele Ältere – hätten die jungen Leute nicht gelernt. Deshalb wird sogar im Fernsehen darüber diskutiert, wie man den jungen Leuten nach ihrem Universitätsabschluss noch gute Umgangsformen beibringen kann. Denn eigentlich gehörten sie noch einmal in den Kindergarten.

Herr T., 50, Unternehmer, Shanghai: »Unsere heutigen Kinder sind meist Einzelkinder, und deshalb egoistisch und sehr verwöhnt. Die Zukunft kümmert sie nicht. Wir sorgen ja für sie. Sie haben nur Ansprüche und den Wunsch nach einem unabhängigen, schönen Leben. Für meine Tochter war es beispielsweise selbstverständlich, dass sie in England studiert. Sie dachte überhaupt nicht darüber nach, wie ein solcher Aufenthalt finanziert werden soll, weil sie wusste, dass ich sowieso zahlen würde. Mir missfiel diese Selbstverständlichkeit. Ich selbst bin noch unter ganz anderen Verhältnissen aufgewachsen. Da war man froh, wenn man sich satt essen konnte. Aber natürlich gab ich nach und schickte meine Tochter zum Studium nach England. Ich sagte ihr, dass ich nur für ihre Studiengebühren, Unterkunft und Verpflegung aufkäme. Ihr Taschengeld müsse sie selbst verdienen. Aber das brachte sie nicht fertig, und schon nach kurzer Zeit hat sie mich angebettelt. Jetzt habe ich mit ihr ein Abkommen geschlossen. Für jeden Brief, den sie mir schickt und in dem sie ausführlich über ihr Leben und Studium in England berichtet, zahle ich ihr pro Zeile eine gewisse Summe. Seitdem bekomme ich fast jeden Tag seitenlange Briefe. Ich bin zufrieden, denn früher habe ich kaum etwas von ihr gehört. Allerdings frage ich mich, was aus solchen Kindern wird, wenn sie erst einmal richtig erwachsen sind. Was können wir von ihnen erwarten? Nach unserer alten chinesischen Tradition sorgen die Jungen irgendwann für die Alten. Ich glaube nicht, dass sich diese Tradition noch lange fortsetzen lässt. Auf jeden Fall habe ich für meinen Ruhestand selbst genügend vorgesorgt. Auf die Unterstützung meiner Tochter möchte ich mich lieber nicht verlassen.«

Was denken die vielgescholtenen Einzelkinder über ihre Situation? Wir haben einige Stimmen gesammelt:

T., 21, Sohn eines Geschäftsmannes, Beijing: »Ich will mein Leben leben, und deshalb kümmere ich mich nur um mich selbst. Um unser Land mache ich mir keine Gedanken. Politik interessiert mich nicht. Ich will die alte chinesische Kultur studieren. Die letzten zwei Jahre habe ich in Macau studiert. In den nächsten Tagen reise ich nach Schweden, um dort mein Studium fortzusetzen, und danach hoffe ich, noch ein paar Semester in Frankreich verbringen zu können.«

J., 16, Schülerin, Shanghai: »Ich weiß, dass ich verwöhnt bin. Es geht mir um vieles besser als den meisten anderen jungen Menschen in China. Mein Vater ist reich, meine Mutter auch. Aber was kann ich dafür? Ich habe mir meine Eltern nicht ausgesucht. Dass meine Eltern so erfolgreich sind, ist für mich ein Problem, denn ich glaube nicht, dass ich ähnlich erfolgreich sein werde. Sie kamen aus einfachen Verhältnissen. Heute sind sie reich. Das haben sie allein ihren Fähigkeiten und ihrem Fleiß zu verdanken. Ich bin leider nicht so talentiert wie meine Eltern, und über denselben Fleiß verfüge ich auch nicht. Schon jetzt enttäusche ich meine Eltern mit meinen schulischen Leistungen. Ich glaube nicht, dass sich das bessern wird, wenn ich irgendwann im Ausland studiere. Das heißt, dass ich meinen künftigen Wohlstand und ein angenehmes Leben wohl nur meinen Eltern zu verdanken habe.

Meine Eltern möchten, dass ich in Deutschland studiere, weil sie selbst auch dort studiert haben. Ich glaube allerdings nicht, dass ich mit den Menschen dort zurechtkomme. Ich habe andere Ansprüche. Ich bin mit Dienstpersonal aufgewachsen. Ich brauche hier nur mit dem Finger zu schnippen und bekomme alles, was ich brauche.«

H., 22, arbeitsloser Universitätsabsolvent, Shanghai: »Wir jungen Leute sind gut erzogen und bestens ausgebildet. Man hat uns immer gesagt, dass man verantwortungsbewusst und rücksichtsvoll gegenüber anderen sein soll, und jetzt merken wir, dass die Gesellschaft ganz anders funktioniert. Das haben wir nicht erwartet, und deshalb sind viele junge Leute enttäuscht. Es gibt keine Moral mehr und von Tugenden will auch niemand etwas wissen. Ständig hört man von Ungerechtigkeiten, von korrupten Beamten, betrogenen Bauern und verzweifelten Opfern der Umweltverschmutzung. Wo ist die Menschlichkeit geblieben, wo sind die guten Werte, die Tugend und die Moral? Man soll doch ein rechtschaffener Mensch sein. Wer anderen schadet, sollte dafür bestraft werden. Überall fehlt es an Mitleid und Zivilcourage. Es gibt keine Menschenliebe mehr. Auch nicht im medizinischen System. Deshalb ist es in manchen Krankenhäusern schon zu Schlägereien gekommen, weil die Angehörigen der Patienten den Ärzten Verantwortungslosigkeit und mangelnde Anteilnahme vorwerfen.

Heute ist oft zu hören, dass die Universitätsabgänger lieber noch einmal den Kindergarten besuchen sollten, um grundlegende Umgangsformen zu lernen. Das ist ein großes Vorurteil. Man behauptet, wir Einzelkinder wären egoistisch. Das stimmt nicht. Für uns sind unsere Cousins, Cousinen, Freunde und andere Verwandte wie Geschwister. Wie nett und uneigennützig waren die jungen Leute, die während der Olympiade ehrenamtlich geholfen haben. In dieser Hitze und dem Massenandrang haben sie wochenlang ausgehalten. Ich habe viele von ihnen gesehen, wie sie geduldig ihr Bestes gaben, Stunde um Stunde, und immer mit freundlicher Miene. Solche jungen Leute sollen unerzogen sein? Da besteht wohl ein großes Missverständnis. Wir jungen Leute haben keinen Krieg und keine Unruhen erlebt. Trotzdem sind wir nicht glücklich. Wir machen uns Sorgen um unsere Zukunft. Viele Schulen und Universitäten bieten keinen guten Unterricht. Der Druck ist groß, und viel Fleiß wird uns abverlangt, aber was lernen wir? Die Kulturrevolution wirkt immer noch nach. Wir lernen beispielsweise die Geschichte der Kommunistischen Partei auswendig, aber wir erfahren nichts über unsere Traditionen und alte Kultur. Es bieten sich auch kaum alternative Möglichkeiten für uns. Es gibt zu wenig Jobs, die unserer Ausbildung entsprechen, und oft bekommt man sie nur über Beziehungen. Und dann die Umweltverschmutzung! Ich frage mich immer, wie einige Leute die Umwelt nur so verschmutzen können.

In China ist das Denken der Menschen noch immer feudalistisch geprägt. In der Familie gibt es ein Oberhaupt, im Dorf auch, wieso dann nicht auch im Land? Früher wünschten sich die Leute einen guten Kaiser, heute einen guten Präsidenten. Bis heute wissen die Chinesen nicht, was ein Bürger ist und was Bürgerrechte sind. Ich habe mal einen griechischen Spruch gelesen. Der lautete in etwa so: Erst wenn du Wissen hast, weißt du, was Moral und Tugend bedeuten. Hier gibt es nicht viele Menschen, die das wissen, oder sie wissen es, setzen sich aber darüber hinweg.

Die Wurzel der Gesellschaft ist der Mensch. Die Kommunistische Partei besteht aus Menschen und kann deshalb auch nur so gut sein wie die Menschen, die ihre Mitglieder sind. China kann sich nur ändern, wenn jeder bei sich selbst anfängt.«

Die Studentin S., 20, kommt aus Harbin, der Hauptstadt der nordöstlichsten Provinz Chinas. Ihre langen, glänzenden Haare sind braun gefärbt. Sie trägt Minirock und Rollkragenpulli in knalligem Rot, die kniehohen Stiefel und Strümpfe sind schwarz. Seit zwei Jahren studiert sie Design an einer Shanghaier Universität.

Am Wochenende besucht sie gern ihre Tante, die in Shanghai lebt und bei der wir sie kennenlernen. An jenem Abend befolgt sie zunächst nur schweigend die Anweisungen ihrer Tante. Sie brüht Tee, deckt den Esstisch und bringt die Gerichte aus der Küche ins Esszimmer. An der langen Tafel, an der wir schließlich sitzen, ist sie mit Abstand die Jüngste. Aufmerksam verfolgt sie die Diskussion, die sich im Laufe des Abends um die aktuelle Situation im Lande entwickelt. Als wir das Wort an sie richten und sie nach ihrer Einschätzung fragen, antwortet zunächst die Gastgeberin und sagt, wie es sich für eine chinesische Tante gehört, dass ihre Nichte doch erst zwanzig Jahre alt sei und noch nichts vom Leben verstünde. »Lass sie doch selbst sprechen«, meinen wir.

Die Nichte lässt sich nicht lange bitten, sondern ergreift sofort das Wort: »Ich stamme aus einem Dorf aus der Provinz Heilongjiang. Meine Eltern sind Bauern, leben aber inzwischen in Harbin. Sie sind meinetwegen in die Stadt gezogen, um mir eine bessere Schulbildung zu ermöglichen. Es ist ein großer Unterschied, ob man auf dem Dorf oder in einer Stadt zur Schule geht. Die Kinder in den Städten leben unter viel besseren Bedingungen als die auf dem Land. In den Dörfern meiner Heimatregion gibt es keine guten Schulen und auch keine ausreichende medizinische Versorgung. Bis heute herrscht eine große Ungleichheit zwischen Stadt und Land. Das liegt an unseren politischen Führern, denen das Gefühl, dem Volk dienen zu müssen, völlig fremd ist.

Ich lebe seit zwei Jahren in Shanghai. In zwei weiteren Jahren beende ich mein Studium. Für mich steht fest, dass ich auf jeden Fall hierbleiben will. Ich habe mich an das bequeme Shanghaier Leben gewöhnt. Die hiesigen Sitten und Gewohnheiten gefallen mir. Ich bin kein Mädchen vom Lande mehr. Zu Hause auf dem Land könnte ich nicht mehr leben, auch in Harbin nicht. Ich bin nicht mehr daran gewöhnt. Eine chinesische Redensart lautet, dass die Menschen immer nach oben streben, nur das Wasser fließe nach unten. So ist das auch bei mir. Ich möchte in Shanghai Karriere machen. Eine Rückkehr nach Harbin wäre ein Abstieg für mich, und den will ich auf jeden Fall verhindern.

Allerdings macht mir mein Entschluss auch große Angst. Ich weiß, dass ein schönes Leben in Shanghai nur hart zu erkämpfen ist. Ich verfüge über keinerlei Beziehungen. Es gibt niemanden, der mich einem interessanten Betrieb empfehlen könnte. Ich muss mit allen anderen konkurrieren und als Zugereiste aus dem hohen Norden sogar noch besser sein als die Shanghaier. Nur dann habe ich eine Chance. Um in Shanghai überleben zu können, muss man auf den Schultern anderer Menschen nach oben klettern. Aber was wird aus mir, wenn ich keine geeignete Arbeit finde und nicht genug Geld verdiene? Was für ein Mensch werde ich dann? Wie kann ich in Shanghai überleben?

Noch etwas anderes bedrückt mich. Ich bin ein Einzelkind. Wie gut hat es mein Vater mit seinen fünf Schwestern, die sich jetzt alle gemeinsam um meine Großeltern kümmern. Das ist überhaupt kein Problem für sie. Jeder steuert etwas bei, ob Geld oder Zeit, und so sind alle zufrieden. Wenn ich irgendwann heirate, müssen mein Zukünftiger und ich für vier Elternteile sorgen, mein Kind dann sogar für sechs alte Menschen, wenn wir alle noch leben, und sobald es heiratet, werden es noch mehr. Ein Einzelner trägt die Verantwortung für so viele alte Menschen. Wie soll das gehen? Davor habe ich Angst, und diese Angst zwingt mich, zu kämpfen, zu konkurrieren, vielleicht sogar zu lügen, um Konkurrenten beiseitezuschieben. Das ist die brutale Realität in unserer Gesellschaft. Daran wage ich nicht zu denken.

In unserer Familie gibt es drei Generationen. Meine Großeltern gehörten zu den Revolutionären. Wie viele andere ihrer Generation schauten sie voller positiver Erwartungen und Hoffnung in die Zukunft. Sie wollten ein starkes und gerechtes China aufbauen. Die Generation meiner Eltern kennt solche Ziele nicht. Sie kämpfen nicht mehr für unser Land, sondern nur noch für das Glück unserer Familie. Alles andere ist ihnen völlig egal. Aber was ist mit mir und meiner Generation? Wir haben nicht mal ein Ziel. Wir wissen nicht, was mit uns werden soll. Wir sind richtungslos.

In den Medien wird uns jungen Leuten oft unterstellt, nur nach einem angenehmen Leben und gutem Essen zu streben. Wir Studenten hätten keine Lust zum Lernen und schliefen im Unterricht oder spielten mit unseren Handys. Aber analysiert mal jemand, warum wir keine Lust zum Studieren haben und im Unterricht schlafen oder spielen? Ihr müsstet mal zu uns in die Universität kommen und euch das anhören, was uns manche Lehrer dort bieten. Dann wüsstet ihr, welches Niveau sie haben. Einige wenige Lehrer sind wirklich gut, und deshalb haben sie unheimlich viele Studenten. Aber die meisten anderen Lehrer wissen überhaupt nicht, wie sie die Inhalte vermitteln sollen, weil sie selbst ein zu niedriges Niveau haben. Die Lehrer haben auch gar keine Zeit, ihr eigenes Niveau zu verbessern, denn das ganze Bildungssystem ist kommerzialisiert worden. Heute denken Lehrer und Schulleiter nur noch daran, wie sie möglichst schnell viel Geld verdienen. Selbst für mein Abitur musste ich Geld zahlen. Für alles muss man heute zahlen. Niemand denkt mehr an die Studenten.

Wie es mit unserem Land weitergeht? Der Aufbau Chinas hat gerade erst begonnen. Vielleicht geht es noch zwanzig bis dreißig Jahre weiter so. Wenn aber die aktuellen Probleme nicht gelöst werden, kommt es sicherlich zu Unruhen. Aber Unruhen müssen kein Nachteil sein. Ohne Unruhe gibt es keine Bewegung und damit auch keinen Fortschritt.

Man sagt, in China gebe es keine Freiheit. Da bin ich ganz anderer Meinung. Es gibt in China sogar zu viel Freiheit, nämlich die Freiheit, Gesetze zu missachten. Niemand beachtet sie, von oben bis unten und quer durch alle Gesellschaftsschichten ist das so. Einer unserer Lehrer ermahnt uns ständig, auf dieses und jenes aufzupassen. Hier müssten wir vorsichtig sein und uns dort absichern. Ich frage mich manchmal, ob die Menschen von Natur aus eigentlich gut oder böse sind.«

Vom dramatischen Bildungsgefälle zwischen Stadt und Land, Arm und Reich

Wir fragten einen Industriellen, welches von den vielen Problemen im Land er für das gravierendste hielte. Er dachte nicht lange nach. »Das Ausbildungssystem!«, sagte er. Es sei eine Katastrophe. »Wenn wir nicht immer nur für andere Firmen produzieren und Billiglohnland bleiben, sondern unsere eigenen Marken entwickeln und international bekanntmachen wollen, müssen wir unsere jungen Leute anders und besser ausbilden. Was sie heute in den Hoch- und Fachschulen lernen, reicht nicht aus, um China zu einem Standort der Innovationen zu machen.«

In der Tat bestätigen Untersuchungen von Beijinger Forschungsinstituten, dass sich die vorherrschende Prüfungspraxis in Schulen und Hochschulen negativ auf die Innovationsfähigkeit von Schülern und Studenten auswirkt.

Zudem haben die Untersuchungen ein beträchtliches Bildungsgefälle zwischen Stadt und Land festgestellt, was die Behörden aufgeschreckt und zu einem Aktionsprogramm veranlasst hat. Im Fokus liegen die Grund- und Mittelschulen in den ländlichen Gegenden. Sie entsprechen nicht dem vorgeschriebenen Niveau, was dramatische Folgen für die Entwicklungsmöglichkeiten der Schüler hat. Vielerorts wurde festgestellt, dass nur etwa zwanzig Prozent der Lehrkräfte über ausreichende pädagogische Qualifikationen verfügen. Der überwiegende Teil hat lediglich eine Ausbildung im Schnellverfahren absolviert. Als Arbeitsplätze noch vom Staat verteilt wurden, wurden Lehrer nach abgeschlossenem Studium in die entferntesten Regionen geschickt, ohne dass sie dagegen rebellieren konnten. Heute möchte kaum noch jemand in den armen und entlegenen Gebieten arbeiten, weshalb dort ein erheblicher Mangel an qualifizierten Lehrkräften herrscht. Das wirkt sich unmittelbar auf das Bildungsniveau der Schüler aus und vermindert ihre Chancen in Beruf und Karriere. Die mangelnden Fremdsprachenkenntnisse schlecht ausgebildeter Lehrer sind nur einer von vielen Gründen, warum Schüler aus ländlichen Gebieten bei den landesweiten Hochschuleintrittsprüfungen schlechter abschneiden als ihre Mitbewerber aus der Stadt. Früher betrug der Anteil der ländlichen Studenten an den Eliteuniversitäten von Beijing und Shanghai über fünfzig Prozent. Heute erreichen sie weit weniger als zehn Prozent. Unter Mao war mancher Student stolz darauf, von Bauern abzustammen. Heute verschweigen viele lieber ihre bäuerliche Herkunft.

Die städtischen Jugendlichen besuchen die Top-Universitäten des Landes, für die ländlichen Jugendlichen bleiben die weniger guten. Unter den städtischen Jugendlichen sind es wiederum vor allem Söhne und Töchter aus wohlhabenden und privilegierten Familien, die die Elitehochschulen besuchen. Sie haben nicht nur die besseren Schulen besucht, auch die gefürchteten Eintrittsprüfungen sind für sie kein so großes Hindernis, denn es gibt andere Mittel und Wege, an einen der begehrten Studienplätze zu kommen. Mit Geld, Beziehungen und Macht lässt sich alles bewegen.

In dem Aktionsprogramm von 2010 beschloss die Zentralregierung weitreichende Maßnahmen, die zu einer Verbesserung der Bildungschancen und einer Erhöhung der Bildungsqualität führen sollen. In diesem Programm wird auch die Bildung der Kinder von Wanderarbeitern angesprochen. Um den Erfolg zu gewährleisten, soll der Bildungsetat erhöht werden. Bis zum Jahre 2012 sind dafür vier Prozent des BIP vorgesehen.

»Unser Erziehungs- und Bildungssystem
steckt voller Probleme«

Frau C., 45, Chefredakteurin, Beijing: »Unser Erziehungswesen steckt voller Probleme. Lehrer und Professoren werden belohnt, wenn die Schüler und Studenten in Prüfungen gut abschneiden. Oft helfen die Lehrer den Schülern deshalb in den Prüfungen. Das Niveau der Schüler ist dadurch in den letzten Jahren erheblich gesunken. Kein einziger Student kann heute einen fehlerlosen Aufsatz abliefern. Es wimmelt von falschen Schriftzeichen. Deshalb gibt in meinem Verlag auch kein junger Redakteur einen fehlerlosen Artikel ab.

Vom Kindergarten bis zum Abitur wird bei uns auswendig gelernt. So war es schon immer. Das gehört zu unserer Tradition. Eigene Kreativität wird überhaupt nicht gefördert. Die Kinder sind artig und lernen fleißig. Und da wir heute vornehmlich Einzelkinder haben, verwöhnen wir sie auch noch. Sie brauchen im Haushalt keinen Handschlag zu tun. Oft wissen sie gar nicht, wie sie ihre Hände überhaupt benutzen sollen, weil sie immer nur in ihrem Zimmer sitzen und lernen. Solche Menschen kann man in Firmen schlecht einsetzen. Einzelkinder sind keine Konflikte gewöhnt, und sie kommen mit Kollegen nicht gut zurecht.«

Frau K., 42, Mitarbeiterin in einem westlichen Industrieunternehmen, Jiangsu: »Unsere Universitätsabgänger haben ganz unterschiedliche Chancen. Wer zwar gut ist, aber von einer unbekannten Universität kommt, hat es oft schwer, eine gute Anstellung zu finden. Während Absolventen bekannter Universitäten nicht unbedingt fähig und klug sein müssen und trotzdem die besseren Chancen haben. Jedes Jahr verlassen mehr als fünf Millionen Absolventen die Universitäten. Früher verdienten Hochschulabgänger wesentlich mehr als andere, weniger gut ausgebildete Berufseinsteiger. Heute herrscht ein Überangebot an ihnen, deshalb verdienen sie nicht mehr so gut. In Shanghai verdienen manche nur 1500 Yuan, das reicht gerade mal, um die Miete für eine kleine Wohnung zu bezahlen. Deshalb machen sich viele Studenten, die noch im Studium sind, schon heute Sorgen um ihre Zukunft.«

Frau Y., 44, Hotelmanagerin, Beijing:»Das Erziehungssystem ist eine Katastrophe. Vor allem, was die Lehrer betrifft. Eigentlich sollte man von ihnen erwarten, dass sie nicht nur Wissen vermitteln, sondern auch zur geistigen Erziehung beitragen und die Schüler dazu anhalten, ehrlich und treu zu sein. In den Berufsschulen sollte man den Schülern all das beibringen, was sie später im Beruf brauchen. Aber was soll ich Ihnen sagen: Manche Lehrer leiten ihre Schülern sogar dazu an, wie man am besten herumtricksen und möglichst schnell Geld verdienen kann. Die Lehrer spielen sogar die Rolle von Arbeitsvermittlern, natürlich nur gegen entsprechende Bezahlung. Sie kennen keine Moral mehr. Es ist schlimm. Aber Gott sei Dank ist das nicht überall so.«

Herr W., 27, Akademiker mit Gelegenheitsjobs, Beijing:»Die jungen Leute sind unzufrieden. Sie sind enttäuscht. Sie führen ein Leben ohne Perspektiven und ohne Ideale, weil es nur noch ums Geldverdienen geht. Nichts anderes geht ihnen durch den Kopf als dieser eine Gedanke: Ich *muss* sofort Geld verdienen. Die jungen Leute werden zu Opfern der hohen Immobilienpreise. Wenn sie keine Wohnung kaufen können, bekommen sie keine Frau und damit auch keine Kinder. Ein Freund von mir hat sich in Zhengzhou eine Wohnung gekauft und dafür einen Kredit aufgenommen. Jetzt geht alles für die Abzahlung drauf. Zwar sind die Wohnungen dort viel billiger als hier in Beijing, aber was nützt das, wenn dort auch die Gehälter wesentlich niedriger sind? Die hohen Immobilienpreise töten eine ganze Generation. Wir jungen Leute haben keine Zeit mehr, um Kreativität zu pflegen und Risiken einzugehen. Ich habe von den kreativen Leuten in den USA gehört, die ein paar Jahre lang in irgendeiner Garage gelebt und gearbeitet und sich nur von Wasser und Brot ernährt haben. Aber dann irgendwann stellten sie irgendetwas ganz Großes auf die Beine. Wer wagt bei uns solche Experimente? Niemand. Hier herrscht ein großer Druck durch die Familie und die Gesellschaft. Wir haben kein richtiges Sozialversicherungssystem. Das blockiert die Kreativität. Alle Preise steigen: die Benzinpreise, die Autobahngebühren, die Kosten für medizinische Versorgung, einfach alles. Das Leben ist bei uns – im Verhältnis gesehen – teurer als in den USA. Wir wissen alle, dass es so nicht weitergeht. Ich bin gespannt, ob die Regierung all die Probleme lösen kann.«

Von Träumen und Hoffnungen

Früher arbeiteten junge Universitätsabgänger am liebsten für große internationale Firmen. Seit der Finanzkrise hat sich das geändert. Heute bewerben sich die jungen Leute lieber bei großen halbstaatlichen Unternehmen wie China Life, China Mobile oder Lenovo. Noch mindestens zwanzig Jahre soll das starke Wirtschaftswachstum anhalten. Davon werden vor allem einheimische Firmen profitieren. Also gelten die Arbeitsplätze dort als sicher. Doch der Konkurrenzdruck ist groß. Jeder versucht, in solchen Firmen einen Platz zu ergattern.

Herr L., 46, leitender Mitarbeiter in einem Versicherungskonzern, Beijing: »Manche Universitätsabgänger, die ursprünglich vom Land kommen und nach ihrem Studium in den Großstädten keine Arbeit finden, wollen trotzdem nicht aufs Land zurückkehren. Das kann ich zwar verstehen, denn Großstädte wie Beijing, Shanghai und Guangzhou sind natürlich wesentlich attraktiver, und der Unterschied zwischen einem Leben auf dem Land und in der Stadt ist gewaltig. Selbst kleine und mittlere Städte bieten jungen Leuten kaum Abwechslung. Trotzdem finde ich es nicht richtig, dass die Absolventen in den Städten bleiben, tagsüber vielleicht bei McDonald's arbeiten und sich abends in Karaoke-Bars oder anderswo herumtreiben. Das ist nicht nur unter ihrem Niveau, sie tragen auch ihren Eltern gegenüber eine gewisse Verantwortung. Diese haben ihnen das Studium finanziert. Wenn sie also keinen Job in der Stadt finden, sollten sie zurück aufs Land gehen und sich um ihre Eltern kümmern. Aber stattdessen kaufen viele Eltern ihren Kindern sogar eine Wohnung in der Stadt, in der sie studiert haben, und ziehen dann ebenfalls dorthin, weil sie das Landleben satt haben. Das trägt übrigens auch dazu bei, dass die Immobilienpreise in den führenden Großstädten steigen und sich das Bildungsniveau zwischen Stadt und Land so unterscheidet.

Die jungen Leute sind in den Städten heute einem riesigen Konkurrenzdruck ausgesetzt. Ohne Beziehungen kommt man kaum an eine gute Stellung. Die meisten jungen Mitarbeiter, die in den letzten Jahren bei uns angefangen haben, sind durch Beziehungen reingekommen. Die hohen Beamten haben sie uns reingesetzt, wie beispielsweise jemand aus der Steuerbehörde, der eine Verwandte bei uns untergebracht hat.«

Weil es heute so schwer ist, eine gute Stelle zu bekommen, treten manche jungen Leute in die Armee ein. Andere, die im Ausland studiert haben, kehren nicht zurück. Nicht weil es ihnen dort besser gefällt, sondern weil sie in China keine gute Arbeit finden und es ihnen peinlich ist, nach drei, vier Jahren teurem Auslandsstudium einen schlecht bezahlten Job in der Heimat anzunehmen.

Ein möglicher Weg zum erhofften Job führt wie in westlichen Ländern über Praktika und ehrenamtliche Aufgaben. Durch ein solches Engagement kommt man leichter an Informationen, lernt einflussreiche Leute kennen und umgeht den Konkurrenzdruck beim Auswahlverfahren. Auch von dem Eintritt in die Kommunistische Partei erhoffen sich heute viele junge Chinesen bessere Chancen für den Einstieg ins Berufsleben. Die Mitgliedschaft verspricht persönliche Vorteile, denn alle wissen, dass die Parteiorganisation ein vortreffliches Netzwerk bietet. Solange es einfach war, als Universitätsabgänger Arbeit zu finden, wiesen viele junge Menschen einen möglichen Parteieintritt von sich. Heute sehen das viele anders. Wer einen sicheren Posten in einer Behörde anstrebt, für den ist die Parteizugehörigkeit sowieso obligatorisch. Manche verknüpfen mit dem Parteieintritt vieler junger Gleichgesinnter aber auch andere Erwartungen. Je mehr gut ausgebildete und offene Leute in die Kommunistische Partei einträten, desto schneller würde sie sich ändern und den Weg zu einer Demokratisierung einschlagen.

»Nur in der Partei kann ich etwas bewegen«

N., 19, Student der Forstwirtschaft, Hangzhou: »Das Besondere an uns jungen Studenten ist das starke Lebensgefühl. Es ist wie strömendes Wasser. Wir wollen etwas für unsere Gesellschaft tun und sie mitgestalten. Es gibt viele Probleme in unserem Land. Das wissen wir. Aber wir glauben, dass wir sie lösen können. Aus dieser Überzeugung heraus bin ich in die Partei eingetreten. Für uns ist die Liebe zu unserem Land wie eine Religion, und die Partei ist unser Instrument, mit dem wir etwas bewirken können.

Ich komme aus einem Dorf in einer der ärmsten Gegenden Chinas. Als ich zur Welt kam, war meine Mutter 21 und mein Vater 19. In den Dörfern wird früh geheiratet. Das war schon immer so und hat sich bis heute nicht geändert. Meinen Eltern bot sich die Gelegenheit, sich zu Grundschullehrern ausbilden zu lassen. Sie brachten mich deshalb zu meiner Großmutter väterlicherseits, wo ich aufwuchs. Meinem Vater gefiel die Arbeit als Grundschullehrer nicht, deshalb bildete er sich noch weiter fort und wurde schließlich Beamter in der Verwaltung.

Meine Großmutter war Bäuerin. Sie nahm mich überall mit hin. Deshalb kenne ich jeden Handgriff, den ein Bauer tun muss. Als ich die Grundschule besuchte, machte ich mich gut. Später wechselte ich in immer bessere Schulen und bestand schließlich die Aufnahmeprüfung für eine der besten Universitäten unseres Landes, wo ich Forstwirtschaft studiere. Ich bin zufrieden mit meiner Entwicklung. Bis jetzt ist alles gut gelaufen.

Inzwischen habe ich mit ein paar Leuten eine Gruppe gegründet, die es sich zur Aufgabe macht, die Bauern zu unterstützen, sowohl in der Stadt als auch auf dem Land. In unserer Stadt kümmern wir uns um eine Gruppe von Wanderarbeitern. Wir unterstützen und begleiten sie, wenn sie Probleme haben, und unterrichten ihre Kinder unentgeltlich. Auf dem Land untersuchen wir die Ergebnisse der landwirtschaftlichen Reformen. Anfangs waren wir viel zu wenige, als dass wir die selbstgestellten Aufgaben hätten bewältigen können. Deshalb suchten wir auf unserer Uni-Webseite nach ein paar Leuten, die uns unterstützen könnten. Wir legten dort unsere Ideen dar und baten um Mithilfe. Das Echo war überwältigend. Über tausend Studenten haben sich gemeldet. So viele brauchen wir gar nicht. Aber das widerlegt die häufig gehörte Behauptung, wir jungen Leute würden nur Ansprüche stellen. Das stimmt nicht. Wir machen uns Gedanken, was wir zur Lösung der vielen Probleme in unserem Land beitragen können. Die Alten denken nur immer, wir Jungen wären dumm und unerfahren. Ich bin zum Beispiel mit einigen Mitgliedern meiner Gruppe in die Provinz Guizhou gefahren, um im Bergland zu untersuchen, wie man den Boden dort besser landwirtschaftlich nutzen könnte. China hat zu wenig ebene Anbauflächen. Wir sind mit den Ergebnissen unserer Untersuchungen an unsere Universität zurückgekehrt und arbeiten hier an Vorschlägen zur Nutzbarmachung der gebirgigen Flächen. Unsere Professoren waren ziemlich überrascht von unserer Arbeit. Dass sie sich jetzt so stark engagieren, ist nur unserem Elan zu verdanken. In den nächsten Sommersemesterferien werden wir gemeinsam mit ihnen nach Guizhou fahren und zusammen mit den Bauern die Anwendung unserer Vorschläge besprechen und umzusetzen versuchen. Ich fühle mich wohl auf dem Land. Ich kenne das Landleben in jeder Einzelheit. Deshalb weiß ich auch, wie schwer die Arbeit der Bauern ist. Wenn ich etwas zu ihrer Entlastung und zur Verbesserung ihres Lebens beitragen kann, dann macht mich das sehr glücklich. Das will ich zur Aufgabe meines Lebens machen.«

Da kann man nichts machen!

Herr Z., 24, Akademiker und Mitarbeiter in einer Online-Agentur, Shanghai:»In meiner Heimatstadt Xiangyang isst man gern scharf, wie überall in Hubei und in den angrenzenden Provinzen Hunan und Sichuan. Deswegen sind wir wahrscheinlich auch von unserem Temperament her recht unverträglich. Wir geraten schnell in Streit. Ich meine: Wir werden schnell handgreiflich. Da sind wir ganz anders als die Leute hier in Shanghai. Die reden nur, und das nennen sie dann streiten. Die reden die ganze Nacht, aber es passiert nichts. Die sind einfach viel zu zart besaitet. Kein Wunder! Ihr Essen schmeckt ja auch lasch. Kein Pfeffer drin. Da kann man nichts machen. Wenn wir aus Hubei uns ganz normal unterhalten, denken die Shanghaier, wir streiten uns, weil wir angeblich so schreien. Geraten wir aber tatsächlich mal in Streit, dann immer nur kurz, denn wir fackeln nicht lange und reden nicht viel herum. Wir schlagen lieber gleich los. So sind wir eben, wir Leute aus Hubei. Wir sind hartnäckig und schlagen los, wenn uns etwas nicht passt. Deshalb gibt es in der chinesischen Armee wohl auch keine Einheit, in der nicht ein paar Leute aus Hubei wären.

Xiangyang ist historisch gesehen ein recht berühmter Ort. Wegen seiner Lage am Han-Fluss, dem größten Nebenfluss des Yangzi, und seiner hohen Stadtmauer galt er als uneinnehmbar. Guan Yu, Zhuge Liang, Liu Bei, Dschingis Khan – all die berühmten Militärführer und Strategen sind bei ihrem Versuch, unsere Stadt einzunehmen, gescheitert. Nur die Kommunisten, die haben den Ort überrannt. Heute liegt Xiangyang völlig abgelegen. Da passiert nicht mehr viel. Aber das hat auch seine Vorteile. Es gibt kaum Zugereiste und auch keine Durchreisenden. Deshalb bleiben wir von allen Epidemien verschont. SARS? Gab es bei uns nicht. Ganz China hat damals davon gesprochen, nur wir nicht.

Berühmt ist auch unser gutes Bergquellwasser, das halb Shanghai in 20-Liter-Behältern kauft und trinkt. Weil aber auch Beijing Wasser braucht, und wir ja angeblich genügend davon haben, wurde beschlossen, einen Nord-Süd-Kanal zu bauen, der das Wasser aus dem Süden in die Hauptstadt leitet. Seit Beginn dieses Projektes hat die Qualität unseres Wassers merklich gelitten. Nicht weit von Xiangyang verläuft der Yangzi. Vom Drei-Schluchten-Staudamm bekommen wir aber nicht viel mit. Es hat sich deshalb auch niemand darüber aufgeregt. Außerdem kann man sowieso nichts machen. Also denkt auch keiner darüber nach. Die meisten jungen Leute hauen aus Xiangyang ab. Nur wer draußen nichts wird, kommt zurück. Viele gehen nach Wuhan, in die Hauptstadt unserer Provinz. Dort ist es zwar nicht so modern und schick wie in Shanghai, aber immerhin besser als in Xiangyang. Wer es bis Wuhan schafft, ist glücklich und bleibt dort. Bis nach Shanghai schaffen es nur die wenigsten. Glücklicherweise gehöre ich dazu. Ich habe in Shanghai studiert, und nun warte ich, dass mir eine zündende Idee kommt, wie ich mich am besten selbständig machen kann. Ich teile mir mit ein paar ehemaligen Kommilitonen eine kleine Wohnung. Anders ist die hohe Miete nicht zu bezahlen. Das Leben in Shanghai ist teuer. Ich muss mich einschränken. Morgens esse ich gedämpfte Hefeklöße, mittags ein Reisgericht an einem Imbissstand und abends Instantnudeln. Ich weiß, gesund ist das nicht, aber es ist billig und einfach. Deshalb bin ich auch so dünn. Am schlimmsten ist es, wenn man krank wird. Da muss man dann sehen, wie man zurechtkommt. Ein Freund von mir kam einmal aus Xiangyang nach Shanghai, um an einer staatlichen Prüfung teilzunehmen. Als er nach zwanzig Stunden Busfahrt hier ankam, hatte er 40° C Fieber. Da gab es nur zwei Möglichkeiten: entweder gleich wieder umkehren und auf die Prüfung verzichten oder sich im Krankenhaus behandeln lassen und mit Brummschädel an der Prüfung teilnehmen. Er ging ins Krankenhaus und bekam eine Infusion. Sechshundert Yuan musste er dafür blechen. Bei uns in Xiangyang hätte er nur zwanzig Yuan bezahlt. Da kann man nichts machen. So ist das eben. Die Unterschiede zwischen den Regionen sind einfach zu groß.

Mein Freund nahm dann doch an der Prüfung teil, bei der er sich für den Beamtendienst in der Shanghaier Stadtregierung qualifizieren wollte. Die schriftliche Prüfung bestand er als Bester. Dann kam die mündliche. Er stammte als Einziger von zwanzig Kandidaten aus der Provinz. Die anderen waren alle Shanghaier, und er fiel als Einziger durch. Da war er sauer. Aber da kann man nichts machen. So sind die Shanghaier, halten sich für etwas Besseres und verachten die Provinzler. Mein Freund ging dann erst einmal ganz in den Süden, nach Shenzhen, wo er einen gutbezahlten Job annahm. Sein Ärger über die Shanghaier war jedoch auch nach einem Jahr noch nicht verflogen, und deshalb ging er schließlich nach Beijing, um dort an einer ähnlichen Prüfung für die Beamtenlaufbahn in der Zentralregierung teilzunehmen. Wieder schnitt er als einer der Besten ab, und diesmal klappte es auch mit der mündlichen Prüfung. Inzwischen hat er einen guten Posten in einem Ministerium.

Wenn ich mir in Shanghai die Situation so ansehe, denke ich manchmal, dass die Leute hier völlig verrückt geworden sind. Allein schon die Immobilienpreise. Der Quadratmeter in den schlechtesten Lagen kostet 14 000 Yuan, bei uns in Xiangyang würde man nur 400 Yuan zahlen. Ich frage mich, was das für Unterschiede sind. Das ist doch nicht normal. Bei uns in Xiangyang verdient man im Durchschnitt um 500 Yuan. Das heißt, man müsste mehr als zwei Jahre lang arbeiten und nichts ausgeben, wenn man aus Xiangyang kommt und in Shanghai einen Quadratmeter Raum kaufen will. In Wuhan sind die Quadratmeterpreise auch wesentlich niedriger als in Shanghai. Daran kann man mal wieder die Unterschiede zwischen den einzelnen Regionen erkennen. Sie sind einfach zu groß. Aber da kann man nichts machen.

Meine Cousine ist übrigens auch aus Xiangyang fortgegangen. Sie hat es sogar bis nach Dublin geschafft. Dublin heißt auf Chinesisch *Dubolin*. In chinesischen Zeichen geschrieben kann *Dubolin* jedoch auch »Hauptstadt Berlin« bedeuten. Ich habe mich lange gefragt, was die deutsche Hauptstadt mit Irland zu tun hat, und wieso die beiden Länder zusammen verwaltet werden, bis ich kapierte, dass die Zeichen einfach dem Klang des Namens angepasst wurden. Da kann man nichts machen. Meine Cousine studiert also in Dublin. Sie hat nach einem Jahr sogar ein Stipendium bekommen. Sie studiert Chemie und macht jetzt ihren Doktor. Irland sei unheimlich grün, sagt sie, sogar im Winter. Das gibt's doch nicht. Jedenfalls kann ich mir das schlecht vorstellen. Und die Uni soll wie eine Burg aussehen. Angeblich soll es dort viele alte Gemäuer geben. So etwas hätte man hier noch nie gesehen. Ihr gefällt es gut in Dublin. In einem Jahr ist sie fertig. Dann würde sie gern zurückkommen. Ist doch klar! Jeder kommt gern nach Hause zurück. Aber was kann sie als promovierte Chemikerin in Xiangyang anfangen? Bei uns gibt es nur zwei Arten von Jobs. Entweder kommt man durch Beziehungen in der Verwaltung unter, oder man macht sich mit einem eigenen Geschäft selbständig.

Wir in Xiangyang bleiben nicht nur von Epidemien wie SARS verschont, sondern auch von Naturkatastrophen. Keine Erdbeben, keine Überschwemmungen, keine Dürren und auch keine Taifune. Kennen wir alles nicht. Nur selbstgemachte Katastrophen wie die Korruption, die kennen wir gut, und die gibt es wie überall in China auch bei uns zur Genüge. Aber da kann man nichts machen.«

Die allgemeine Unzufriedenheit im Land und die drohende Zunahme sozialer Probleme haben in letzter Zeit unter jungen gut ausgebildeten Leuten wieder zu einem verstärkten Trend der Emigration ins westliche Ausland geführt. Vor diesem Hintergrund erschien kürzlich ein nicht ganz ernst gemeinter Text im chinesischen Internet: Wie sieht die Traumkarriere der jungen Chinesen aus?
1. Studium: am besten an einer der beiden führenden Universitäten des Landes, Qinghua oder Beida (beide in Beijing); nach dem Studium eine Zeit lang bei einer ausländischen Firma in China arbeiten und dann versuchen, ins Ausland zu gehen.
2. Beamter werden: in der Verwaltung Karriere machen, Bestechungsgelder kassieren, Kinder ins Ausland schicken und ihnen später folgen.
3. ein Star werden: durch Filme, Fernsehen und Reklame viel Geld verdienen, danach ins Ausland gehen.

4. Geschäfte machen: eine Firma gründen, schnell sehr reich werden durch Rohstoffgewinnung in Bergwerken oder durch die Produktion von Fälschungen; danach ins Ausland gehen; mehrere Kinder in die Welt setzen und sie im Ausland studieren lassen.

Von Liebe, Partnerschaft
und der Ein-Kind-Familie

Sex sei heute leicht zu bekommen, Liebe nicht, sagte uns eine junge Redakteurin in einem Beijinger Verlag. Deshalb würde auch keiner mehr Liebesromane lesen, denn für Romantik hätte niemand Zeit. Jeder müsse sehen, wie er im Leben zurechtkommt. In Fragen der Liebe geht man heute – zumindest in den Städten – wesentlich freier und offener miteinander um als noch vor dreißig Jahren. Dass Paare ohne Trauschein zusammenleben, ist nichts Ungewöhnliches. Beziehungen halten heute nicht mehr so lange wie früher. Ehen gehen schneller auseinander.

Es hat Zeiten gegeben, als bei der Wahl eines Ehepartners der Familienhintergrund eine ausschlaggebende Rolle spielte. Wer zum Konterrevolutionär abgestempelt worden war, hatte kaum eine Chance einen Ehepartner zu finden, und jene, die bereits verheiratet waren, wurden von ihren Partnern oftmals verlassen.

Inzwischen sehen die Dinge anders aus. Revolutionäres Denken zählt nicht mehr. Der Kapitalismus beherrscht nicht nur das wirtschaftliche Denken. Er spielt auch in Liebesdingen eine Rolle. Viele Ehen werden nach klaren materialistischen Erwägungen geschlossen. Mit steigendem Wohlstand wachsen auch die Ansprüche. Es reicht nicht mehr – wie noch vor dreißig Jahren –, dass ein junger Mann seine Liebste mit einem nagelneuen Fahrrad beglückt. Heute erwartet man von ihm, dass er eine Wohnung mit in die Ehe bringt und möglichst auch ein Auto.

Frau Y., 27, Beamtin, Hangzhou: »Überall in China ist es üblich, dass ein Bräutigam eine Wohnung samt Einrichtung mit in die Ehe bringt. Deshalb wünschen sich inzwischen viele Eltern als Nachwuchs lieber eine Tochter als einen Sohn. Das kommt sie billiger. Kürzlich bekam ein Bekannter Zwillinge. Zwei Jungen! Die Krankenschwester sagte daraufhin zu dem glücklichen Vater: ›Dann fangen Sie mal schon jetzt schön an zu sparen!‹ Zwei Söhne bedeuten zwei Wohnungen als Brautgabe.«

»Du heiratest kein Auto und keine Wohnung!«

Frau W., 47, Schriftstellerin, Shanghai: »In dem Schriftzeichen für ›Liebe‹ war früher das Element *xin*, Herz, enthalten. Als im Rahmen der Schriftreform die Schriftzeichen vereinfacht wurden, strichen unsere Experten dieses Element aus dem Zeichen. Das sagt viel über unsere Zeit aus. Liebe hat heute nichts mehr mit dem Herzen zu tun, sondern ist eine Angelegenheit für kühle Rechner geworden. In Liebesdingen geht es nur noch um kommerzielle Werte. Und so verläuft die Partnerwahl unter den jungen Leuten denn auch ganz nach materiellen Grundsätzen. Besitzt der potentielle Partner eine Wohnung, ein Auto, ein gutgefülltes Bankkonto? Haben die Eltern Einfluss und Beziehungen? Nur das ist wichtig. Die Leute sind verrückt! Dabei sollten sie doch wissen, wie wichtig es ist, auf einen guten Charakter und nicht auf materielle Werte zu setzen. Aber leider ist das die Tendenz in unserer Gesellschaft: Während die Wirtschaftsleistung unseres Landes jedes Jahr um zehn Prozent steigt, fällt um denselben Prozentsatz das Bildungsniveau unserer Bevölkerung. Damit muss man sich wohl abfinden. Ich sage immer zu meiner Tochter: Du heiratest kein Auto und keine Wohnung! Nimm dir Zeit und schau dir den jungen Mann genau an, bevor du ihn heiratest. Ob sie auf mich hört, wird sich zeigen.«

»Liebe ist nur etwas für ein kleines Abenteuer«

Frau S. aus Jiangxi, 26, Besitzerin eines Kosmetiksalons in Shanghai: »Alle Preise steigen, nur die Gehälter steigen nicht. Das Leben wird immer teurer. Mein Mann ist Immobilienmakler. Sein Basisgehalt liegt bei 2000 Yuan. Verkauft er eine Wohnung, liegt es bei etwa 8000 Yuan. Verkauft er keine, bleibt es beim Basisgehalt. Verkauft er lange Zeit keine, kündigt ihm die Firma.

Allein für die Miete unserer kleinen Zweizimmerwohnung zahlen wir 2000 Yuan. Kauft man sich eine Eigentumswohnung, ist die Belastung noch höher. Wenn ich zum Einkaufen in den Supermarkt gehe, bin ich ganz schnell zwei- bis dreihundert Yuan los und habe trotzdem nicht viel im Korb. Was wir jungen Leute heute verdienen, geben wir ganz schnell wieder aus, ohne etwas sparen zu können. Früher bekam man schon für hundert Yuan etwas Vernünftiges zum Anziehen. Heute ist das unmöglich. Allein für eine Markenjeans zahlt man schon drei- bis vierhundert Yuan. Oft auszugehen, kann man sich nicht mehr leisten, höchstens nur noch einmal im Monat. Allein für ein Geburtstagsgeschenk muss man schon drei- oder fünfhundert Yuan ausgeben.

Mein Geschäft hat unter der Krise gelitten. Früher kamen manche Frauen mehrmals die Woche, um sich mal schnell die Haare waschen und föhnen, sich das Gesicht reinigen oder zur Entspannung massieren zu lassen. Das ist vorbei.

Heute ist jeder sich selbst der Nächste und nur auf den eigenen Vorteil bedacht. Überall im täglichen Leben ist das so. Sogar in der Liebe. Auf das Aussehen kommt es nicht mehr an, sondern nur auf Geld, Beziehungen und Macht. Die alles entscheidende Frage ist, ob man von dem anderen profitieren kann, ob er einen weiterbringt und einem nützt. Wenn nicht, interessiert er nicht. Das ist vor allem in den Städten so. Auf dem Land ist es noch nicht ganz so schlimm. Als ich meinen Mann kennenlernte, war ich noch recht naiv. Ich lernte ihn durch Freunde kennen. Wir gingen eine Zeit lang miteinander, doch dann wollte ich mit ihm Schluss machen. Er war mir nicht tüchtig genug, denn er verdiente nicht so viel wie ich. Doch dann merkte ich, dass ich schwanger war. Eigentlich wollte ich das Kind abtreiben lassen. Es ging mir alles zu schnell. Ich wollte noch keine Familie gründen. Aber er wollte das Kind unbedingt haben. Deshalb haben wir geheiratet. Wir gingen in seinen Heimatort. Dort brachte ich das Kind zur Welt. Es war ein Sohn. Zwei Monate später übergab ich es meiner Schwiegermutter und kehrte nach Shanghai zurück, um zu arbeiten. Seitdem kümmert sie sich um das Kind. Ich gebe ihr jeden Monat 1000 Yuan, mein Mann dieselbe Summe. Der Kleine entwickelt sich prächtig, ist klüger als alle anderen Kinder in der

Umgebung. Ich sehe ihn aber nur einmal im Jahr zu Neujahr. Sehnsucht verspüre ich nicht nach ihm. Ich kann mit Kindern nicht umgehen.

Heute würde ich meinen Mann nicht mehr heiraten, weil ich erfolgreicher bin als er und auch mehr verdiene. Ich arbeite aber auch viel mehr als er. Viele junge Frauen wollen heute weniger arbeiten. Deshalb suchen sie nach einem Mann, der sie ernähren kann oder von dem sie Vorteile erwarten, dass er sie beispielsweise durch seine Beziehungen weiterbringt in ihrer Karriere. Gefühle sind eher unwichtig. Liebe ist nur etwas für ein kleines Abenteuer. Deshalb gehen ja auch so viele Ehen schief. Man heiratet, streitet sich und lässt sich scheiden. So einfach ist das heute.« Die junge Dame lacht und zeigt auf uns: »Solche Paare, die wie ihr jahrzehntelang zusammen sind, gehören ins letzte Jahrhundert. So etwas gibt es bei uns nicht mehr. Normalerweise heiratet man heute nur, wenn man schwanger ist. Wieso soll man auch vorher heiraten? Die Studios für Hochzeitsfotos haben sich darauf eingestellt. Sie haben reichlich Kleidung für große Bäuche vorrätig. Manche heiraten auch gar nicht mehr, selbst wenn sie schwanger sind. Eine Freundin hat bereits eine vierjährige Tochter und lebt mit dem Vater der Tochter zusammen. Abtreibungen sind sehr verbreitet. Die Pille nimmt kaum jemand. In Shanghai stehen die Frauen Schlange in den Abtreibungskliniken, darunter sind viele Studentinnen.«

Chinesische Männer haben es heute schwer. Sie müssen nicht nur den Ansprüchen der jungen Frauen entsprechen. Sie müssen auch ihre künftigen Schwiegereltern von sich überzeugen. Nur wenige Töchter wagen es, sich gegen den Willen ihrer Eltern durchzusetzen, wenn diese den Auserwählten ablehnen. Frau A., 25, Sekretärin aus der Provinz Jiangsu, liebt seit zwei Jahren einen jungen Mann, der weder Eigentumswohnung, Auto noch ein wohlgefülltes Bankkonto bieten kann. Er bezieht ein bescheidenes Gehalt, genau wie seine Eltern, also ist von Letzteren keine Finanzhilfe zu erwarten. Doch hat der junge Mann eine gute Ausbildung genossen. Er hat Technik studiert, ist ein kluger Bursche, ein begeisterter Tüftler und sehr fleißig. »Ich bin mir sicher, dass aus ihm etwas wird«, sagt die junge Frau. Sie glaubt an ihn. Ihre Eltern sind da ganz anderer Meinung. Einen armen Schlucker haben sie sich als Schwiegersohn nicht gewünscht. »Meine Eltern verlangen, dass ich mit der Heirat noch ein paar Jahre warte. Sie wollen sehen, ob er es tatsächlich zu etwas bringt.« Wer sich über die Wünsche der Eltern hinwegsetzt und trotzdem heiratet, kommt nicht weit. Die Rechnung ist schnell gemacht. In Shanghai hat uns ein junges Akademikerpaar erzählt, dass es auf regelmäßige Finanzspritzen der Eltern angewiesen ist. Beide verdienen ein Einstiegsgehalt von 3000 Yuan, für die Miete zahlen sie 2000 Yuan, für den Unterhalt des wichtigen Statussymbols, des Autos, zahlen sie ebenfalls 2000. Und dann müssen sie auch noch 1000 Yuan monatlich an Betreuungs- und Unterhaltskosten für ihr Kind an eine der beiden Großmütter zahlen. Zum Sparen bleibt da nichts übrig.

Für junge Männer, die zu wenig Geld verdienen, um sich eine Wohnung zu kaufen, und die keine zahlungskräftigen Eltern haben, kann eine Heirat in weite Ferne rücken. Vor allem in den Großstädten ist die späte Heirat ein weit verbreitetes Phänomen.

Herr W., 27, Angestellter, Tianjin: »In den 1950er Jahren achteten die Mädchen bei der Wahl eines Mannes darauf, ob er ehrlich, fleißig und gut gebildet war, in den 1960ern, ob er aus der richtigen Familie kam, also von Bauern oder Arbeitern abstammte und nicht von ehemaligen Landbesitzern oder Kapitalisten. In den 1980ern sprach man eine Zeit lang von den sogenannten ›fünf Stücken‹, die einen Mann attraktiv machten, wenn er in der Lage war, diese mit in die Ehe zu bringen: Fahrrad, Fernseher, Kühlschrank, Näh- und Waschmaschine. Heute spielt nur das Geld eine Rolle. Nur wer eine Wohnung und ein Auto besitzt, hat Chancen. Wer nichts besitzt, ist nichts wert. Egal wie dick, dumm und hässlich ein Kerl ist, wenn er Geld hat, bekommt er auch eine Frau. Hat sich die Frau erst einmal einen dicken Fisch geangelt, ist sie zufrieden. Und sollte er zu unansehnlich sein, dann sucht sie sich einen hübschen Liebhaber.

Es gibt aber auch Frauen, die auf ihrer jahrelangen Jagd nach einem reichen Mann erfolglos bleiben. Spätestens ab Mitte dreißig geraten sie in Panik, weil sie dann längst als spätes Mädchen gelten und ihre Heiratschancen drastisch sinken. Deshalb beißen einige schon früher in den sauren Apfel und heiraten jemanden, der wie ich mit keinem dicken Bankkonto aufwarten kann. Bei solchen Frauen haben wir dann plötzlich wieder große Chancen.«

Mit Golf auf Männerfang

Die in den 1980er Jahren geborenen Frauen suchen ihren Zukünftigen nach ganz bestimmten Kriterien aus, weiß eine chinesische Tageszeitung zu berichten: Der Zukünftige sollte einen Hochschulabschluss haben, eine gute Stellung, eine Wohnung und ein Auto. Außerdem sollte er Tennis und Golf spielen. Wenn er auch noch reiten kann, umso besser. Um ein solches Prachtexemplar zu erobern, sei voller Einsatz erforderlich. Da erfolgreiche und wohlsituierte Männer verstärkt auf Golfplätzen vermutet werden, beginnen manche jungen Damen Golf zu spielen. Früher sei alles einfacher gewesen. Da genügte es, sich schön anzuziehen, hübsch zu schminken und ein paar Mal auszugehen. Das reicht nicht mehr. Heute muss man das Golfspiel beherrschen, um mit dem ersehnten Partner achtzehn Löcher zu spielen und sechs bis acht Kilometer gemeinsam zu laufen. Zum Glück unterstützt das die gute Figur, wirkt sich positiv auf den Brustumfang aus und kräftigt die Gesundheit. Die Beherrschung einer so exquisiten und klassischen Sportart wie Golf fördere Vornehmheit und einen ruhigen Charakter. Man wirke auch nicht mehr so primitiv, weil man zum Golfspiel anständige Sportkleidung tragen müsse. Wählt man dann noch berühmte Markenartikel aus, sticht man sofort unter den Konkurrentinnen hervor. Der Golfplatz sei eben nicht nur ein Sport-, sondern auch ein Showplatz. Und der Segen der Partei sei einem auch sicher. Während der Golfsport früher von der chinesischen

Regierung als zu teuer und verschwenderisch kritisiert worden sei, würde er inzwischen für gut befunden und seine Verbreitung gefördert.

Auf dem Land ticken die Uhren noch anders

Dass die Mädchen so anspruchsvoll sind, ist vornehmlich ein Phänomen der großen Städte wie Beijing und Shanghai, weil es dort viele reiche Leute gibt. In anderen Gegenden des Landes können junge Frauen kaum so hohe Ansprüche stellen, erst recht nicht in den Dörfern. Auf dem Land haben die alten Bräuche vielerorts überlebt, und bis heute entscheiden häufig die Eltern über den künftigen Partner. Es ist dort auch wieder üblich, ein Brautgeld zu zahlen, was nach der Revolution von 1949 mehr als drei Jahrzehnte lang verpönt war. Mit diesem Brautgeld erhalten die Brauteltern eine Entschädigung für die Kosten, die entstanden sind, um das Mädchen großzuziehen und zu ernähren. Noch immer gilt bei den Bauern die Tradition, dass die Tochter nach der Eheschließung ihre Familie verlässt und man von ihr im Alter keinen Unterhalt mehr verlangen kann. Die Höhe des Brautgeldes liegt beispielsweise in der Provinz Zhejiang bei 80 000 bis 100 000 Yuan (ca. € 9000 bis 11 000) und im Gebirge der Provinz Jiangxi bei 20 000 Yuan (ca. € 2200).

Es ist üblich, Ehevermittler einzuschalten, auch wenn sich ein Paar bereits kennt. Dies geschieht aus Sicherheitsgründen, denn mit Hilfe des Ehevermittlers wird das Geld ordnungsgemäß übergeben. Keine Seite kann dann behaupten, das Geld bereits gezahlt bzw. es nicht bekommen zu haben. In den heutigen Zeiten passiere wieder jede Art von Betrug, auch auf dem Land. Da könne einer dem anderen nicht trauen. Deshalb sei es immer besser, einen Vermittler einzuschalten.

Dass von den Töchtern im Alter kein Unterhalt mehr zu erwarten ist, wandelt sich in Zeiten, in denen die Bauerntöchter in den Städten ihr eigenes Geld verdienen.

Auch die Hochzeiten selbst werden heute nicht mehr wie zur Mao-

Zeit in aller Bescheidenheit gefeiert, sondern je nach Status der Familie als großes Ereignis, zu dem vor allem die Freunde und Bekannten der Eltern des Brautpaares geladen werden. Dabei vermischen sich private und geschäftliche Beziehungen. Wer auf sich hält, lädt alle ein, um zu zeigen, dass er es sich leisten kann.

Eine junge Braut in der Provinz Jiangxi hatte sich neun Limousinen gewünscht, die mit reichlich Blumenschmuck verziert dem Wagen des Brautpaares bei der Fahrt durch die Kleinstadt und zu ihrem Dorf folgen sollten. Der Bräutigam war ein wenig knickrig und zahlte nur für sechs, was sie ihm bis heute übelnimmt.

Verallgemeinernd lässt sich sagen: je kleiner die Städte, desto größer die Hochzeiten. In einer Kleinstadt in der Provinz Zhejiang saßen wir bei einer Hochzeitsfeier an einem von achtzig Tischen à zehn Personen. Bei den Eltern des Brautpaares handelte es sich um ehemalige Bauern, die in der Stadt durch kleine Geschäfte zu Geld gekommen waren. Selbstverständlich wurde nicht nur in der Stadt gefeiert, sondern man kehrte auch in die beiden Heimatdörfer des Brautpaares zurück und lud jeweils die gesamte Nachbarschaft ein. Hochzeitsfeiern auf den Dörfern ziehen sich in der Regel über mehrere Tage hin. Selbstverständlich werden auf dem Land die wie überall in China obligatorischen Geldgeschenke von den Gästen persönlich übergeben und von einem Familienmitglied mit Betrag und Namen für alle einsehbar in eine Liste eingetragen. Wer wagt es da noch, wenig zu geben?

Die drei Makel einer Frau

Die drei Makel, die die Heiratschancen einer Frau schmälern, werden auf Chinesisch »die drei Höhen« genannt: eine höhere Bildung, ein hohes Gehalt und ein hohes Alter, wobei das hohe Alter bei Ende zwanzig beginnt. Vor diesen drei Höhen gehen die meisten Männer in die Knie und ziehen ein weniger gebildetes, weniger verdienendes und jüngeres Wesen vor. Die drei Höhen werten die jungen Damen nicht auf, sondern machen sie zu Mauerblümchen.

»Es gibt heute keine dauerhaft glücklichen Beziehungen mehr«

Frau C., 50, TV-Journalistin, Beijing: »Es gibt heute keine dauerhaft glücklichen Beziehungen mehr. Manchmal denke ich: Das ist doch komisch, da gibt es jemanden auf der Welt, der dich so gut kennt wie kein anderer. Er weiß, was du am liebsten isst, wie du morgens aussiehst, wenn du aus dem Bett kommst, worüber du dich freust, und dennoch kannst du nicht mit ihm zusammenleben. Es gibt keine echte Liebe mehr. Ich glaube nicht, dass man heute noch ein Leben lang glücklich zusammenbleiben kann. Die Männer haben es zu leicht, es gibt für sie zu viele Ablenkungen. Für uns Frauen ist das Leben kompliziert geworden.

Ich galt immer als ein schlechtes Kind, weil ich von Landbesitzern abstamme. Ich habe mein Leben lang gekämpft. Ohne Kampf kann ich nichts leisten. Erst im Kampf werde ich gut. Wenn alle durchdrehen und schreien, werde ich cool. Dann kommt meine Stunde. Krisenmanagement nennt man das. Das liegt mir. Dann drehe ich auf. Wenn alle etwas für unmöglich halten, wenn es heißt, das Interview mit einer bestimmten Person sei nicht möglich, dann setze ich alles daran, um es möglich zu machen. Ich gebe nicht nach. Ich setze mich durch. Vielleicht hat mein Mann es mit mir nicht ausgehalten, weil ich zu stark bin.

Ich lebe heute nur noch für meinen Sohn und meine Mutter. Nach der Arbeit gehe ich kaum aus. Kollegen fragen mich oft, ob ich sie nicht zum Essen begleiten will. Ich sage immer ab. Ich bleibe lieber zu Hause.«

Von der Ein-Kind- zur Zwei-Kind-Familie

Mit Beginn der 1980er Jahre wurde in China mit zunehmender Strenge die Ein-Kind-Politik durchgesetzt. Während dies in den Städten relativ leicht gelang, stieß man auf dem Land auf erheblichen

Widerstand. Zu tief verwurzelt ist das alte Denken, dass Söhne den Familienerhalt und das Alter sichern. Keinen Sohn zu haben bedeutet in den ärmlichen Regionen, keine Rente zu haben. In den wohlhabenderen Gemeinden wird bereits mit Rentenversicherungssystemen experimentiert.

Die weiter oben schon einmal erwähnte Kosmetikerin gab ihren Sohn in die Obhut ihrer Schwiegermutter, die als Bäuerin in der Provinz geblieben war. Das Verhältnis zu ihrer Schwiegermutter ist alles andere als herzlich. Wir fragten sie, warum sie das Kind dann nicht in die Obhut ihrer eigenen Mutter gibt, die in demselben Dorf lebt. »Dann würde meine Mutter ja umsonst ein Kind großziehen«, kam die Antwort in fast vorwurfsvollem Ton. »Umsonst« heißt in diesem Zusammenhang nicht »unentgeltlich«, sondern »vergeblich«. Das Kind trägt den Namen des Vaters und gehört damit zu dessen Sippe. Es kommt als mögliche Alterssicherung für die Familie mütterlicherseits nicht in Betracht, weil es nur zur Unterstützung der väterlichen Familie verpflichtet ist. Alles Geld, das man in die Erziehung dieses Jungen investierte, käme dann nur der Schwiegerfamilie zugute. So will es die Tradition, die noch heute das Denken der Bauern bestimmt.

Um die Ein-Kind-Familie durchzusetzen, wenden die verantwortlichen Vertreter der lokalen Familienplanungsämter oft haarsträubende Methoden an, um Sterilisationen und Abtreibungen zu erzwingen. Geldstrafen erweisen sich als wenig wirkungsvoll, weil viele Familien inzwischen über genügend Einkommen verfügen, um für zusätzliche Kinder zahlen zu können. Mit überfallartigen Methoden versuchen daher manche Behördenvertreter die vorgegebenen Geburtenquoten durchzusetzen. In manchen Ortschaften kam es bereits zu Geiselnahmen von Verwandten und anderen Schikanen, um Paare, die mehrere Kinder haben, sich aber dem behördlichen Zugriff erfolgreich entziehen konnten, zur Sterilisation zu zwingen. Die Wut, die manche lokalen Behördenvertreter zu solchen Maßnahmen treibt, erklärt sich aus den negativen Auswirkungen für deren eigene Karriere. Sie gelten als unfähig, wenn die vorgeschriebenen Quoten ständig überschritten werden.

Ein mit fünf Töchtern gesegneter Dorfvorsteher

Als seine Frau mit dem fünften Kind schwanger war, verlor er seinen Posten als Dorfvorsteher. Trotzdem blieb er überaus beliebt, und nach wie vor kamen die Bauern zu ihm nach Hause, wenn sie Rat suchten. Aber die Parteiführung konnte diesen weiteren Verstoß nicht mehr durchgehen lassen. Schon beim dritten und vierten Kind hatte er Strafe gezahlt. Das fünfte sollte nun abgetrieben werden. Da half auch der Hinweis nichts, dass die vorangegangenen Kinder alle nur Mädchen waren und der leidgeprüfte Vater sich doch einen Sohn wünschte. Seine Frau wurde abgeholt und in ein Krankenhaus gebracht. Bevor es zur Abtreibung ging, bat sie darum, noch einmal die Toilette benutzen zu dürfen. Von dort türmte sie durch das Fenster und verschwand. Monate später brachte sie ein gesundes fünftes Mädchen zur Welt. Den Mangel eines Stammhalters hob später ein alter Brauch auf: Die älteste Tochter fand einen Mann, der bereit war, in ihre Familie einzuheiraten. So bekam das erste gemeinsame Kind – zum Glück ein Sohn – den Nachnamen der mütterlichen Sippe. Nun ist der ehemalige Dorfvorsteher zufrieden. Die Sippe lebt fort, und die Verbindung der Vorfahren zu künftigen Generationen reißt nicht ab. Heute gehört die Familie zu den glücklichsten des Dorfes, denn die älteste Tochter wohnt mit Mann und zwei Kindern bei ihren Eltern, während die vier jüngeren Töchter das entlegene Dorf verlassen haben und in der Großstadt arbeiten. Wenn sie zum Neujahrsfest heimkehren, schenken sie ihren Eltern einen beträchtlichen Teil ihrer Ersparnisse. Alles bleibt in der Familie.

Einzelkinder dürften in den Dörfern nicht allzu häufig sein. Wir trauten unseren Ohren kaum, als uns eine junge Frau aus einem Dorf in der südchinesischen Provinz Guangdong von ihren sieben Geschwistern erzählte. Weil wir glaubten nicht richtig gehört zu haben, fragten wir nach, und die Erklärung folgte sogleich. Die meisten Familien in ihrem Heimatort hingen seit mehreren Generationen dem christlichen Glauben an und lehnten Abtreibungen prinzipiell ab. Deshalb gebe es in jenem Dorf auch kaum Einzelkinder.

Laut Berechnungen der staatlichen Behörden blieb dem Land durch die Einführung der Ein-Kind-Regelung ein Bevölkerungszuwachs von etwa 400 Millionen Einwohnern erspart. Allerdings wurde auf diese Weise ein anderes Problem geschaffen: Die Überalterung der Gesellschaft trifft China schneller als erwartet und damit auch unvorbereiteter. Ein breitangelegtes System der Alterssicherung ist erst im Entstehen. Schon 2030 wird es an die 300 Millionen Rentner geben, während im selben Zeitraum der Anteil an jungen, arbeitsfähigen Menschen abnimmt. Damit ist ein Rückgang des Wirtschaftswachstums zu befürchten. Auch der Überschuss an Jungen ist eine Folge der Ein-Kind-Politik. In den ländlichen Regionen gilt seit 1984 die Regelung, ein zweites Kind zu erlauben, wenn das erste ein Mädchen ist. Wurde bei der pränatalen Geschlechtsbestimmung jedoch ein weiteres Mädchen festgestellt, entschieden sich viele Familien für die Abtreibung des Fötus, um bei nächsten Versuchen doch noch zu dem ersehnten Stammhalter und Altersversorger zu kommen. Im internationalen Durchschnitt kommen auf 100 Mädchen etwa 107 Jungen, in China kommen auf 100 Mädchen im Durchschnitt 119 Jungen, in manchen Regionen sogar 130. Für das Jahr 2020 wird inzwischen mit einem Überschuss von 40 Millionen Männern im heiratsfähigen Alter gerechnet.

Die Behörden erwägen inzwischen eine vorsichtige Abkehr von der geltenden Bevölkerungspolitik. In einigen bevölkerungsarmen Regionen wird zunächst in Pilotprojekten eine Zwei-Kind-Politik getestet. Auch in den großen Metropolen werden zwei Kinder zugelassen, wenn die Eltern selbst Einzelkinder sind. Ab 2014 soll diese Regelung landesweit gelten. Ob sich der erhoffte Erfolg einstellt, bleibt zu bezweifeln, weil der Trend aufgrund des steigenden Wohlstands in eine andere Richtung geht. Schon heute wünschen sich berufstätige Paare in Beijing und Shanghai in der Regel nur ein einziges Kind, denn Kinder aufzuziehen ist teuer. Dies wird durch ein Projekt bestätigt, das eine Gemeinde in der nordchinesischen Provinz Shanxi von Anfang an von der verbindlichen Ein-Kind-Politik ausnahm. Man wollte feststellen, wie sich die Bevölkerungszahl ohne eine strenge Familienplanung entwickeln würde. Das Ergebnis ähnelt den städtischen Statistiken. Infolge von Industrialisierung und Verbesserung des Lebensstandards entwickelte sich die Geburtenrate in der Gemeinde eher rückläufig. Die Bevölkerung wuchs dort langsamer als in anderen Landesteilen Chinas. Auch das Geschlechterverhältnis ist dort ausgeglichen und entspricht dem internationalen Durchschnitt.

Verunsicherte Konsumenten und wachsendes Umweltbewusstsein

Zu den Schattenseiten des chinesischen Wirtschaftswunders gehören die enormen Umweltschäden, verursacht durch solche Faktoren wie Nutzung veralteter Technologien, mangelnde Abwasser- und Abgasreinigung, Unwissen und Profitgier. In vielen Teilen des Landes haben die Umweltschäden erschreckende Ausmaße angenommen und bedrohen inzwischen Gesundheit und Lebensqualität der Bevölkerung. Zu lange ist in Zweifelsfragen dem Wirtschaftswachstum Priorität eingeräumt und gegen den Umweltschutz entschieden worden. Inzwischen wird deutlich, dass diese rein profitorientierte Vorgehensweise unübersehbare Folgen nach sich ziehen und die Entwicklung ganzer Regionen gefährden kann. Ein Beispiel ist die Ölkatastrophe von Dalian: Im Juli 2010 breitete sich nach der Explosion einer Öl-Pipeline ein gigantischer Ölteppich über die Meeresbucht aus und zog die gesamte Region in Mitleidenschaft.

Die Zentralregierung hat inzwischen große Anstrengungen unternommen, um der Problematik zu begegnen. Eine moderne Umweltgesetzgebung mit detaillierten Standards und Richtlinien wurde geschaffen und große Summen in moderne Umwelttechnik investiert. Wirtschaftswachstum darf nicht länger um jeden Preis zu Lasten der Umwelt gehen, sondern es muss ein vertretbares Gleichgewicht geschaffen werden. Bei allen Bemühungen der Zentralregierung mangelt es auf lokaler Ebene jedoch oft am Willen, sich an die Bestimmungen zu halten. In manchen Fällen fehlt es an Geld, veraltete Technologien durch neue zu ersetzen. Manchmal scheitert die Umsetzung der Vorschriften auch an mangelndem Know-how und Unwissenheit. In den meisten Fällen ist es jedoch reine Profitgier, die die Verantwortlichen alle notwendigen Sicherheitsmaßnahmen ignorieren lässt. China ist groß, und lokale Interessengruppen sind schwer zu kontrollieren. Oft werden gerade jene Fabriken, die mit ihren giftigen Ausstößen die Umwelt ganz besonders schwer belasten, in abgelegenen Gebieten betrieben, wo sie unbemerkt von den zentralen

Behörden mit unterentwickelten Technologien, mangelhaften Sicherheitsvorkehrungen und Missachtung jedweder Grenzwerte im Geheimen produzieren. Sie verseuchen Luft, Wasser und Boden. Einige von Chinas Städten gehören inzwischen zu den am meisten verschmutzten der Welt. Die Folge ist ein dramatischer Anstieg umweltbedingter Erkrankungen. Die Leidtragenden sind vor allem Kinder, die schwere gesundheitliche Schäden davontragen, mit oft katastrophalen Folgen für ihr körperliches Wachstum und ihre geistige Entwicklung. Als sich das Wasser eines Flusses in einer abgelegenen ländlichen Gegend kürzlich rot verfärbte, gingen wütende Bauern auf die Barrikaden. Der Fluss ist die wichtigste Trinkwasserquelle der umliegenden Bevölkerung. In der nahe gelegenen Aluminiumfabrik waren die Sicherheitsvorschriften ignoriert und Schutzmaßnahmen unterlassen worden. Es kam daraufhin zu gewalttätigen Zusammenstößen zwischen wütenden Dorfbewohnern und der Polizei. Früher wären die Nachrichten über solche Zwischenfälle kaum über die Bezirksgrenzen hinausgedrungen. Heute verhilft das Internet den Leidtragenden zu landesweiter Aufmerksamkeit und engagierter Unterstützung. Fotos und Augenzeugenberichte gelangen in Windeseile in alle Landesteile. Die staatlichen Massenmedien kommen nicht umhin, ebenfalls darüber zu berichten, und deshalb vergeht kaum ein Tag, an dem es keine Nachrichten über Umweltschäden gibt.

Zu den dringendsten Problemen im Lande gehört heute der Mangel an sauberem Trinkwasser, von dem nach offiziellen Angaben etwa 350 Millionen Menschen betroffen sind, hauptsächlich in den hochindustrialisierten Gebieten. Wer in Shanghai lebt, ist schon daran gewöhnt, sich sein Trinkwasser in großen Plastikkanistern ins Haus bringen zu lassen. Trotz seiner vielen Flüsse und Seen ist China arm an Trinkwasser. In vielen Gebieten, einschließlich Beijing, fällt der Grundwasserspiegel dramatisch. Der Umgang mit Wasser ist oft verschwenderisch – es ist billig und fließt durch undichte Leitungen, was die Situation noch verschlimmert. Der Pro-Kopf-Verbrauch in den Städten ist etwa dreimal so hoch wie in Deutschland. Eine Erhöhung der Wasserpreise würde der Verschwendung Einhalt gebieten, ist aber politisch nicht durchsetzbar. Dass Umweltschutz alle angeht, ist eine Erkenntnis, die sich in China erst langsam durchsetzt. Zu den Umweltschutzmaßnahmen der Regierung gehören deshalb auch Aufklärungsarbeit in der Bevölkerung und die Entwicklung eines Verantwortungsgefühls.

Frau L., 35, Architektin, Beijing:»Die Leute denken heute nur noch an sich und an ihre eigene Familie. Sie putzen ihr eigenes Haus, aber dem öffentlichen Raum gegenüber fühlen sie sich nicht verantwortlich. Der kann ruhig verdrecken. Oder im Umweltschutz: Meine Mutter kauft das billigste Waschmittel, obwohl sie weiß, dass das etwas teurere umweltschonender ist und sie sich das auch leisten könnte. Aber sie sagt, warum soll ich mich um die Umwelt kümmern? Das ist Sache der Regierung. Eigentlich sollte man annehmen, dass die Menschen in einer sozialistischen Gesellschaft auf ihre Mitmenschen Rücksicht nehmen. Aber dem ist leider nicht so. So etwas lässt sich nicht planen. So etwas muss sich ganz natürlich entwickeln und beginnt mit der Erziehung im Kindesalter.

Das Schlimme in China ist, dass es keinen wirklichen Konsumentenschutz gibt. Niemand schützt uns, und statt vertrauenswürdiger Informationen gibt es überall nur Gerüchte. Man fragt herum, forscht im Internet und reagiert aus Unsicherheit überempfindlich. Zum Beispiel hörte ich das Gerücht, dass manche Besitzer von Garküchen Waschpulver in ihr Spritzgebäck mischen, damit es besser aufgeht. Normalerweise benutzt man Natron. Ich kann mir eigentlich nicht vorstellen, dass die Leute tatsächlich Waschpulver nehmen. Doch seitdem ich davon gehört habe, kaufe ich keine frittierten Teigstangen mehr.

Firmen dürfen mit Inhalten werben, die ganz offensichtlich nicht der Wahrheit entsprechen. Da heißt es: ›Trinkt keine frische Milch, nehmt lieber Milchpulver. Das ist gesünder.‹ Wir haben den Milchpulverskandal alle miterlebt. Da wurden aus Profitgier und weil die Milchpreise zu niedrig sind, schlimmste Stoffe untergemischt. Die Betrüger sind sehr erfinderisch, wenn es um die Senkung ihrer Kosten geht. Es gibt noch immer viel zu wenig Lebensmittelkontrollen, und deshalb werden Fälle von belasteten und gesundheitsschädlichen Nahrungsmitteln nur selten aufgedeckt.

Unsere normalen Bauern benutzen beim Anbau von Gemüse die stärksten Düngemittel, um die Erträge zu steigern. Ein Gerücht sagt, dass sie selbst davon nichts essen, weil sie ganz genau wissen, dass es ungesund ist. Soll ich das glauben oder nicht? In der Mandschurei wird Gemüse und Getreide angeblich nach streng ökologischen Bedingungen angebaut. Damit werden jedoch nur unsere führenden Eliten versorgt. Nur wer über beste Beziehungen verfügt, bekommt davon ein wenig ab. Von Ökobauern, die für die normale Bevölkerung produzieren, habe ich bisher nur wenig gehört. Aber es gibt sie, und obwohl ihre Produkte sehr teuer sind, finden sie bei umweltbewussten Bürgern reißenden Absatz.«

Die Landflucht hat mehr als 230 Millionen Menschen in die Städte gespült und aus Bauern Stadtbewohner gemacht. Viele Stadtverwaltungen stehen vor schier unlösbaren Problemen, allein schon was die Beseitigung von Müll und Abwässern betrifft, weil es an entsprechenden Klär- und Müllverbrennungsanlagen fehlt. Kritik wird laut an dem Urbanisierungsprogramm, das den Bau vieler neuer Städte vorsieht und bestehende wachsen lässt. Wie soll das tägliche Leben aussehen, wenn von den 1,3 Milliarden Chinesen angestrebte 900 Millionen in den Städten und nur noch 400 Millionen auf dem Land leben? Kritiker fragen, warum man nicht lieber die ländlichen Regionen entwickelt und die Menschen durch steigenden Lebensstandard an ihre Dörfer zu binden versucht.

Auch der rasch gestiegene Lebensstandard von Millionen von Menschen in den Städten führt zu einem enormen Druck auf die Umwelt. Im März 2010 waren in China 192 Millionen Autos zugelassen. Weitere Hundertmillionen Menschen träumen vorerst noch von einem eigenen Auto. Während sich deutsche Autobauer über Rekordverkäufe in China freuen, fragen sich die Einwohner chinesischer Städte, ob ihnen irgendwann die Atemluft ausgeht.

Frau J., 53, Geschäftsfrau, Wuxi: »Wenn ich abends auf die Straße trete, habe ich oft das Gefühl, dass der Tag, an dem ich keine Luft mehr bekomme, immer näherrückt.« In der einstmals malerischen Stadt Wuxi am schönen Taihu-See wird noch immer viel mit Kohle geheizt und gekocht. Schlimmer noch als um die Luft stand es vor ein paar Jahren um die Wasserqualität der Stadt. Eine Algenplage hatte den Taihu-See heimgesucht. Dadurch fiel er als Trinkwasserreservoir aus, und die Stadt, in der heute etwa fünf Millionen Menschen leben, war tagelang von der Trinkwasserversorgung abgeschnitten.

Frau P., 38, Maklerin, Shanghai: »Wie soll man bei dieser riesigen Bevölkerung die Umweltprobleme in den Griff bekommen? Das bereitet mir wirklich Sorgen. Allein was die Müllentsorgung betrifft. Das muss man sich einmal vorstellen: 1,3 Milliarden Menschen haben wir und jeder Einzelne verursacht Müll. Die Müllfrage ist eines der dringlichsten Probleme in unserem Land, und bis jetzt ist es nur ungenügend geregelt. Und dann die Abgase! Schon jetzt sind unsere Straßen ständig verstopft. Aber wie kann ich von anderen verlangen, weniger Auto zu fahren oder ganz darauf zu verzichten, wenn ich selbst auch ständig mit dem Auto unterwegs bin? Wir stehen doch jetzt schon ewig im Stau. Dabei soll die Stausituation in anderen Städten noch viel dramatischer sein als hier in Shanghai. Das ist doch der helle Wahnsinn, wenn trotzdem immer mehr Autos zugelassen werden.

Vielen Chinesen mangelt es an Umweltbewusstsein. Sie verzichten aus Kostengründen auf den Umweltschutz. Ich habe mich zum Beispiel in meiner neuen Wohnung für einen Holzfußboden entschieden, der unter ökologisch einwandfreien Bedingungen hergestellt wurde. Der Inneneinrichter verstand mich nicht. Er versuchte mich unbedingt davon zu überzeugen, dass ein billigerer Boden, der mir jedoch nicht von Schadstoffen frei schien, viel besser aussehe. Ich blieb jedoch bei meiner Entscheidung. Ganz anders entschied sich ein befreundetes Ehepaar. Es nahm bei der Einrichtung seiner Wohnung absolut keine Rücksicht auf Umweltfragen. Heute hat ihr vierjähriges

Kind Leukämie. Ich bin felsenfest davon überzeugt, dass dies von den Möbeln kommt.«

Herr M., 71, Rentner, Beijing: »Ich habe einige Jahre in Neuseeland gelebt. Dort gibt es zu wenig Menschen, und ich fühlte mich einsam, deshalb bin ich zurückgekommen. Seit ich wieder hier bin, fühle ich mich beklommen. Ich vermisse die gute Luft und den weiten Himmel. Wenn ich in Beijing zum Himmel schaue, kann ich ihn meist nicht sehen, weil es diesig oder neblig ist. Dann denke ich, dass es sich nur um gefährlichen Smog handeln kann. Ich fürchte mich inzwischen auch vor den vielen belasteten Nahrungsmitteln. Allein die Rücksichtslosigkeit im Straßenverkehr macht mich ganz krank. Aber wenn andererseits jedes Auto wirklich jeden Fußgänger zuerst über die Straße gehen ließe, dauerte es bestimmt nicht lange, und der gesamte Verkehr käme völlig ins Stocken.

Früher ist mir das alles gar nicht so aufgefallen. Wer nicht draußen im Ausland gelebt hat, ist dafür nicht sensibilisiert. Insgesamt gesehen hat sich das Land gut entwickelt, finde ich. Die vielen neuen Häuser, die Straßen und die Verkehrsmittel. Aber es ist anstrengend geworden, hier zu leben.«

Der Mangel an Lebensmittelsicherheit und Konsumentenschutz hat die Menschen sensibilisiert. In den Internetforen hagelt es Kritik an den verantwortlichen Behörden. Ein umfassendes Lebensmittelüberwachungs- und -untersuchungssystem ist jedoch erst im Entstehen. Noch fehlt es an genügend Laboren und Experten. Immerhin hat man begonnen, Stichproben in Restaurants, Kantinen, Landgaststätten und Garküchen zu nehmen. Verhindert werden soll damit vor allem die Übertragung von Infektionskrankheiten.

China hat noch einen schwierigen Weg vor sich, um die vielen Probleme im Klima- und Umweltschutz zu meistern. Die Zeit drängt, und der Erfolg muss sich bald einstellen, andernfalls hätte es fatale Folgen nicht nur für China, sondern für die Welt.

300

Die Schatten der Vergangenheit
Vom Verschweigen der Schuld

Die genauen Zahlen kennt niemand, Schätzungen gehen weit auseinander. Die zahlreichen politischen Kampagnen haben unzählige Menschenleben gekostet. Mao sprach von permanenter Revolution, von einem Klassenkampf, den man niemals aufgeben dürfe. Die Folgen dieser Politik waren Missernten, katastrophale Hungersnöte, vergeudete Jahre für unzählige junge Leute. Die Partei spricht von verfehltem Kurs. Sie nimmt Korrekturen vor, manchmal auch radikale Richtungswechsel; aber eine öffentliche Abrechnung mit Maos Fehlern ist bis heute nicht erfolgt, ganz zu schweigen von einer Entschuldigung oder einer Wiedergutmachung. Dahinter steckt die Furcht, dass die Partei ihren Führungsanspruch verlieren könnte. Deshalb lenken die politischen Führer den Blick auf die Zukunft. Von Vergangenheitsbewältigung keine Spur. Manche Themen wie die Kulturrevolution oder die Ereignisse um den 4. Juni 1989 sind tabu.

Viele junge Leute wissen heute nichts von den politischen Kampagnen der Vergangenheit, von dem Unrecht, von den düsteren Geschichten. Sie sind kein Thema im Schulunterricht. Als Stoff für Filme und Fernsehserien haben sie wenig Chancen, die Zensur zu passieren. Das Unrecht wird verschwiegen und vertuscht, die Spuren verwischt. In atemberaubendem Tempo erhalten Städte und Regionen ein völlig neues Gesicht. Glanz und Glitzer lassen die Schrecken der Vergangenheit vergessen.

Gegen das Vergessen

Der Mann aus Xi'an war tief beeindruckt. Zwei Wochen lang reiste er als Mitglied einer chinesischen Touristengruppe durch mehrere westeuropäische Länder. Dann setzte er seine Reise allein fort und fuhr dorthin, wohin nur wenige chinesische Touristen finden: nach Polen, nach Auschwitz. Er wollte sehen, wie der Opfer des Nazi-

Terrors gedacht wird. Für ihn war die Besichtigung des ehemaligen Konzentrationslagers der emotionale Höhepunkt seiner Reise, eine Herzensangelegenheit. Er war Student in Beijing gewesen, als die Kulturrevolution begann, und er war Rotgardist. Er hatte am Massenwahn teilgenommen, war dabei, als Menschen gedemütigt und geschlagen wurden, hat mit geplündert und zerstört. Er sah, wie Menschen geschlagen und getötet wurden. Auch er hat geschlagen, aber er hat niemanden getötet. Trotzdem kehren die Bilder vom Grauen jener Zeit zurück, und je älter er wird, desto beunruhigender sind sie. »Wir waren Mao treu ergeben, gaben ihm unser Herz, unser Leben.« Als die Situation in den Städten eskalierte und die Jugendlichen von Mao aufs Land geschickt wurden, kam der Mann aus Xi'an in eine entlegene Bergregion in Guizhou, wo er als Bauer arbeitete, ohne Aussicht, jemals wieder nach Xi'an oder Beijing zurückkehren zu dürfen. Acht Jahre lang lebte er dort, bis unter Deng Xiaoping die große Rückholaktion der verbannten Jugendlichen begann. »Ich habe Glück gehabt. Ich habe die entbehrungsreiche Zeit auf dem Land überlebt.« Er machte im Staatsdienst Karriere, nahm nebenbei am Wirtschaftsboom teil, so dass er seiner einzigen Tochter ein Studium in Deutschland finanzieren konnte, wo sie, wie es aussieht, bleiben wird. Die Tochter, zu Beginn der 1980er Jahre geboren, hat nur vage Vorstellungen von den Ereignissen der 1960er und 1970er Jahre. In der Schule hat sie darüber nichts erfahren, und es interessiert sie selbst zu wenig, als dass sie sich in den durchaus vorhandenen Büchern darüber informieren würde. Es ist ihr sogar ein wenig peinlich, als sie sieht, mit welcher Vehemenz sich der Vater im Gespräch über die Kulturrevolution und die »vergeudeten Jahre« erregt. »Was ist mit all jenen, die auf der Strecke geblieben sind?«, fragt der Mann aus Xi'an und schüttelt den Kopf. »Wäre es nicht fair, ihnen wenigstens ein Museum zu bauen, um ihrer zu gedenken?«

»Das lange Warten auf Sühne«

Frau M., 80, Ärztin, Hongkong: »Es empört mich zutiefst, dass das viele Unrecht, das uns während der politischen Kampagnen widerfahren ist, nicht gesühnt wird. Bis heute quälen mich die Erinnerungen an die furchtbaren Jahre der Anti-Rechts-Bewegung und der Kulturrevolution. Viele Freunde, Kollegen, Lehrer und andere aus meiner Umgebung kamen durch Selbstmord, Mord, Hunger oder Verzweiflung ums Leben. Familien wurden auseinandergerissen und zerstört. Noch immer erinnere ich mich an einen jungen Kollegen, einen hervorragenden Arzt, der wenige Tage nachdem er in unserem Krankenhaus eine leitende Position übernommen hatte, aus nichtigen Gründen zum Konterrevolutionär erklärt wurde. Kurz vor seiner Verbannung gelang ihm die Flucht nach Hongkong und von dort nach Kanada. Seine Frau und zwei Kinder musste er zurücklassen. Mehrere Male versuchte ihm seine Frau zu folgen, doch sie wurde jedes Mal geschnappt und eingesperrt. Der Mann hörte nichts mehr von ihr und glaubte, sie sei tot. In Kanada heiratete er und gründete eine neue Familie. Zwanzig Jahre später, mit Beginn der Öffnungspolitik, gelang es der ersten Frau, mit ihren beiden Kindern nach Hongkong auszureisen und Kontakt zu ihrem Mann aufzunehmen. Was dann folgte, war für alle Beteiligten ganz schrecklich. Schließlich ließ sich der Mann von seiner zweiten Frau scheiden und kehrte zu seiner ersten Familie zurück.

Meinem Mann und mir war das Schicksal gnädiger. 1957, als die Anti-Rechts-Kampagne begann, schlossen wir in Beijing gerade unsere Ausbildung ab. Damals wurden die Arbeitsplätze zentral verteilt. Niemand konnte selbst über seinen Arbeits- und Wohnort entscheiden. Man schickte uns an ein Krankenhaus in Guangzhou. Zunächst waren wir entsetzt, denn wir wollten eigentlich nur in Beijing oder Shanghai leben. Aber wie sich herausstellte, rettete uns die Versetzung nach Guangzhou das Leben. Dort kannte uns niemand, also gab es auch keine alten Rechnungen zu begleichen oder persönliche Animositäten auszuspielen. Wären wir in Beijing geblieben, hätte allein die Tatsache, dass meine Mutter in den USA und meine Schwiegereltern in Hongkong lebten, uns in große Bedrängnis bringen können. In Guangzhou war es nichts Besonderes, Verwandte im Ausland zu haben. Dort hat jeder irgendwelche Angehörigen in Südostasien oder in anderen überseeischen Gebieten. Trotzdem kamen auch dort viele Leute um. Sobald es die politische Situation zuließ, gingen wir nach Hongkong. Hier haben wir unsere Kinder großgezogen, hier haben wir Karriere gemacht. Nur zu Besuch kehren wir zurück, leben wollen wir dort nicht mehr, weder in Guangzhou noch in Shanghai oder Beijing, jedenfalls nicht, solange die Verbrechen der Vergangenheit ungesühnt sind.

»Meinen Frieden fand ich nur, weil ich mit der Vergangenheit abgeschlossen habe«

Frau L., 57, ist eine erfolgreiche Geschäftsfrau, eine elegant gekleidete, ausgeglichene Erscheinung. Sie lebt auf der Insel Zhoushan. »Mein Vater stammte aus der Provinz Shandong. Er kam aus ärmsten Verhältnissen. Weil er ein kluger, aufgeweckter Junge war, ihm sein Vater aber keine Ausbildung finanzieren konnte, schickte ihn die Familie zur heute berühmten ›Achten Marscharmee‹, *balujun*. Mit fünfzehn Jahren war er dort einer der Jüngsten. Er war sehr fleißig und lernte viel. Meine Mutter stammte aus einer wohlhabenden Shanghaier Familie, ihr Vater war ein vermögender Fabrikant. Wie viele andere gebildete Shanghaier Jugendliche aus reichem Haus schloss sie sich enthusiastisch der Revolution an und kämpfte gegen Armut und Ungerechtigkeit und für eine harmonische Gesellschaft. Meine Eltern lernten sich bei der Befreiung des Südens kennen und lieben. Sie heirateten. Nach Gründung der Volksrepublik trat mein Vater ein hohes Amt in der Verwaltung an. Aber weil er ein großer Idealist war und immer alles sehr genau nahm, geriet er bald in Schwierigkeiten. In der Anti-Rechts-Kampagne von 1957 erklärte man ihn zum Konterrevolutionär, als der er dann über zwanzig Jahre lang galt. Während der Kulturrevolution unterstellte man meiner Mutter, die immer treu zu meinem Vater gehalten hatte, dass sie nur eine unechte Revolutionärin sei, denn schließlich stamme sie aus einer kapitalistischen Familie. Sie wurde gedemütigt, erniedrigt, bedrängt und gequält. Das hielt sie nicht aus und starb. So auch mein ältester Bruder. Meinen jüngeren Onkel mütterlicherseits traf es ebenfalls. Als man ihn für den Reichtum seiner Eltern verantwortlich machte, beging er Selbstmord. Er sprang aus dem Fenster. Nur einer blieb: mein älterer Onkel mütterlicherseits. Er war noch vor der Revolution von 1949 zum Studium in die USA gegangen und dort geblieben, deshalb überlebte er.

Nach dem Tod meiner Mutter übernahm ich mit vierzehn Jahren die Verantwortung für meine Geschwister, denn mein Vater war inzwischen zu körperlicher Arbeit auf dem Land verurteilt worden und für uns unerreichbar. Manchmal verhungerten wir Kinder fast. Weil eine Schale Reis für alle reichen musste, kochte ich immer Reissuppe, die wir erst abends aßen, damit wir einschlafen konnten. Ich habe keine richtige Schulbildung genossen und auch keine Universität besucht. Aber ich war nicht dumm und habe jede Gelegenheit zum Lernen genutzt, manchmal auch zum Stibitzen. Als ich einem Betrieb für landwirtschaftliche Produkte zugeteilt wurde, ließ ich von dem Getreide, das dort verkauft wurde, immer etwas in meiner Tasche verschwinden. So habe ich meine Geschwister durchgebracht. Mein Vater überstand die Erniedrigungen und die körperliche Arbeit. Nach mehr als zwanzig Jahren wurde er rehabilitiert, aber er hat dann nicht mehr lange gelebt.

Nach Beginn der Öffnungspolitik und Einführung der Marktwirtschaft wagte ich den Sprung in die Selbständigkeit, großzügig unterstützt von meinem einzigen Onkel. Ich habe es geschafft: habe Mann und Kind, ein Haus, Auto und genug Geld zum Leben. Doch meinen Frieden fand ich nur, weil ich mit der Vergangenheit abgeschlossen habe. Ich will davon nichts mehr hören, will nur die Jahre, die mir noch bleiben, sinnvoll nutzen und mich wohltätig im kulturellen und buddhistischen Bereich engagieren.«

»Die Zeit ist wie ein fahrender Zug, aus dem man nicht aussteigen kann«

Herr Z., 63, Verleger, Hongkong: »Es ist kompliziert, die Kulturrevolution aus heutiger Sicht zu bewerten. Ich sehe sie als Maos Kampf um seine Macht. Für die Intellektuellen war sie die Hölle, für die Masse der Bauern ging das Leben normal weiter. Sie waren arm und ohne Bildung und hatten schon schlimmere Zeiten erlebt. Es ist eben immer die Frage, wie man eine Sache betrachtet. Für mich ist die Zeit der Kulturrevolution mit einer Zugfahrt vergleichbar. Du steigst ein und fährst mit. Du kannst nicht plötzlich aussteigen und in eine andere Richtung fahren. Du sitzt drin und musst das Beste draus machen. Viele Leute betrachten die Mao-Ära, insbesondere die Zeit der Kulturrevolution, heute als Zeit der Finsternis. Ich stimme dem nicht ganz zu. Den jungen Leuten bot sie nämlich auch sehr viele Freiheiten. Mir zum Beispiel. Ich konnte tun und lassen, was ich wollte, weil das Autoritätensystem zusammengebrochen und die Universitäten geschlossen waren. Da ich gern reise, habe ich mir mit ein paar Gleichgesinnten das ganze Land angesehen. Kreuz und quer sind wir durch China gefahren, selbstverständlich ohne Fahrkarten. Niemand wagte uns Vorschriften zu machen oder unseren revolutionären Geist, mit dem wir unser Reisefieber kaschierten, zu stoppen. Wie gesagt, ich saß im Zug der Geschichte und bin mitgefahren, aber wiederholen möchte ich diese Fahrt nicht.

Heute bin ich im Ruhestand und lebe in Hongkong. Das Reisefieber hat mich noch immer im Griff. Es war immer mein Traum, mir einmal die Welt anzusehen. Diesen Traum kann ich mir jetzt erfüllen. Das Einzige, was mich unzufrieden macht, ist die Erkenntnis, dass die verbliebene Zeit eigentlich zu kurz ist, um all das zu schaffen, was ich mir vorgenommen habe.«

»Ich werde die Bilder meiner Jugendzeit nicht los«

Herr J., 55, Professor: »Als Jugendlicher wurde ich von Shanghai aus in die Provinz geschickt. Das war damals in der Kulturrevolution so üblich. In den Schulen wurde nicht mehr unterrichtet. Wir sollten durch die Praxis lernen, durch harte Landarbeit bei den Bauern. Im Laufe der 1970er Jahre normalisierte sich die Situation, und langsam nahmen die Schulen und Universitäten ihren Lehrbetrieb wieder auf. Da ich aber von ›stinkenden Intellektuellen‹, also von Akademikern, abstammte und mein Großvater zudem noch ›Kapitalist‹ gewesen war, verwehrte man mir ein Studium, und ich wurde Arbeiter in einer Fabrik. Mein Vater versorgte mich heimlich mit Lehrbüchern, so dass ich mich in einem intensiven Selbststudium weiterbilden konnte. Das bemerkten meine Vorgesetzten irgendwann, und so schickten sie mich als Lehrer in die fabrikeigene Grundschule. 1980 bekam ich die Chance meines Lebens. Freunden meines Vaters gelang es, mir einen Studienplatz in den USA zu besorgen, denn nach amerikanischem Gesetz galt ich als Amerikaner, weil meine Mutter mich dort während ihres Studiums zur Welt gebracht hatte. Seitdem lebe und arbeite ich in den USA. Ich bin in der Krebsforschung tätig. Nur noch gelegentlich komme ich nach China zurück, und dies in erster Linie, um meine Eltern zu sehen. Wenn sie eines Tages nicht mehr leben, werde ich kaum noch einen Grund haben, zurückzukehren, denn mein Lebensmittelpunkt befindet sich in den USA. Dort leben meine Frau und meine Kinder.

Vergleiche ich das China meiner Kindheit und Jugend mit dem heutigen, muss ich sagen, dass sich das Land phantastisch entwickelt hat. Es ist, als käme ich in ein ganz anderes Land. Mir gefällt auch, wie viel Geld heute in die Forschung gesteckt wird. Es ist unglaublich, mit welch großzügigen Mitteln Kollegen an chinesischen Forschungsinstituten heute ausgestattet werden. Das ist wirklich beneidenswert. Trotzdem käme ich nie auf die Idee, zurückzukehren, obwohl es an Angeboten nicht mangelt. Ich werde die Bilder meiner Jugendzeit nicht los. Ich werde nie vergessen, was meinen Eltern in der Kulturrevolution widerfahren ist. Bis heute hat sich niemand dafür entschuldigt. Die Partei schweigt über die Verbrechen. Ähnlich wie sich die Japaner nicht zu ihren Kriegsverbrechen in China bekennen, verschweigt auch die Kommunistische Partei das Unrecht, das sie im Zuge der vielen politischen Kampagnen begangen hat. Die mangelnde Vergangenheitsbewältigung ist für mich ein Problem. Doch ich habe das Gefühl, dass ich damit recht allein stehe. Frage ich Bekannte und Kollegen in China, was sie am meisten bewegt, dann sind es meist die Korruption und die Umweltverschmutzung, die sie ärgert. Damit habe ich weniger Probleme. Korruption lässt sich abschaffen, und gegen Umweltschäden kann man auch einiges unternehmen. Hingegen kann man Tote nicht wieder zum Leben erwecken, und tief verletzte Seelen sind nur schwer zu heilen.«

Wohin geht China?

Der Erfolg von dreißig Jahren Reform- und Öffnungspolitik hat nicht nur das Ausland überrascht, sondern auch die Chinesen selbst. Deng Xiaoping hatte ihnen die Freiheit zur wirtschaftlichen Entfaltung gegeben, und die Menschen haben sie genutzt. Doch wie geht es weiter?

Herr T., 34, Ingenieur, Beijing: »Ich empfinde die Unsicherheit hinsichtlich unserer Zukunft als großes Problem. Niemand weiß, in welche Richtung sich unser Land entwickelt. Wir können zwar zufrieden sein mit dem Leben, das wir heute führen. Aber vergessen wir nicht: Wir Chinesen haben alle einen eigenen Kopf. Wir wollen unsere Zukunft planen, wir wollen wissen, woran wir sind, besonders wir Jüngeren, die gerade über dreißig Jahre alt sind. Wir stehen sozusagen zwischen den Generationen: über uns stehen unsere Eltern, unter uns unsere Kinder. Wir tragen Verantwortung. Wir müssen sowohl für die Alten als auch für die Jungen sorgen. Deshalb ist es nur natürlich, dass wir an Sicherheit interessiert sind und wissen wollen, was uns in Zukunft erwartet. Kommt es zu politischen Reformen? Wird sich Chinas politisches System ändern? Doch Regierung und Partei haben nur die aktuelle Situation im Blick und keine Zeit, um an die Zukunft zu denken.

Die Wirtschaftsreformen waren ein Erfolg. Unsere Wirtschaft hat sich beispielhaft entwickelt. Das wird von der ganzen Welt anerkannt. China hat international an Einfluss gewonnen. Unser Land hat wieder etwas zu sagen. Mit der Wirtschaft haben sich unsere Lebensbedingungen erheblich verbessert. Und dennoch bewegt uns die Frage: Wohin geht China? Das weiß niemand. Selbst Partei und Regierung wissen es nicht. Sie haben weder Plan noch Vision. Das sorgt im Ausland natürlich für Angst. China, dieser Gigant, ist nicht einschätzbar. Dabei gibt es bei uns genügend gebildete Menschen, die beratend und uneigennützig die Regierenden unterstützen könnten. Doch unsere Führer denken nur an sich. Sie fürchten um jeden Machtverlust und wollen alles selber entscheiden. Aber wie können sie allein bestimmen und unser Land in eine richtige Richtung führen? Wie können sie uns eine gute Zukunft bringen, wenn sie uns nicht mitdenken lassen? Wir sind zur geistigen Untätigkeit verdammt. Die Partei gibt uns nicht die Freiheit, gestaltend mitzuwirken. Das sorgt für große Unsicherheit und ist gefährlich für unser Land. Es ist, als lebten wir in der Dämmerung, nur fragen wir uns, ob es sich um eine Morgen- oder eine Abenddämmerung handelt.«

Nach den wirtschaftlichen Erfolgen erwarten viele Menschen endlich auch politische Reformen, die zu weniger Bevormundung und mehr Mitspracherecht führen. Doch die Parteiführer zögern. Politische Reformen könnten ihren Machtanspruch gefährden, und so ziehen sie die Zügel sogar noch fester an und werden unduldsam gegenüber jeder Kritik. Deng Xiaoping hatte allein auf den Wirtschaftsaufbau gesetzt und dazu aufgefordert, die Vergangenheit ruhen zu lassen und nach vorne zu schauen. Das haben die Chinesen getan. Sie haben für ein besseres Leben gekämpft, und der Erfolg hat sie selbstbewusster und anspruchsvoller werden lassen. Viele verlangen nach einer politischen Kultur, die sie an der Lösung gesellschaftlicher Fragen und Probleme beteiligt und auch die Auseinandersetzung mit der Vergangenheit zulässt. Die Verweigerung politischer Freiheit hat zu einem Widerspruch und zu einer Vertrauenskrise zwischen Partei und Volk geführt.

Von der Legitimation der Macht

Herr W. war Ende zwanzig, als er als Mitarbeiter eines deutsch-chinesischen Joint-Venture-Unternehmens nach Deutschland kam. Es dauerte nicht lange, bis er sich selbständig machte und sein eigenes Unternehmen gründete. Zwanzig Jahre lang machte er äußerst erfolgreich Geschäfte. Jetzt ist er mit seiner Familie nach China zurückgekehrt. In einem Beijinger Nobelvorort hat er sich eine Villa gekauft und sich bei der Innenausstattung von exklusiven deutschen Einrichtungshäusern beraten lassen. Das Ergebnis: Hanseatisches Understatement gepaart mit erlesenem Geschmack.

Herr W. ist zufrieden mit seinem Leben. Sein Ziel war es gewesen, sich mit fünfzig zur Ruhe zu setzen, um dann nur noch das zu tun, wozu er Lust hat. Damit kann er nun beginnen, was in seinem Freundeskreis nicht ungewöhnlich ist. Dort gibt es zahlreiche Beispiele von ähnlich erfolgreichem Unternehmertum.

Die Familie ist gern nach Beijing zurückgekommen. Von dort stammt sie, dort leben die Verwandten und vertrauten Freunde. Trotzdem hat die Familie ihre Zelte in Deutschland nicht ganz abgebrochen. Chinesen, die es sich leisten können, gehen gern auf Nummer sicher und behalten einen Wohnsitz im Ausland.

»Für mich ist das politische System das größte Problem in diesem Land«, sagt Herr W. »Unsere Regierung weiß sehr genau, dass sie das politische System ändern muss. Nur weiß sie nicht, wie sie dies unter Wahrung der gesellschaftlichen Stabilität und Ordnung und ohne Machtverlust bewerkstelligen soll. Ein System funktioniert nur so lange, wie die Regierenden vom Volk akzeptiert werden. Ich denke, dass es um das Jahr 2020 kritisch werden könnte. Deng Xiaoping wurde als Führer akzeptiert. Er hat den richtigen Weg gefunden. Jeder sieht seinen Erfolg. Nach seinem Tod befürchteten einige Leute Unruhen im Land oder einen Machtkampf in Beijing. Aber dies geschah nicht, weil Jiang Zemin von Deng eingesetzt worden war, und obwohl Jiang eher farblos war und die Leute nicht recht wussten, was sie von ihm halten sollten, besaß er doch die Legitimation durch Deng Xiaoping. Genauso verhält es sich mit Hu Jintao. Auch er wurde von Deng bestimmt und ist deshalb legitimiert. Doch was passiert nach dessen zweiter Amtszeit? Werden die Leute den Neuen dann nicht fragen, was ihn berechtigt, an die Macht zu kommen? Schon heute gehorchen die einzelnen Landesteile nicht mehr dem Zentrum. Darüber hinaus drängen die Kinder der alten kommunistischen Führer, die ›Partei der Prinzen‹, an die Macht. Darunter sind

311

einige, die durchaus fähig sind, aber das nützt ihnen nicht viel, weil die Leute sie nicht mögen, denn sie glauben, dass die ›Prinzen‹ nur dank ihrer Beziehungen an die Macht gekommen sind. Wer kommt dann? Wer besitzt die Legitimation? Das ist meiner Meinung nach ein großes Problem.«

Eine weit verbreitete Meinung ist, dass die Kommunistische Partei deswegen so unduldsam auf Kritik reagiere und sie sofort zu bremsen versuche, weil sie sich in einer Position der Schwäche befinde.

Herr G., 53, Jurist, Beijing: »Die heutigen Parteiführer schieben das Problem politischer Reformen vor sich her, weil sie nicht in der Lage sind, es zu lösen. Sie sind zu schwach. Erst die nächste Generation der Parteiführer wird vielleicht dazu in der Lage sein. Denn bis dahin wird der Druck so hoch sein, dass sie handeln müssen.«

Der Druck resultiert aus den sich häufenden Problemen, über die sich die Menschen beschweren. An erster Stelle rangiert die Korruption, die zu einem weit verbreiteten Phänomen geworden ist, als hätte ein Geschwür einen ganzen Körper erfasst. Man bräuchte ein starkes Medikament, um den Körper zu heilen. In der Vergangenheit bestand ein solches Medikament aus Unruhen und Aufständen. Doch die Erfahrung zeigt, dass Menschen, die einen hohen Lebensstandard erreicht haben und eine eigene Wohnung und ein Auto besitzen, sich nicht mehr so stark engagieren. Sie haben zu viel zu verlieren. Eher warten sie nach alter chinesischer Tradition auf einen klugen politischen Führer, der die Probleme für sie löst. Das alte kaiserliche Denken ist in dieser Hinsicht noch tief verwurzelt.

Herr Q., 82, Parteiveteran, Shanghai: »Entweder der Zentralregierung gelingt es in den nächsten Jahren, die größten Probleme aus der Welt zu schaffen und insbesondere der Korruption Herr zu werden, oder wir erleben in zehn Jahren eine neue Revolution. Doch diese Revolution wird nicht blutig verlaufen, und sie wird auch nicht wie die von 1949 von den Bauern getragen werden, sondern von der städtischen Bevölkerung.«

Die politische Führung versucht heute, das alte konfuzianische Gedankengut wiederzubeleben und neu in der Gesellschaft zu verankern. Vor allem die alten Tugenden Gehorsam, Geduld und Genügsamkeit sollen gepflegt werden. Gut zweitausend Jahre lang herrschten die Kaiser nach dem alten hierarchischen System, das von den Untergeordneten ebendiese Tugenden, vor allem aber Gehorsam verlangte. Soll man dieses alte System wiederbeleben? Viele sind dagegen, weil sich die modernen Probleme der chinesischen Gesellschaft damit kaum lösen lassen.

Diejenigen, die von den Wirtschaftsreformen überproportional profitiert haben, möchten den Status quo erhalten. Sie wollen Stabilität und keine weiteren Experimente mit riskanten Reformen. Aber es gibt genügend junge Leute, die noch nicht viel erreicht haben und die voll Ungeduld nach Veränderungen rufen. Sie kritisieren im Internet die Schattenseiten der Wirtschaftsreformen, spüren Korruptionsfälle auf und prangern Ungerechtigkeiten an. Ihre Aktivitäten haben bereits positive Resultate gebracht. So mancher korrupte Beamte ist bereits ins Visier der aufmerksamen Internet-Gemeinde geraten und dingfest gemacht worden. Deshalb betrachten viele Menschen in China das Internet inzwischen als eine Art Kontrollorgan und als ersten Schritt hin zu demokratischer Beteiligung.

Im Internet finden auch immer mehr kritische Äußerungen einflussreicher Persönlichkeiten Verbreitung, wie beispielsweise die des ehemaligen Politbüromitglieds Peng Zhen. Heute wie früher regt die einst von ihm gestellte Frage heftige Diskussionen an: Wer ist mächtiger, das Gesetz oder die Partei? Auch die ebenfalls im Internet verbreiteten Äußerungen des Wu Guanzheng, ehemaliger Sekretär der Zentralen Disziplinarkommission, sorgten für Aufsehen. Er erinnerte an die Forderung einiger Parteimitglieder, die Vermögen der Funktionäre offenzulegen. Bis jetzt sei diese Forderung nicht durchgesetzt worden, weil die Vermögen der Funktionäre alle höher wären, als mit

313

ihren Gehältern hätte verdient werden können. Woher kommen also all diese Vermögen? Solange diese Frage nicht beantwortet werde, könne das Land nicht gesunden.

»Hätte ich Kinder, würde ich mir Sorgen machen«

Herr K., 42, Manager, Beijing: »Dreißig Jahre Reformpolitik haben unser Land in atemberaubender Weise verändert. Doch handelte es sich hierbei hauptsächlich um Wirtschaftsreformen, die politischen Reformen stehen leider noch aus. Sicher, auch in politischer Hinsicht haben wir Fortschritte gemacht. Wir können das täglich sehen. Aber diese Fortschritte sind eben doch zu gering, als dass man von einer Reform sprechen könnte. Die Partei verhält sich in dieser Hinsicht zu zögerlich, weil sie um ihre Macht besorgt ist. Unter ihrer Herrschaft sind zu viele schlimme Dinge passiert, über die sie heute nicht mehr gern redet und die sie am liebsten ungeschehen machen möchte. Doch irgendwann werden diese Dinge auf den Tisch kommen, und man wird darüber reden müssen. Erst dann werde ich zufrieden sein. Meiner Meinung nach müssen wir uns in Richtung Demokratie und Mehrparteiensystem bewegen.

Allgemein heißt es, in unserem chinesischen Einparteiensystem gäbe es keine Kontrolle über die regierende Partei. Das ist richtig und falsch zugleich. Direkte Kontrolle und offene Kritik an der Partei sind tatsächlich tabu, und Demokratie, Mehrparteiensystem und Menschenrechte sollte man nicht zu laut einfordern. Dennoch kann die Bevölkerung seit Einführung des Internets eine gewisse Kontrolle ausüben. Es gab beispielsweise einen Regierungsbeamten in Nanjing, der sich in einem Interview zur Immobiliensituation äußerte. Er würde dafür sorgen, dass die Bodennutzungs- und Wohnungspreise nicht fallen. Sollte es Kräfte geben, die die Preise zu drücken versuchten, werde er dies zu verhindern wissen. In der Internetgemeinde gab es einen empörten Aufschrei, denn die Wut über die hohen Immobilienpreise ist groß. Alle waren sich einig, dass dieser Mann nicht die

Interessen der Allgemeinheit, sondern nur die der Reichen und der Lokalregierung vertrete. Konnten sie ihm das anlasten? Natürlich nicht, denn von solchen Regierungsbeamten gibt es zu viele. Bei genauem Hinsehen entdeckte man jedoch, dass der Beamte während des Interviews eine Rolex trug und teure Nanjing-Zigaretten rauchte. Eine Schachtel kostet 1000 Yuan, und da der Mann Kettenraucher ist, war schnell klar, dass er allein seinen Zigarettenkonsum kaum von seinem Gehalt finanzieren, geschweige denn sich eine teure Rolex leisten konnte. Der Mann geriet ins Rampenlicht, und je mehr Informationen über ihn zusammenkamen, desto schlechter sah er aus. Er musste schließlich zurücktreten. Inzwischen sind solche Hetzjagden zum Sport diverser Netznutzer geworden.

Es sind bei uns nicht die Medien, die wie im Westen eine gewisse Kontrolle ausüben, sondern es ist das Internet. Das beunruhigt unsere Regierung, und sie versucht, die Kritik zu unterdrücken, indem sie sich angeblich um die Eindämmung von Pornographie bemüht. Sie kann bereits beachtliche Erfolge verbuchen. Früher konnte ich noch bestimmte Internetseiten aufrufen, auf denen wirklich hoch interessante Artikel standen. Das geht jetzt nicht mehr. Sie wurden alle gesperrt. Was dem Ansehen der Partei ernsthaft schadet, wird gesperrt. Natürlich gibt es Möglichkeiten, eine Sperrung zu umgehen, indem beispielsweise von Auslandschinesen eine Website im Ausland aufgebaut wird. Dann kann sie aber innerhalb Chinas nicht geöffnet werden. Das macht mich sehr unzufrieden, denn eine solche Politik verlangsamt Reformen und Entwicklung. Die Partei versucht seit Jahrzehnten, das Volk dumm zu halten. Ihr wäre es am liebsten, wenn das Volk das Denken ganz unterließe. Aber solche Bemühungen bewirken manchmal genau das Gegenteil. Die meisten Menschen in Beijing sind für mehr Demokratie, mehr Öffnung und mehr Freiheit. Leider geht es in dieser Hinsicht nur sehr langsam vorwärts.

Die Partei bestimmt und entscheidet alles. Kürzlich hieß es, eine bestimmte Steuer würde erhoben. Das wurde einfach so bekanntgegeben, ohne vorherige Diskussion im Volkskongress. Die Leute müssen es schlucken. Es bleibt uns gar nichts anderes übrig, denn man darf nicht vergessen: Die Regierung gehört der Partei, China gehört ebenfalls der Partei. Der Partei hat man zu gehorchen. Allerdings ist auch das wiederum ein wenig übertrieben ausgedrückt. Denn wenn eine bestimmte Meinung aufkommt, die von allen unterstützt wird, muss die Partei darauf eingehen. Wie kürzlich geschehen, als eine investigative Journalistin per Haftbefehl gesucht wurde. Die Empörung der Leute war so groß, dass der Haftbefehl zurückgenommen werden musste.

Ich wollte nie Parteimitglied werden. Meine Karriere im Betrieb lief auch ohne die Parteizugehörigkeit ganz gut. Aber dann trat man an mich heran und sagte: Du bist fähig, du leistest in der Firma beste Arbeit, warum trittst du nicht ein? Ich sagte, ich habe keine Zeit, mich um solche Formalitäten zu kümmern. Sie sagten, wir erledigen das für dich. Also habe ich ja gesagt. Jetzt bin ich in der Partei und habe sofort einen gewaltigen Karrieresprung gemacht.

Ich kann also durchaus mit meiner persönlichen Situation zufrieden sein. Denke ich an meine Eltern, die jahrzehntelang unter der extremen Politik gelitten und ihre besten Jahre vergeudet haben, kann ich mich zu meiner Geburt Ende der sechziger Jahre nur beglückwünschen. Ich habe von den politischen Kampagnen nicht mehr viel mitgekriegt. Heute verdiene ich gut, besitze eine schöne 170 m² große Wohnung und fahre ein schnelles Auto. Noch vor zwanzig Jahren wäre es für mich völlig unvorstellbar gewesen, einmal selbst ein Auto zu fahren und in einer so großen Wohnung ohne Eltern oder Schwiegereltern, sondern nur mit meiner Frau allein wohnen zu können. Als mir zum ersten Mal der Gedanke kam, mir ein Auto zu kaufen, wurde mir vor Aufregung ganz schwindelig. Heute ist der Besitz einer Wohnung und eines Privatwagens nichts Besonderes mehr. Die Wirtschaft boomt. Was will ich mehr? Zum Glück habe ich keine Kinder. Gott sei Dank! Hätte ich Kinder, würde ich mir Sorgen machen. Ich gehe davon aus, dass auf die nächste Generation keine rosige Zukunft wartet. Allein durch die ungerechte Vermögensverteilung, die tiefe Kluft zwischen Arm und Reich, die Umweltbelastungen und die Überalterung wird es zu massiven Problemen kommen.

Allerdings glaube ich an keine neue Revolution. Die Zeit der Revolutionen ist vorbei. Partei und Regierung verfügen über genügend Macht, Unruhen im Land schnell einzudämmen und eine Ausbreitung zu verhindern. Unsere einzige Möglichkeit, gestaltend in den Reformprozess mit einzugreifen, besteht darin, die Partei durch ständigen Druck von innen und außen zu weiteren Reformen zu zwingen. Handlungsbedarf gibt es genug. Zum Beispiel verfügen die Kinder hoher Parteiführer, die ›Partei der Prinzen‹, über so gewaltigen Einfluss, dass Kritiker sagen, sie teilen das Land unter sich auf. Manche kontrollieren Bereiche der Energieversorgung, andere bestimmte Verkehrssysteme oder Teile des Immobilienmarktes. So etwas darf nicht sein, und trotzdem ist es Realität in unserem Land. Mag sein, dass dies zur Marktwirtschaft chinesischer Prägung dazugehört.«

In Europa erfolgte die Demokratisierung mit dem steigenden Selbstbewusstsein des städtischen Bürgertums. Mao Zedong ging als siegreicher Revolutionär in die Geschichte ein, weil er erkannte, dass anders als in Russland ein gesellschaftlicher Umsturz nur von der ländlichen Bevölkerung ausgehen konnte. Die Bauern, die damals mehr als achtzig Prozent der Bevölkerung ausmachten, verhalfen der revolutionären Bewegung zum Sieg. Gegenwärtig nimmt der Anteil der bäuerlichen Bevölkerung dramatisch ab, während die Urbanisierung rasant fortschreitet. Über 300 Millionen Menschen, die zumeist aus ländlichen Gebieten stammen, finden in den neuen Städten einen Lebensraum. Erst wenn sich mit einem städtischen Bevölkerungsanteil von – wie angestrebt – weit über fünfzig Prozent auch ein selbstbewusstes städtisches Bürgertum herausgebildet hat, wird sich eine Hinwendung zu liberaleren Konzepten durchsetzen lassen.

Herr P., 57, Geschäftsführer eines deutschen Unternehmens in Shanghai: »Die Wirtschaft wird die Politik zwingen, Veränderungen vorzunehmen, und allmählich wird sich eine Art Bürgertum bilden. Ich könnte mir jedoch durchaus vorstellen, dass die KP auch in zehn Jahren noch an der Macht ist und darüber hinaus weiter regiert. Aber sie wird eine andere sein als heute, genauso wie die heutige eine andere ist als die vor dreißig Jahren und heute keine solchen charismatischen Führer mehr an der Macht sind wie Mao, Zhou und Deng. Wir Chinesen sind an Zentralismus gewöhnt. Wir haben nie etwas anderes gehabt. Ich denke, wir werden in Zukunft ein ähnliches System haben wie das von Singapur.«

Ein Manager in Qingdao brachte mit wenigen Worten zum Ausdruck, was viele seiner Landsleute fühlen: »Wir wollen keinen Umsturz und kein neues System. Alles was wir wollen, ist Gerechtigkeit.«